国家骨干高职院校工学结合创新成果系列教材

汽车故障诊断与排除方法

主　编　周华新
副主编　何　英　邓登云　李吉生
主　审　况照祥　梁建和

中国水利水电出版社
www.waterpub.com.cn

内 容 提 要

本书以《汽车发动机构造与检修》《汽车底盘构造与检修》《汽车电控技术》《汽车性能与检测》等多门专业课程为基础，兼顾理论知识和实践技能，从企业维修实际案例出发设计课程内容，使学生在掌握必要理论知识的基础上，注重实践能力、知识应用能力和职业素养的培养。

全书由发动机故障排除和底盘故障排除两个部分共12个项目组成，内容包括曲柄连杆机构和配气机构故障诊断与排除、进排气系统故障诊断与排除、冷却系统故障诊断与排除、润滑系统故障诊断与排除、汽油机电控系统故障诊断与排除、离合器故障诊断与排除、手动变速箱故障诊断与排除、万向传动装置故障诊断与排除、驱动桥故障诊断与排除、行驶系统故障诊断与排除、制动系统故障诊断与排除、转向系统故障诊断与排除等。自动变速箱内容另有一部教材，在此不赘述。

本书可作为高等职业院校汽车运用技术、汽车电子技术、汽车检测与维修技术等专业教学使用，也可作为相关行业岗位培训或自学用书。

图书在版编目（CIP）数据

汽车故障诊断与排除方法 / 周华新主编. -- 北京 : 中国水利水电出版社, 2015.6(2021.1重印)
国家骨干高职院校工学结合创新成果系列教材
ISBN 978-7-5170-3262-5

Ⅰ. ①汽… Ⅱ. ①周… Ⅲ. ①汽车－故障诊断－高等职业教育－教材②汽车－故障修复－高等职业教育－教材
Ⅳ. ①U472.4

中国版本图书馆CIP数据核字(2015)第131900号

书　　名	国家骨干高职院校工学结合创新成果系列教材 **汽车故障诊断与排除方法**
作　　者	主　编　周华新 副主编　何　英　邓登云　李吉生 主　审　况照祥　梁建和
出版发行	中国水利水电出版社 （北京市海淀区玉渊潭南路1号D座　100038） 网址：www.waterpub.com.cn E-mail：sales@waterpub.com.cn 电话：（010）68367658（营销中心）
经　　售	北京科水图书销售中心（零售） 电话：（010）88383994、63202643、68545874 全国各地新华书店和相关出版物销售网点
排　　版	中国水利水电出版社微机排版中心
印　　刷	北京市密东印刷有限公司
规　　格	184mm×260mm　16开本　10印张　237千字
版　　次	2015年6月第1版　2021年1月第2次印刷
印　　数	3001—4500册
定　　价	**35.00元**

前　言

《汽车故障诊断与排除方法》是工科高职高专院校汽车类专业的必修课。

为了贯彻教育部2006年16号文件的精神，适应职业教育发展的需要，本书全面贯彻以工作过程为指导思想，以行动引导型教学法组织教材内容的原则，采用项目载体、任务驱动的方案通过“做、学、教一体化”模式组织教学，显现出鲜明的高等职业教育特色。全书由发动机和底盘两个部分共12个项目组成，每个项目由实践性较强的实训任务作引导，突出以能力为本位、以应用为目的，符合“用感性引导理性，从实践导入理论，从形象过渡到抽象”的认知规律，具备“寓基础于应用中，寓理论于实践中，寓枯燥于兴趣中”的特点。在教学内容的处理和安排上，体现了理论适度、技能为主的原则。可以说，本书无论是在内容的选择处理上，还是在教学方法的运用上，都符合高职高专院校汽车类专业的教学需要和当前我国高等职业教育发展的方向。

参加本书编写工作的有：广西水利电力职业技术学院周华新编写发动机故障排除部分的项目2、项目3，底盘故障排除部分项目1、项目2；广西水利电力职业技术学院李吉生编写了发动机故障排除部分项目1、项目4、项目5；广西水利电力职业技术学院邓登云编写底盘故障排除部分项目3、项目5、项目6、项目7；安顺职业技术学院何英编写底盘故障排除部分项目4；梧州职业学院韦世东和北海职业学院粟盈参与部分内容的编写。本书由黔西南民族职业技术学院况照祥担任第一主审，广西水利电力职业技术学院梁建和担任第二主审，两位主审对教材的编写提出诸多宝贵意见，在此表示衷心感谢。

本书是针对汽车类高等职业教育而编写的，适合高职高专院校相关专业作为教材，也可以作为各类业余大学、函授大学、电视大学及中等职业学校相关专业的教学参考书，并可供相关专业工程技术人员作为培训参考书使用。

由于我国基于行动引导型教学法组织内容、按“做、学、教一体化”模式组织教学的高职高专教材建设刚刚起步，加之作者水平有限等因素，书中难免存在缺点和错误，恳请广大同行及读者批评指正。

编者

2015年2月

目　　录

发动机故障排除部分

项目1 曲柄连杆机构和配气机构故障诊断与排除

<table>
<tr><th colspan="4">教学准备</th></tr>
<tr><th>序号</th><th colspan="2">名称</th><th>内容</th></tr>
<tr><td rowspan="2">1</td><td rowspan="2">学习目标</td><td>知识目标</td><td>掌握曲柄连杆机构和配气机构常见故障的主要原因；理解常见故障的人工诊断思路和仪器诊断方法；掌握气缸正常磨损的特征和原因、气缸磨损的检验方法、修理尺寸确定方法和气缸镗磨修理的质量要求；掌握曲轴和凸轮轴的检验方法、曲轴轴颈修理尺寸的确定方法和磨修质量要求</td></tr>
<tr><td>技能目标</td><td>会气门间隙调整；会缸体和缸盖裂纹、翘曲变形检验与修复；会活塞环选配方法和连杆弯扭变形校验；会气门座更换、铰磨、气门研磨和气密封性检查</td></tr>
<tr><td>2</td><td colspan="2">教学设计</td><td>在一体化教室内先进行冷却与润滑系统常见故障及诊断方法和思路的学习，然后在实训场汽车上设置冷却与润滑系统的相关故障，并进行故障排除训练</td></tr>
<tr><td>3</td><td colspan="2">教学设备</td><td>大众桑塔纳AJR拆装发动机台10架，丰田5A拆装台架10台，每台2～3人，若干常用工具、教材、仪器使用说明书、汽车维修手册及多媒体课件等</td></tr>
</table>

1.1 曲柄连杆机构和配气机构维修实训指导

实训目的： 掌握气门间隙调整方法；能进行缸体和缸盖裂纹、翘曲变形检验与修复；掌握活塞环选配方法；会气门座更换、铰磨、气门研磨和气密封性检查。

实训设备： 大众桑塔纳AJR拆装发动机台10架，丰田5A拆装台架10台，工具若干。

【案例】 一辆2008款捷达，行驶14万km，汽车在行驶中发现发动机怠速不稳。

【故障诊断与排除】 首先用大众专用诊断仪VAS5052检测，显示节气门故障。检测燃油压力，在启动、怠速时压力都正常。

拆检火花塞，检查高压火，跳火正常。

检测汽缸压力：1缸11.3bar，2缸11.6bar，3缸10.9bar，4缸11.2bar，缸压都正常。

拆检喷油器，检查喷油量、雾化性良好，无滴油现象。

检查点火正时，完全正常。

拆检缸盖，检查配气机构，发现1缸进气气门弹簧折断。

分析认为启动时马达转速低，活塞压缩时，压缩气体力能将进气门关闭，因此低转速检测气缸压力正常，当启动后，转速升高，进气门不受凸轮的控制，不能及时关闭，所以在发动机正常工作时气缸压力不足，导致1缸工作不良，怠速不稳。

更换气门弹簧，故障排除。

1.1.1　曲柄连杆机构和配气机构维护

1.1.1.1　维护作业内容

在发动机维护中，曲柄连杆机构和配气机构的主要维护作业内容如下：

（1）检测发动机气缸压力或发动机功率，视情况确定发动机二级维护附加作业的内容。

（2）按规定次序和扭紧力矩拧紧气缸盖螺栓。

（3）检查和调整气门间隙。

1.1.1.2　气门间隙调整

气门间隙的调整在气门完全关闭的条件下进行。用十字螺丝刀气门调整螺钉，同时用塞尺在气门杆端与摇臂（或凸轮）间测量，调好后将锁紧螺母锁紧，最后再用塞尺检查一遍。

常用气门间隙调整方法是逐缸调整法，即按发动机点火顺序逐缸调整，每调完一个气缸的气门，转曲轴一定角度，调下一气缸的气门。具体方法为：将曲轴转至一缸压缩行程上止点，使进、排气门全关，调整进、排气门间隙；转动曲轴一定角度（720°/气缸数），如4缸发动机转过180°，6缸发动机转过120°，调整下一点火缸的进、排气门间隙。依此类推，逐气缸调整进、排气门的间隙。

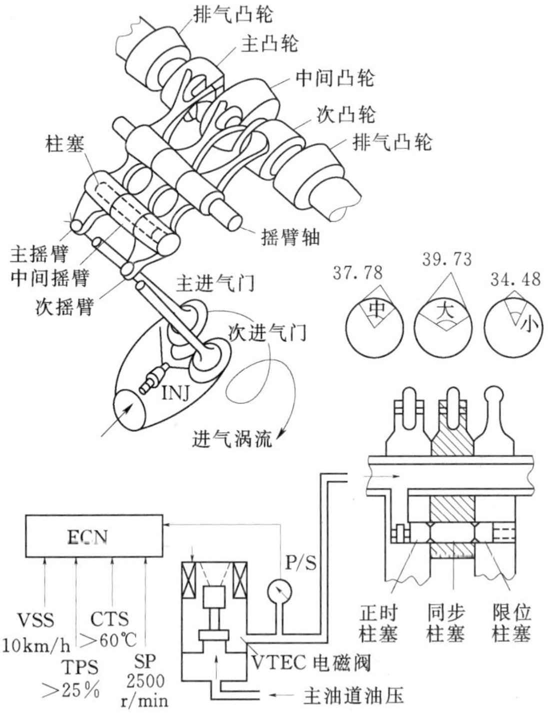

图1.1　VTEC配气机构

1.1.1.3　VTEC机构的检修

1. VTEC机构的结构和工作过程

VTEC是可变配气正时及气门升程电子控制配气机构。VTEC配气机构在发动机工作时，排气门的工作情况与普通配气机构相同，而同一缸的两个进气门受VTEC机构分别控制，发动机控制微机根据发动机转速、负荷等变化来控制VTEC机构工作，实现单进气门工作或双进气门工作，改变进气门的配气相位及升程。

F23A3发动机中VTEC机构的结构如图1.1所示，主要由主摇臂、中间摇臂、次摇臂、正时柱塞、同步柱塞、限位柱塞、回位弹簧、VTEC

电磁阀、正时板等组成。

VTEC机构的工作过程是：VTEC不工作时，正时柱塞、同步柱塞停留在主摇臂油缸孔内，与中间摇臂等宽的同步柱塞停留在中间摇臂的油缸孔内，限位柱塞和弹簧则停留在次摇臂的油缸孔内。正时柱塞的一端与液压油道连通，液压油来自油泵，油道的开、闭由微机通过电磁阀控制。发动机低速运转时，微机（ECM或PCM）不发出指令，电磁阀使油道关闭，摇臂油缸内无油压，各柱塞分别停留在各自的油缸孔内，3个摇臂彼此分离独立，受各自的凸轮驱动工作。此时，主凸轮通过主摇臂驱动主进气门，供给发动机低速时所需的混合气；中间摇臂虽随中间凸轮大幅度摆动，但不影响气门的正常开闭；次凸轮的升程非常小，通过次摇臂驱动次进气门微量开闭，其目的是防止次进气门附近积聚燃油（因喷油器为双孔喷油）。即在低速时，VTEC不工作，配气机构处于单进、双排气门工作状态，单进气门由主凸轮驱动。

当发动机高速运转，且发动机转速、负荷、冷却水温度及转速达到设定值（转速2300～2500r/min，负荷达25%，水温达60℃以上，车速达10km/h以上）时，微机向VTEC电磁阀供电，使电磁阀开启。来自油泵的液压油进入正时柱塞一侧，由正时柱塞推动两同步柱塞和限位柱塞移动。两同步柱塞分别将主摇臂与中间摇臂、次摇臂与中间摇臂串联成一体，成为一个同步工作的组合摇臂。由于中间凸轮升程最大，气门的提前开启角和滞后关闭角也大，所以组合摇臂受中间凸轮驱动，两个进气门同步工作，且实现了进气门的配气相位和升程的变化，满足了发动机高速工作时的进气要求。

当发动机转速下降到设定值时，微机切断VTEC电磁阀电流，正时柱塞一侧的油压降低，各摇臂油缸孔内的柱塞在回位弹簧作用下同位，3个摇臂又彼此分离，独立工作。

2. VTEC配气机构的检修

VTEC配气机构的主要检修内容如下：

（1）油压的检查。接好VTEC电磁阀插头，拆下电磁阀上的M10螺栓，将专用接头和压力表连接到电磁阀油路上，如图1.2所示。然后启动发动机，当达到正常工作温度（冷却液温度95℃，冷却电风扇转动）后，检查发动机转速分别为1000r/min、2000r/min和4000r/min时的机油压力。机油压力应均不低于49kPa，否则说明电磁阀未开启，必要时更换电磁阀。若上述测得的机油压力正常，则关闭点火开关，拆下VTEC电磁阀插头，直接给电磁阀通电。然后启动发动机，测量转速为3000r/min时的机油压力。机油压力应达到250kPa以上，否则说明机油泵工作不良或润滑系统有泄漏。

（2）VTEC电磁阀检查。从气缸盖上拆下电磁阀总成，检查电磁阀滤清器，若滤清器有堵塞现象，应更换滤清器和发动机润滑油，电磁阀密封垫一经拆下必须更换新件。

拆开VTEC电磁阀，用手指检查阀的运动是否自如，若有发现卡滞现象，应更换电磁阀。

（3）进气摇臂的检查。转动曲轴使一缸处于压缩行程上止点，凸轮轴正时齿形带轮上的正时标记与气缸盖上的平面平齐，UP标记朝上；用手按压第一气缸的中间摇臂，如图1.3所示，应能与主摇臂和次摇臂分离，单独运动。然后依次按点火顺序（1—3—4—2）和做功间隔对各气缸进气摇臂进行检查均符合要求。若中间摇臂不能与其他摇臂分离，应检查摇臂总成，必要时更换3个进气摇臂。

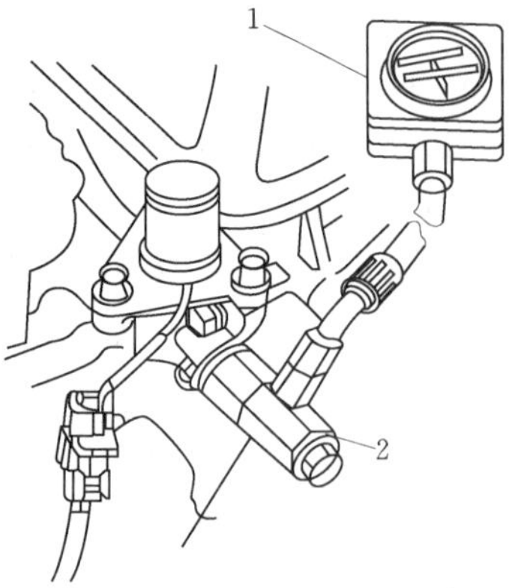

图 1.2　油压的检查

1—专用压力表；2—压力表接头

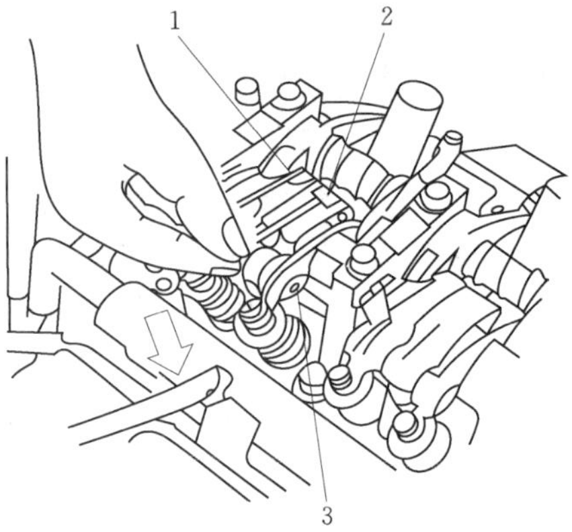

图 1.3　中间摇臂的检查

1—主摇臂；2—中间摇臂；3—次摇臂

用专用堵塞堵住油道减压孔，拆下检查孔处的螺栓，在螺栓孔处连接专用进气检查接头，接头另一端连接压缩空气源。然后拧松专用接头上的阀门，通入压力为400KPa的压缩空气。加上稳定的压缩空气压力后，用手推动正时板端部，使其向上移动2～3mm。此时从3个摇臂的缝隙中观察同步活塞的结合情况。当气缸内活塞处于压缩上止点位置，3个摇臂并列平行时，同步活塞应将3个摇臂连接为一体，用手按压中间摇臂，该摇臂应不能单独运动。

停止施加压缩空气压力后，再推动正时板，使其向上移动，摇臂内的同步活塞应迅速回位。按上述方法和发动机的工作顺序，分别对处于压缩上止点位置的气缸进气摇臂进行检查，均应符合要求。否则应分解检查摇臂总成，必要时成组更换进气摇臂。

1.1.1.4　VVT机构检修

1. VVT机构的结构与工作原理

VVT是可变配气正时控制机构，它可根据发动机的运行状态控制进气凸轮轴和曲轴的相位角，实现高速及低速不同工况下配气相位的优化，以获得最佳的配气正时。

丰田系发动机VVT机构的结构如图1.4所示，主要由传感器、电控单元、凸轮轴正时机油控制阀（OCV）和VVT执行器等部分组成。VVT执行器的可变正时传动装置主要由带正时链轮的壳体，固定在进气凸轮轴上的叶片转子和止动销组成，链轮壳体与叶片转子之间构成两个液压室，一是进气门提前室，二是气门延迟室。在一定角度范围内，叶片转子在油压作用下能在链轮壳体内旋转，使链轮与凸轮轴之间的位置变化，从而改变配气正时。OCV是电磁柱塞滑阀，调节输入OCV线圈电流的大小，可改气门正时提前室或气门正时延迟室的油通道，从而控制两室的机油压力。

发动机熄火时，在弹簧力作用下，可变正时传动装置的止动销与叶片转子啮合，凸轮轴链轮与凸轮轴作为一个整体旋转，处于最大配气延迟位置；启动发动机，当油泵压力升高，并且止动销脱离时，叶片转子与链轮壳体便能相对运动，对凸轮轴链轮与凸轮轴的相应角度进行调节。

发动机工作过程中，电控单元根据各传感器信号反映的发动机工况，输出控制OCV电磁线圈电流的信号，调节OCV的滑阀的位置，改变VVT执行器气门正时提前室和延迟室的供油通道，控制两室的机油压力，促使叶片转子与链轮壳体相对转动，从而连续不

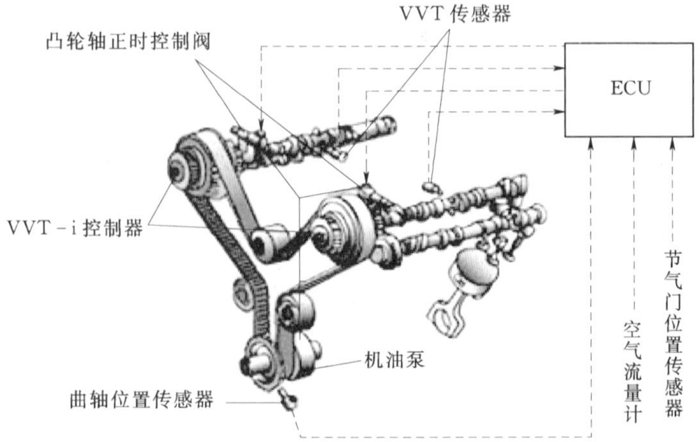

图 1.4 VVT 配气机构的结构

断地改变进气气门正时。

2. VVT 机构的检修

(1) OCV 的检查。使用万用表测量 OCV 端子间电阻，断开 OCV 和 ECU 连接器，测量 OCV 与 ECU 之间连接导线的电阻、导线与车身搭铁之间的电阻。一汽花冠用 322-FE 和 INZ-FE 发动机的 OCV，在 20℃时，OCV 端子间电阻值为 6.9～7.9Ω，OCV 与 ECU 之间连接导线的电阻应小于 1Ω，导线与车身搭铁之间的电阻应大于 1MΩ，否则，更换新的 OCV。

从 12V 蓄电池正负极引线接到 OCV 插接器端子，OCV 的滑阀应能迅速移动，否则应更换新的 OCV。

(2) VVT 执行器检查。用虎钳夹住凸轮轴，确认凸轮轴被锁紧；用橡胶垫塞住凸轮轴凹槽里的两个油孔，用尼龙胶包住凸轮轴颈的 4 个油路；断开与凸轮轴凹槽相对一侧的正时提前与延迟油路的带子，同时向提前与延迟油路的油孔充入大约 150KPa 的压缩空气，如图 1.5 所示；释放止动销，若给正时延迟油路减压，凸轮轴正时齿轮总成向提前方向转动，则正常，如图 1.6 所示。

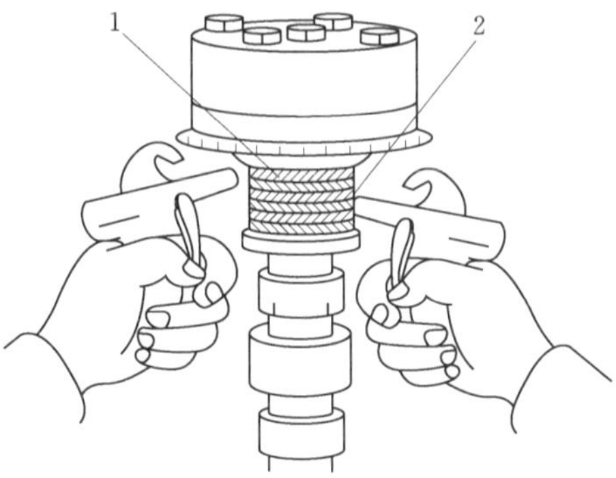

图 1.5 将压缩空气同时施加在提前室和延迟室

1—延迟油路；2—提前油路

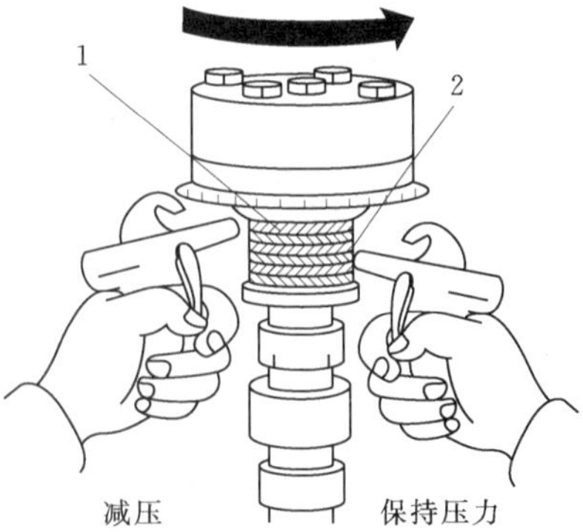

图 1.6 给正时延迟油路减压时正时齿轮的转动

1—延迟油路；2—提前油路

1.1.2　曲柄连杆机构和配气机构主要零件的检修

1.1.2.1　缸体和缸盖的检修

1. 缸体和缸盖的损伤形式

缸体的主要损伤形式是气缸的磨损、缸体裂纹和变形，缸盖的主要损伤形式是气门座磨损、变形和裂纹。

为了保证修理质量，在镗缸或更换缸套、气门座和导管前应先进行缸体和缸盖的外部检修。

2. 缸体和缸盖的裂纹检修

缸体和缸盖的裂纹大多出现在气门座圈附近和水套的薄壁处。缸体和缸盖裂纹检查的常用方法是水压试验。试验时，将缸盖和衬垫装在缸体上，将专用的盖板装在缸体进水口处，并用水管与水压机相连，用水压机加压，如图1.7所示。在0.3～0.4MPa的压力下，保持约5min，观察有无渗漏现象，有渗漏即存在裂纹。在没有水压机的情况下，可在水套内加入水后，用压缩空气法进行加压试验。经过修补及镶配了气门座圈、气门导管或气缸套后的缸体和缸盖均应再进行一次水压试验。

缸体和缸盖裂纹和破裂的修理方法有焊接、粘接、堵漏剂堵漏和螺钉填补等几种。应根据破裂的程度及损伤的部位，选择适当的修理方法。通常，对受力较大、工作温度较高的燃烧室、气门座附近等部位采用焊接法，对受力和受热不大的缸体外部薄壁等部位采用粘接法。

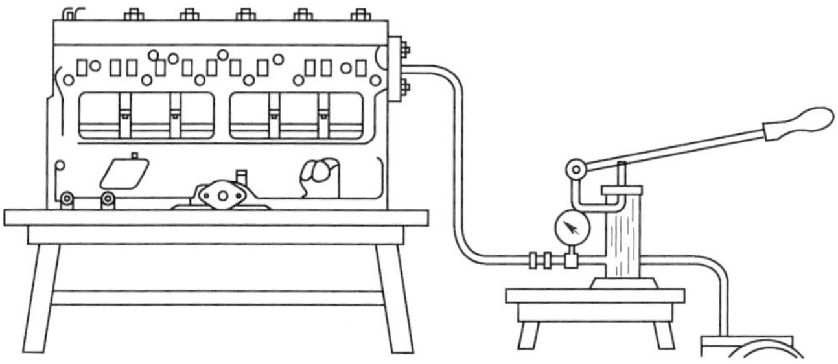

图1.7　缸体和缸盖的水压试验

3. 缸体和缸盖变形的检修

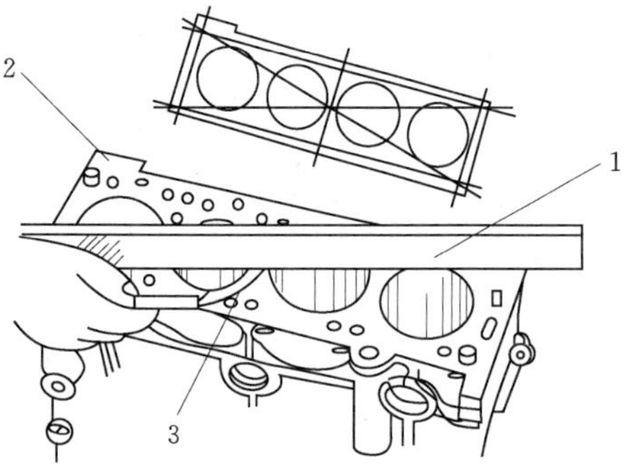

图1.8　缸盖变形量检测
1—刀口尺；2—汽缸盖；3—厚薄规

缸体变形的主要表现为上平面、端面的翘曲变形和配合表面的相对位置误差增加；缸盖变形的主要表现为下平面和进气歧管、排气歧管侧平面的翘曲变形。

(1) 缸体和缸盖翘曲变形的检修。缸体、缸盖的翘曲变形可用平板做接触检验，或者用直尺和塞尺检测。用直尺和塞尺检测缸盖平面翘曲变形的方法为在长宽和对角线方向上进行测量，如图1.8所示。捷达、桑塔纳等发动机缸盖在全长上的最大允许误差为0.10mm，缸体上平面在全长上的最大允许误差为0.05mm。

缸体、缸盖平面变形后，可根据变形程度采取不同的修理方法。缸体、缸盖平面的平面度误差在整个平面上不大于0.05mm或仅有局部不平时，可用刮研法修复；平面度误差较大时可进行磨修，但加工量不能超过规定值，否则会使发动机燃烧室容积过小。对于经过磨修的缸盖，一般都应检查燃烧室容积，燃烧室容积一般不得小于标定容积的95%，同一缸盖各缸燃烧室容积差不大于平均容积的1%～2%，否则更换新缸盖。

（2）缸体位置误差的检验。在缸体检修中，如果条件许可还应该进行以下项目的检验：

1）缸体高度检验。可用高度游标卡尺对缸体上、下平面之间的距离进行测量。缸体高度影响发动机压缩比，北汽4C64发动机要求该高度为（290+0.1）mm。

2）缸体主轴承座孔同轴度检验。用量棒或同轴度检验仪进行检验。用同轴度检验仪进行检验的方法是：缸体主轴承座孔同轴度影响曲轴主轴颈与轴承的配合，其要求是：所有主轴承座孔的同轴度误差不大于0.15mm，相邻两个主轴承座孔的同轴度公差应不大于0.10mm。

3）气缸与主轴承座孔轴线的垂直度检验。用气缸孔垂直度检验仪对气缸与主轴承座孔轴线的垂直度进行检验的方法，该垂直度直接影响气缸和曲轴的使用寿命。气缸轴线对气缸两端主轴承座孔轴线的垂直度误差应不大于0.05mm。

1.1.2.2　气缸磨损的检修

1. 气缸磨损的特征及原因

气缸正常磨损的特征如图1.9所示。气缸孔沿高度磨损成上大下小的倒锥形，最大磨损部位是活塞在上止点时第一道活塞环对应的位置，该位置以上几乎无磨损，磨损到一定程度有明显的“缸肩”；在气缸孔横截面上四周磨损也不均匀，形成不规则的椭圆形，一般在磨损量最大处，磨损最不均匀，有时相差3～5倍。

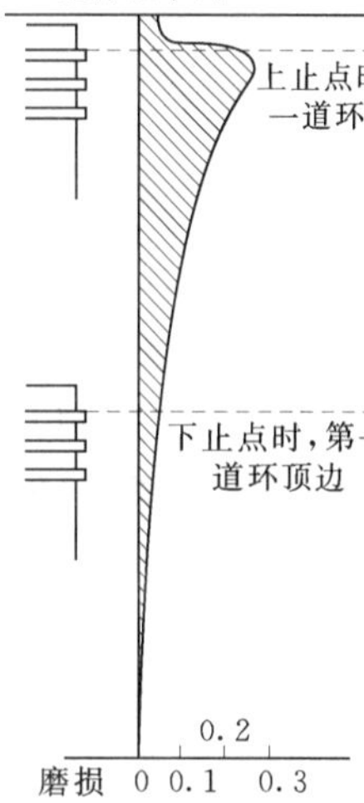

图1.9　气缸磨损的特征

形成上述磨损特征的原因是：在理想情况下缸体与活塞环、活塞的润滑状态是液体润滑，但在发动机实际工作时，液体润滑条件难以保证。其磨损特征产生的原因主要可从影响液体润滑的因素来分析。从活塞环负荷方面来分析，受气缸内工作气体压力的影响，活塞在上止点附近时各道环的背压最大；与各道环相比，第一道环的背压最大，以下逐道减小。从润滑油方面来分析，由于采用飞溅润滑，气缸上部的实际供油情况差，可燃混合气燃烧时润滑油也会有部分烧损；气缸上部温度比下部高，气缸上部润滑油黏度降低；气缸上部接近进气口，进气的冲击作用可能使润滑油分布不均匀。这些元素都不利于液体润滑的建立，从而增加了摩擦，加剧了磨损。此外，燃烧废气还会引起腐蚀磨损，特别是发动机水温较低时，低温进气对气缸壁的激冷可能产生电化学腐蚀磨损；进气中带进的硬质颗粒会导致磨料磨损，严重时会使气缸磨损成上下小、中间大的“腰鼓”形。

2. 气缸磨损的检测

根据气缸磨损的特征，一般用圆度和圆柱度两个指标来反映气缸的磨损程度，也有如桑塔纳、捷达等汽车一样以标准尺寸和气缸磨损后的最大尺寸的差值来衡量。测量气缸的磨损量，测量位置很重要，通常气缸的测量位置和要求如图 1.10 所示。即：在气缸上部距气缸上平面 10mm 处，气缸中部和气缸下部距缸套下口 10mm 等处的 1 个截面，按 *A*、*B* 两个方向分别测量一次，其中，*A* 方向与曲轴轴线平行，*B* 方向与曲轴轴线垂直。若考虑汽车使用情况的复杂性，气缸磨损可能异常，为测出最大磨损尺寸，从上而下最好每隔 10mm 测一个截面；每个截面上最好测量 8 个点，即每隔 45°测量一点。根据测量值求得圆度、圆柱度和最大磨损量，同一横截面上不同方向测得的最大直径与最小直径差值的一半作为该缸的圆度，同一气缸表面任意方向所测得的最大直径与最小直径差值的一半即为该缸的圆柱度，测量值的最大值与标准值之差为该缸的最大磨损量。

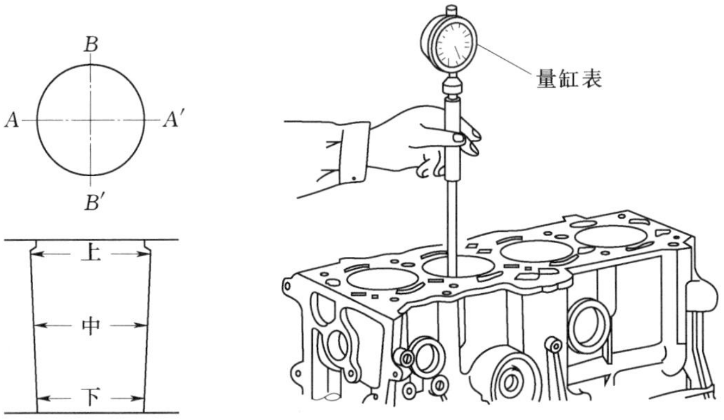

图 1.10　气缸内径测量部位

当发动机中磨损量最大气缸的圆柱度或圆度超过规定标准时（如一般汽油机的圆柱度超过 0.175mm，或圆度超过 0.05mm，柴油机的圆柱度超过 0.25mm，或圆度超过 0.063mm，或如桑塔纳、捷达等汽车，其标准尺寸和气缸磨损后的最大尺寸的差值超过 0.08mm），则应进行镗缸或更换缸套修理。

3. 气缸镗磨修理尺寸的确定

在确定发动机修理尺寸时，应以磨损最大的气缸为标准。一般发动机前、后两缸磨损较大，测量时可重点测量这两只气缸。以磨损最大的缸径尺寸作为选取修理尺寸的依据。几种车型发动机活塞与气缸的装配间隙见表 1.1。

表 1.1　　几种车型活塞和气缸的配合间隙　　单位：mm

车型	桑塔纳	标致	夏利	切诺基	依维柯	五十铃
装配间隙	0.03～0.08	0.06～0.08	0.03～0.12	0.023～0.043	①	0.017～0.055②
					0.125～0.157 0.107～0.157 0.114～0.164	

① 依维柯小客车因活塞不规则，配合间隙也不同；

② 五十铃 N 系列货车发动机有两种缸套与相应活塞相配，但均应保证表列配合间隙。

4. 气缸的镗磨加工

(1) 气缸的镗削加工。因为活塞和气缸的配合要求较高，所以都是采用修配法加工，即按活塞的实际尺寸进行气缸的镗削加工。

气缸镗削加工质量要求：缸壁表面粗糙度应不大于 Ra2.5；干式缸套圆度应不大于 0.005mm，圆柱度应不大于 0.0075mm；湿式缸套圆柱度一般应不大于 0.0125mm；气缸轴线对两端主轴承座孔轴线的垂直度不大于 0.05mm；气缸上口应留有倒角；有 0.03～0.05mm 的磨缸余量。

(2) 气缸的珩磨。气缸镗削加工后，表面存在螺旋形的细微刀痕，必须进行珩磨加工。通过珩磨，使气缸具有合理的表面粗糙度和配合特性，并具有良好的磨合性能。

气缸珩磨后的技术要求是：表面粗糙度不高于 Ra0.63；干式缸套圆度不大于 0.005mm，圆柱度不大于 0.0075mm；湿式缸套圆柱度一般应不大于 0.012mm；如有锥度，应上小下大；与活塞的配合间隙应符合出厂要求。

(3) 气缸的激光热处理。为提高气缸耐磨性，延长发动机使用寿命，近年来在气缸修理中推广应用激光热处理新工艺。采用激光热处理工艺，能在气缸表面形成超细化的淬火屈氏体，表面硬度可达 HRC60 左右，淬火层可达 0.10～0.35mm，从而使气缸的耐磨性大为提高，使用寿命可延长 2～3 倍。气缸激光热处理需在专用淬火机床上进行，其工艺流程是镗缸—珩磨—磷化—激兆淬火—珩磨，直到符合要求的尺寸。

5. 气缸镶套

气缸用修理尺寸法修理超过最后一级时，可用镶套法恢复至原始尺寸。

干式缸套镶配工艺要点与技术要求：缸套的支承孔内径应为原设计尺寸或同一级修理尺寸，孔表面粗糙度应不超过 Ra1.25；配合过盈量应符合规定，无规定者，一般为 0.05～0.10mm，有凸缘的气缸套，可取 0.05～0.07mm，无凸缘的气缸套可取 0.07～0.10mm；镶配时应在配合表面涂以机油；压入时应放正，防止压偏；压入过程中若突然增加阻力，应查明原因，以防压坏缸体或缸套；气缸套上平面应不低于气缸体上平面，也不得高出 0.10mm；压入气缸套前后应对气缸体进行水压试验。

湿式缸套镶配工艺要点与技术要求：必须清除支承孔与缸套各配合表面处的铁锈、积垢，直至露出光洁表面；检查定位台肩状况，腐蚀严重时应锪平加垫，对铝合金缸体应加软铝垫，勿用铜垫；检查缸套上平面应高出气缸体上平面，并符合规定，无规定时，一般高出量为 0.13～0.18mm，各缸高出差应不大于 0.03～0.05mm；不符合规定时可视情况在定位台阶处用垫片调整或车削缸套上平面；缸套与支承孔配合间隙应符合规定，无规定者一般为 0.05～0.15mm；防水圈装入缸套槽中应无扭曲，高出槽量应不小于 0.8～1.0mm，推入气缸时应在其表面涂肥皂水进行润滑，缸套应用手压入；装后应进行水压试验。

1.1.2.3 活塞环的选配

1. 活塞环的损伤形式

活塞环长期在高温、重载和高速下工作，润滑条件较差，其主要损伤形式是磨损。随着磨损的加剧，活塞环的弹力逐渐减退，端隙、侧隙、背隙增大。此外，活塞环还可能断裂。

2. 活塞环的选配检验

除有标准尺寸的活塞环以外，还有与各级修理尺寸气缸、活塞相对应的加大尺寸的活塞环。发动机修理时，应按照气缸的标准尺寸或修理尺寸，选用与气缸、活塞同级别的活塞环。在大修时，优先使用活塞、活塞销及活塞环成套供应配件。

在选配活塞环时，应进行活塞环端隙、侧隙、背隙及活塞环与缸壁配合漏光度的检查，重点检查前三项。

（1）活塞环端隙的检查。活塞环端隙是指活塞环装入气缸后在开口处呈现的间隙。检查活塞环端隙时，将活塞环平正地放入气缸内，用活塞顶部把它推平，然后用塞尺测量开口处的间隙。活塞环端隙的大小与气缸直径和活塞环的材料等因素有关。

部分机型活塞环的端隙应符合表1.2的规定。端隙大于规定时，另选活塞环；小于规定时，可对环口的一端加以锉修。锉修时，注意环口平整，锉修后环外口应去掉毛刺，以防锋利的环口刮伤气缸。

表1.2　　部分机型活塞环装配间隙表　　单位：mm

发动机型号	活塞环端隙			活塞环侧隙		
	第一道气环	第二道气环	油环	第一道气环	第二道气环	油环
桑塔纳	0.30～0.45	0.25～0.40	0.25～0.50	0.02～0.05	0.02～0.05	0.03～0.08
捷达	0.30～0.45	0.25～0.40	0.25～0.50	0.03～0.07	0.02～0.06	0.02～0.06
富康	0.30～0.50	0.30～0.50	0.30～0.50	0.03～0.07	0.02～0.06	0.02～0.06
奥迪	0.30～0.45	0.25～0.40	0.25～0.50	0.02～0.05	0.02～0.05	0.02～0.05
切诺基2131-4	0.15～0.35	0.15～0.35	0.15～0.35	0.043～0.081	0.043～0.081	0.03～0.20
夏利TJ376Q	0.20～0.70	0.20～0.70	0.20～1.10	0.03～0.12	0.03～0.12	0.03～0.12
五十铃4JB1	0.20～0.40	0.20～0.40	0.10～0.30	0.09～0.125	0.05～0.085	0.03～0.07
丰田5R型	0.20～0.40	0.15～0.35	0.15～0.35	0.03～0.07	0.03～0.07	0.025～0.070

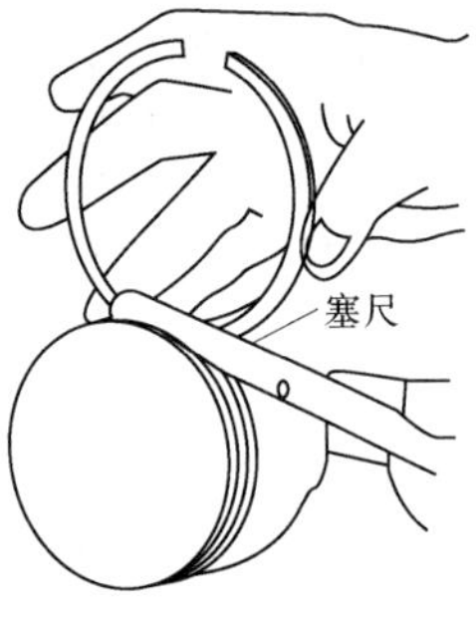

图1.11　活塞环侧隙的检查

（2）活塞环侧隙的检查。活塞环侧隙是活塞环在相应的活塞环槽内上、下方向的间隙。检验时，将活塞环放入环槽内，用厚薄规按图1.11所示的方法测量。

部分机型活塞环的侧隙应符合表1.2的规定。如侧隙过小，可将活塞环放在有平板的砂布上研磨，不允许加工活塞；如侧隙过大，则应另选活塞环。

（3）活塞环背隙的检查。活塞环的背隙是指活塞环安装在活塞上放入气缸以后，活塞环因弹性而伸展紧贴汽缸壁时活塞环背面与环槽底之间的间隙。此间间隙难以直接测量，可计算求得。计算活塞环背隙的公式为：

活塞环背隙＝(气缸直径－活塞环槽底直径－2×活塞环径向厚度)/2

活塞环的背隙一般为0.35～0.5mm。

在实际测量中，活塞环背隙通常以槽深和环厚之差来表示。气环一般应低于环槽岸边0.35～0.5mm。

检验活塞环侧隙和背隙的经验方法是：将活塞环插入环槽内，如活塞环低于环槽岸，能转动自如，且无松旷感觉，则间隙合适。

（4）活塞环弹力和漏光度的检查。活塞环端隙、侧隙和背隙检查是活塞环选配的基本检查，必要时还应进行活塞环的弹力检验和漏光度检验。

活塞环的弹力是指在活塞环开口的垂直方向施加压力，使开口达到规定端隙时在活塞环直径方向施用的作用力。活塞环的弹力可用活塞环检验仪检验。塞环的弹力应符合规定的要求。

活塞环漏光度用于检查活塞环的外圆与缸壁贴合的良好程度。漏光度的检查方法如图 1.12 所示，将活塞环平正地放入气缸内，用活塞顶部把它推平，在气缸下部放置一发亮的灯泡，在活塞环上放直径略小于气缸内径、能盖住活塞环内圆的盖板，然后从气缸上部观察漏光处及其对应的圆心角。

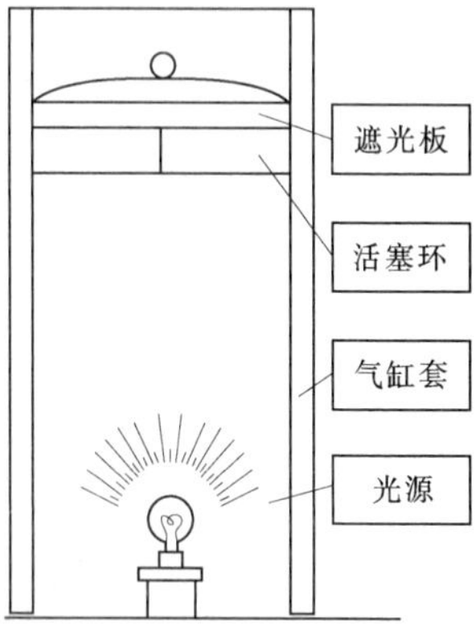

图 1.12　活塞环漏光度检查

一般要求活塞环局部漏光每处不大于 25°；最大漏光缝隙不大于 0.03mm；每环漏光处不超过 2 个，每环总漏光度不大于 45°；在活塞环开口处 30°范围内不允许有漏光现象。

3. 活塞环的小修

使用经验证明，活塞环的磨损失效寿命比气缸短，因此，在发动机的一个大修周期内应更换一次（一般只允许一次）活塞环。通常在气缸磨损达到每 100mm 缸径 0.18～0.22mm 时，应更换活塞环，以改善发动机的动力性能和经济性。在更换活塞环时，应注意以下几点：

（1）检查活塞环的端隙应在活塞环行程内的最低位置进行，不能在磨损严重的气缸上部检验，也不要在活塞环行程区域以外检验。

（2）活塞环与环槽的配合间隙也可放宽要求。侧隙可放宽到 0.125mm；气环背隙可放宽到 0.800mm，油环背隙可放宽到 1.000mm。

（3）在拆下活塞连杆组前，应用刮刀刮除缸肩，并用砂布将缸口磨光。若气缸磨损比较严重，造成在活塞环行程最低位置也有明显的台阶时，也应刮除和磨光。

（4）在气缸磨损量不严重时，更换的活塞环只能使用原标准（或修理）尺寸的活塞环，严禁使用加大级别的活塞环。

1.1.2.4　连杆的检验与校正

1. 连杆的损伤形式

连杆在工作中，会发生杆身的弯曲、扭曲变形损伤，发生大小端内孔出现椭圆和锥形及连杆大头侧面磨损等损伤，其中杆身的弯曲、扭曲变形最为常见。

2. 连杆弯曲和扭曲变形的检验

连杆弯曲和扭曲变形的检验一般在连杆检验仪上进行，其检验方法如图 1.13 所示。

（1）将连杆大头的轴承盖装好（不装轴承），按规定力矩把螺栓拧紧，检查连杆大头孔的圆度和圆柱度应符合要求，装上已修配好的活塞销。

（2）把连杆大头装在检验器的横轴上，拧紧调整螺钉使定心块向外扩张，把连杆固定在检验器上。

（3）将 V 形检验块两端的 V 形定位面靠在活塞销上，观察 V 形检验块的 3 个接触点与检验仪的接触情况，即可检查出连杆弯扭方向和弯扭量。例如，检验块的下端两支点与

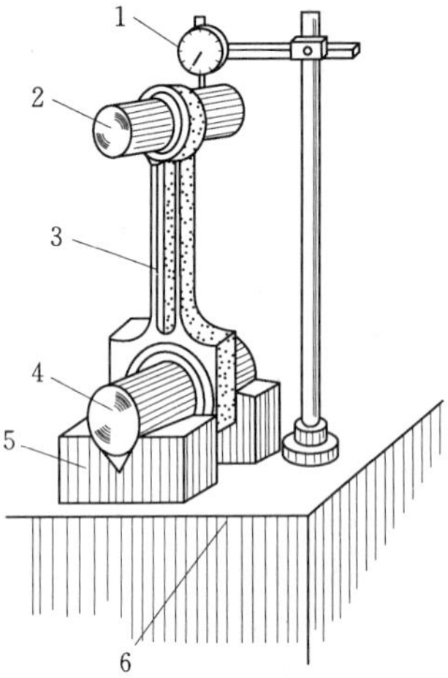

(a)连杆弯曲变形的检测方法

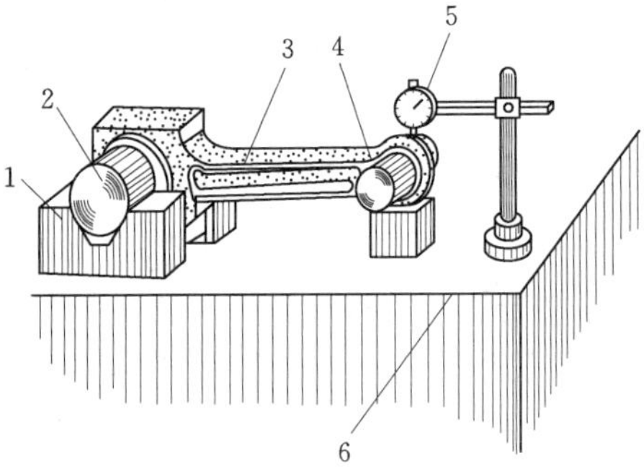

(b)连杆扭曲变形的检测方法

图 1.13　连杆弯曲和扭曲变形检验

(a)

1—百分表；2—被测心轴；3—连杆；4—基准心轴；5—V形块；6—平台

(b)

1—V形块；2—基准心轴；3—连杆；4—被测心轴；5—百分表；6—平台

平面接触，而上端支点有间隙，即表明连杆向外弯曲；其弯曲量可用塞尺测量上支点间隙。如图 1.13（a）所示，其值即为每 100mm 的弯曲量。又如，检验块的下端两支点不能同时与平面接触或间隙不等时，即表明连杆有弯曲变形；其扭曲量可用塞尺测量下支点的间隙差，如图 1.13（b）所示，其值为每 100mm 的扭曲量。一般要求连杆的弯扭变形量每 100mm 弯曲不超过 0.03mm，扭曲不超过 0.06mm。若不符合要求，则应进行校正。

3. 连杆弯曲和扭曲变形的校正

经过检查，如连杆的弯曲或扭曲超过规定，应记住弯曲、扭曲的方向，并予以校正。

连杆弯曲的校正可在压床或弯曲校正器上进行，用弯曲校正器校正连杆弯曲的方法如图 1.14 所示。

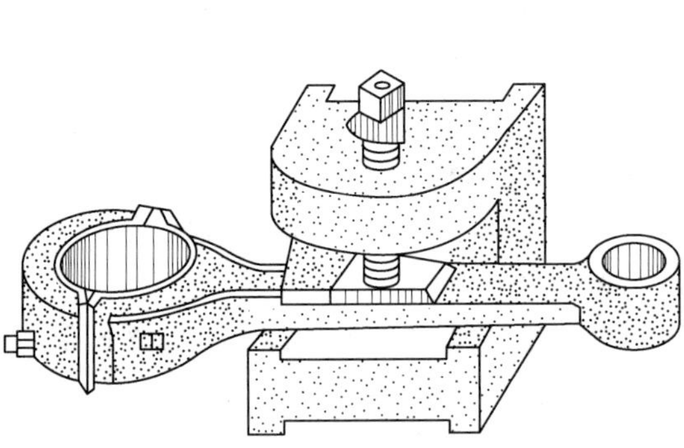

图 1.14　校正连杆弯曲

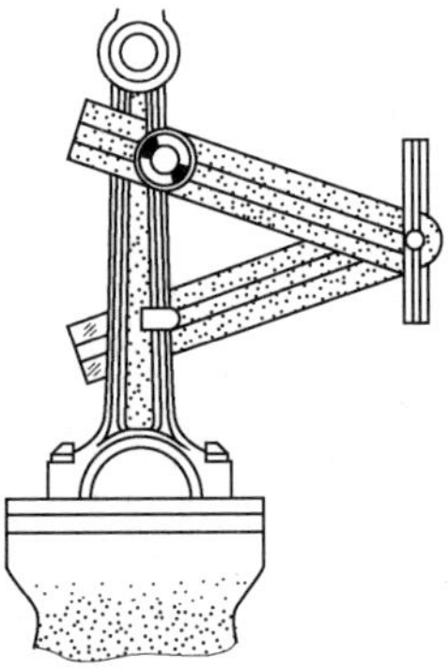

图 1.15　校正连杆扭曲

连杆扭曲的校正可将连杆夹在虎钳上，用扭曲校正器、长柄扳钳或管子钳进行校正，用扭曲校正器校正连杆扭曲的方法如图 1.15 所示。

在常温下校正连杆会发生弹性变形和弹性后效作用，即卸去负荷后，连杆有恢复变形的可能。因此连杆校正后最好进行加温定型处理，即将校正后的连杆用喷灯稍许加热。现代随着加工技术的提高，零件成本降低，大多企业都放弃连杆校正查找更换。

1.1.2.5 曲轴和凸轮轴的检修

1. 曲轴和凸轮轴的损伤形式

曲轴的主要损伤形式有轴颈磨损、曲轴主轴线的弯曲、扭曲变形以及曲轴产生裂纹甚至折断。凸轮轴的主要损伤形式是凸轮轴轴线弯曲、轴颈和凸轮的磨损。

2. 曲轴和凸轮轴变形的检修

曲轴变形的形式有曲轴主轴线的弯曲和扭曲变形，凸轮轴变形的形式是凸轮轴轴线弯曲。

曲轴和凸轮轴轴线弯曲变形的检查方法是测量其中间轴颈对两端轴颈的径向圆跳动，具体检测方法如图 1.16 所示。将曲轴或凸轮轴两端的轴颈用 V 形铁块支撑在平台上，把百分表的触针垂直抵在中间的轴颈上。转动曲轴或凸轮轴，先记下百分表的最小读数，再旋转曲轴 180°，记下百分表的最大读数。百分表最大读数与最小读数之差即为径向圆跳动。

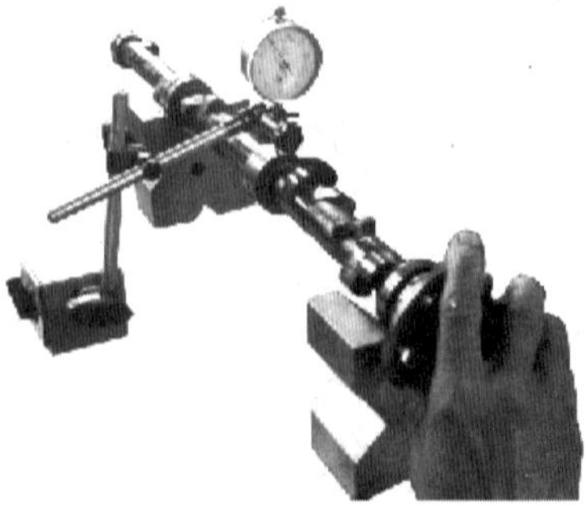

图 1.16 凸轮轴弯曲变形的检查

曲轴的径向圆跳动不得大于 0.15mm，当测得的径向圆跳动误差小于 0.15mm 时，可结合光磨曲轴加以修正；若径向圆跳动误差大于 0.15mm，则应在曲轴修磨前进行校正。凸轮轴的径向圆跳动不得大于 0.10mm，若超限则应进行校正。若轴颈需修磨，则校正应在修磨前进行。

曲轴和凸轮轴轴线弯曲变形的校正常用冷压校正，通常在压床上进行。将曲轴或凸轮轴置于压床上，用 V 形铁块支撑两端轴颈，在曲轴或凸轮轴弯曲的相反方向对轴颈加压，如图 1.17 所示。校正后，曲轴的径向圆跳动不得大于 0.05mm，凸轮轴的径向圆跳动不得大于 0.03mm。

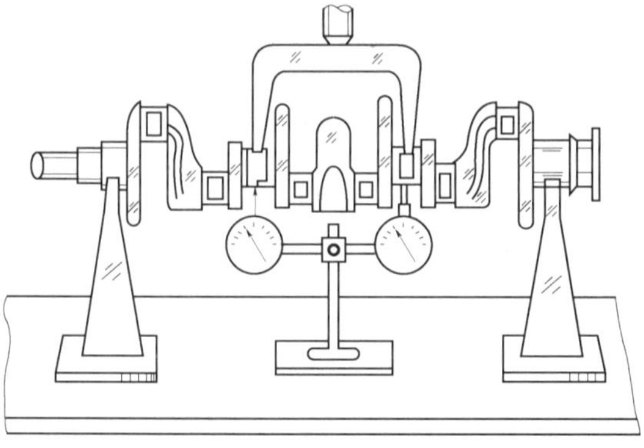

图 1.17 曲轴弯曲冷压校正

在压校的过程中，加压压力、弯曲度的大小与曲轴和凸轮轴的材料和弯曲变形的大小有关，必须根据曲轴和凸轮轴的实际情况确定。当曲轴和凸轮轴弯曲变形较大时，校正必须分步、反复多次进行，直到符合要求为止，以防止因压校弯曲度过大而折断。冷压校正过的轴，为了防止因弹性后效作用而重新弯曲，应进行时效处理。为减少曲轴冷压校正过程产生的内应力，在校正时可用手锤轻击曲柄臂。

曲轴主轴线扭曲变形检查的支撑方法与弯曲检验一样，保持曲轴水平，使两端同一曲柄平面内的两个连杆轴颈位于水平位置，然后用高度游标尺或带支座的百分表测量两轴颈最高点至平板的高度差，据此求得曲轴主轴线的扭曲角。检查的一般要求是：以曲轴装正时齿轮的键槽中心线为基准，第一道连杆轴颈的轴心线偏移不得大于±30′；以第一道连杆轴颈轴心线为基准，各道连杆轴颈的分配角度偏差不得大于±30°。

曲轴主轴线扭曲变形很难校正，一般都结合连杆轴颈的修磨予以纠正。

3. 曲轴和凸轮轴磨损的检修

（1）曲轴和凸轮轴磨损的特点。曲轴磨损的主要部位是主轴颈和连杆轴颈，主要表现为径向磨成椭圆，轴向磨成锥形。曲轴轴颈的不均匀磨损是由曲轴的结构、载荷、润滑油的质量和使用条件等因素决定的，但磨损数值取决于发动机的结构，不同型号的发动机其磨损量是不一样的。曲轴轴颈磨损的一般规律如图1.18所示。连杆轴颈径向椭圆磨损的最大部位在各轴颈的内侧面上，即位于曲轴中心线侧；连杆轴颈沿轴线方向磨损的最大部位一般在机械杂质沉积侧和各个轴颈受力大的部位。主轴颈磨损后主要呈椭圆形，最大磨损部位往往在靠近连杆轴颈一侧，主轴颈沿轴向的不均匀磨损一般没有规律性。使用经验证明，一般直列式发动机，连杆轴颈的磨损比主轴颈的磨损快。

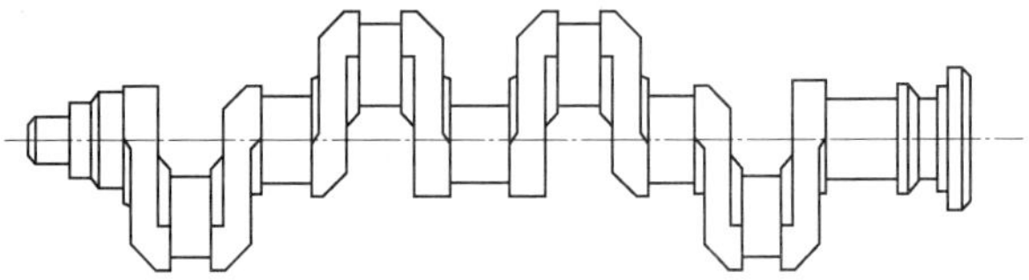

图1.18 曲轴轴颈磨损规律示意图

凸轮轴磨损的主要部位是轴颈和凸轮工作面。一般凸轮轴轴颈的磨损比较缓慢；凸轮工作面磨损是其主要损伤形式，凸轮表面磨损会有麻点、毛糙和沟槽等痕迹。

（2）曲轴和凸轮轴轴颈磨损的检验。曲轴和凸轮轴轴颈的磨损情况的检验，主要是用外径千分尺测量轴颈的直径、圆度误差和圆柱度误差。一般根据圆柱度误差确定轴颈是否需要修磨，同时也可确定修理尺寸。测量通常是按磨损规律进行，先在轴颈磨损最大的部位测量，找出最小直径，然后在轴颈磨损最小的部位测量，找到最大直径。主轴颈和连杆轴颈磨损后，圆柱度误差大于0.0125mm时，应进行曲轴的光磨修理。

另外，还可以用眼看、手摸来发现轴颈表面的擦伤、起槽、烧蚀和较严重的裂纹等损伤。在小修时，轴颈的某些较轻的表面损伤，可以用油石、细锉刀或砂布加以修磨。

（3）凸轮轴凸轮工作面磨损的检查。凸轮轴凸轮工作面磨损情况的检查主要是用外径千分尺测量凸轮的高度和升程。若凸轮的高度或升程低于允许值，应对凸轮轴进行磨修，或更换新凸轮轴。凸轮轴的磨修在专用的凸轮轴上进行。凸轮工作面的某些较轻的表面损伤，可以用油石、细锉刀或砂布加以修磨。

4. 曲轴轴颈的修磨

（1）曲轴轴颈的修理尺寸。发动机大修时，对轴颈磨损已超过规定的曲轴，可用修理尺寸法对曲轴主轴颈和连杆轴颈进行光磨修理。曲轴轴颈的光磨是在专门的曲轴磨床上进行的。曲轴主轴颈和连杆轴颈的修理尺寸一般以每缩小 0.25mm 为一级。

（2）曲釉轴颈修磨后的技术要求。曲轴光磨前，应检查裂纹情况，常用方法是磁粉探伤法和渗透探伤法。

光磨轴颈，除了要恢复轴颈的尺寸精度和几何形状精度外，还必须注意恢复各轴颈的同心度、平行度、曲柄半径以及各连杆轴颈间的夹角等相互位置精度。同时还应保证曲轴中心线的位置不变，以保持曲轴原有的平衡性。轴颈光磨后应符合下列技术要求：①同名轴颈应选用同一级修理尺寸；②各轴颈的直径应加工到与选定的轴承内径相适应的尺寸，一般各同名轴颈的直径差应不大于 0.02mm，轴颈长度应不超过标准长度的 0.03mm；③各轴颈圆柱度不得大于 0.005mm，粗糙度应不超过 Ra0.40；④轴颈过渡圆弧半径必须符合技术要求，一般为 2～3mm，圆弧表面粗糙度不得超过 Ra0.80；⑤轴颈上的油孔口应有 1×45°的倒角，无毛刺；⑥各轴颈无横向裂纹，无裂至两端圆角处或油孔边缘处的轴向裂纹；⑦各道连杆轴颈中心线对于主轴颈中心线的平行度应不大于 0.01mm，两轴心线之间的距离应符合规定。

曲轴修理后，有条件的还应进行飞轮的静平衡试验及曲轴的动平衡试验。把曲轴、飞轮及离合器装合在一起后，应该再次做总成的动平衡试验。取得平衡的主要方法是在飞轮上钻孔或在离合器连接螺栓上加装平衡片（不多于 3 片）。组装后的飞轮、曲轴、离合器总成，只有当其不平衡量在一定的限度内时，才允许用加平衡片的方法进行调整，否则应将其拆散，分别重新进行平衡试验，合格后再组合进行平衡。

1.1.2.6　气门组零件的修理

1. 气门组零件的损伤形式

气门组零件的主要损伤形式是气门和气门座工作面因磨损而起槽、变宽，甚至烧蚀后出现斑点和凹陷；气门杆弯曲和磨损；气门导管配合松旷；气门弹簧自由长度缩短，弹力减退，产生弯曲变形，甚至折断等。

2. 气门的检修

（1）气门工作面磨损起槽或烧蚀出现斑点，应进行光磨。严重时换新件。

（2）用千分尺检查气门杆的磨损。通常磨损量超过 0.05mm，或用手触摸有明显的阶梯状感觉时，应更换气门。

（3）气门杆弯曲和气门头部歪斜检查。可用百分表来测定，如图 1.19 所示。清除气门积炭，将气门杆支承在两个距离约 100mm 的 V 形块上，然后用百分表触头测量气门杆中部的弯曲度，许用弯曲度误差为 0.05mm；在气门头部用百分表测量，转动气门一圈，最大和最小读数之差的 1/2 即为气门头部的倾斜度误差，许用倾斜度误差为 0.02mm。气门杆弯曲或气门头部歪斜超过规定范围后，一般需更换气门。

3. 气门导管的检修

在更换气门后，若它与气门导管的配合间隙仍然较大，应检修气门导管。配合间隙的检查方法是：将气门提起至气缸盖平面上的一定高度（一般为气门导管长度的一半），用百分表触头抵在气门头的边缘处，如图 1.20 所示；然后往复摆动气门，用百分表测得一个摆差，即为气门导管的磨损情况。一般进气门摆差不得超过 1.00mm，排气门摆差不得超过 1.30mm。

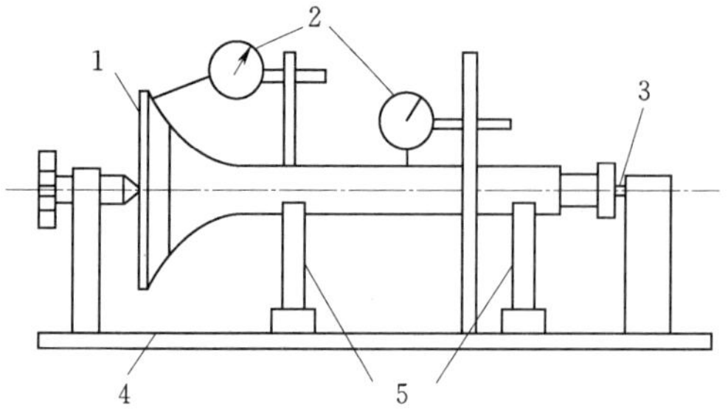

图 1.19　气门杆弯曲和气门头部歪斜的检测
1—气门；2—百分表；3—顶针；4—平板；5—V形块

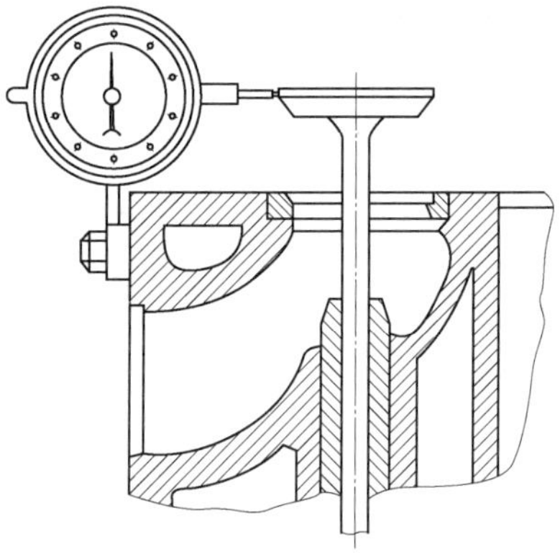

图 1.20　气门杆与导管配合间隙的检查

气门导管过度磨损后应更换。新导管的选择，要求导管的内径应与气门杆的尺寸相适应，其外径与导管支承孔的配合应有一定的过盈，通常取过盈量为导管外径的2%～3%。导管的过盈量可用新旧导管对比的办法进行测量，新导管要比压出来的旧导管大0.01～0.02mm。

更换气门导管的方法是：用专用工具将旧气门导管从气缸盖压出，将选定的新导管外壁涂上一层机油，压入导管支承孔内。带有台肩的导管压入时的压力不能大于10kN，否则会使台肩断裂。不带台肩的气门导管压入后，露出部分的长度应符合规定。

导管更换后，应检查气门杆与导管的配合间隙是否符合要求（正常为0.02～0.04mm）。其经验检查方法是将气门杆和导管孔擦净，在气门杆上涂上薄层机油，放入导管内，上下拉动几次后拉出，松手后气门能借自身重量徐徐下降落座，则认为配合适当。

如果气门与气门导管的配合间隙过小，可用铰削的方法进行扩孔。

4. 气门座的检修

气门导管是检修气门座的定位基准。为了保证气门座各斜面与气门导管的同轴度，铰削（或磨削）气门座斜面时，必须先修理或更换气门导管。

（1）气门座的镶配。气门座圈经多次修理，工作面会逐渐下陷，如果气门座工作面低于气门座圈原平面1.5mm以上，应更换气门座圈。

更换气门座的步骤如下：

1）拆下旧气门座。可用铰刀削薄气门座或在气门座内侧点焊几个焊点，敲击焊点，拆下气门座。

2）测量座圈孔直径，按直径大小选择新座圈。为了防止松脱，新座圈与座孔应有0.03～0.06mm的过盈。

3）镶配气门座。通常采用冷缩法或加热法将气门座圈镶入座孔内。冷缩法是将气门座圈在液氮中冷冻至－195℃后，压入气门座支承孔。热压法是将座圈支承孔加温到100℃左右，然后将座圈支承孔涂油，垫以软金属迅速将座圈压入支承孔。气门座圈镶入后，应将高出气缸盖平面的部分修平。

（2）气门座的铰磨。气门座工作面磨损变宽超过允许值或工作面烧蚀出现斑点、凹陷时，应进行铰削或修磨。

通常使用气门座铰刀进行气门座铰削，如图 1.21 所示。铰磨前应先将气门导管孔及气门座圈擦净，以导管为基准，选择适合于导管孔径的定心杆插入导管孔，不允许有摇摆或偏斜现象，然后按下述角度和要求进行修磨（不同车型角度略有不同）。

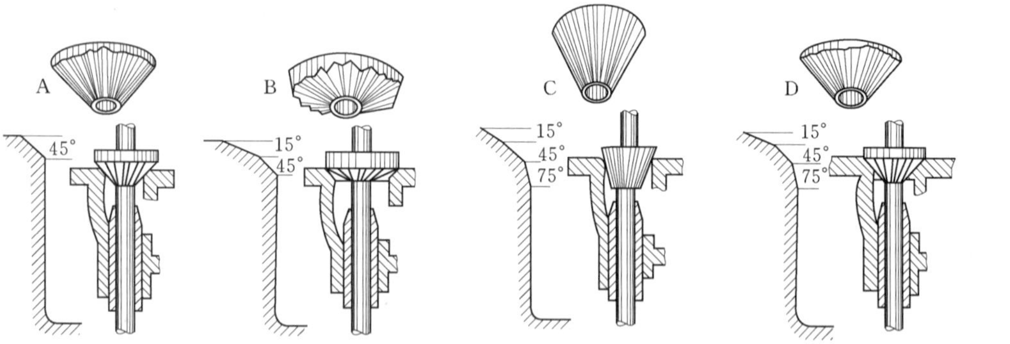

图 1.21　气门座的铰削方法

先初铰，将烧蚀、斑点等缺陷铰去。然后用新气门或光磨过的气门进行试配，要求接触面应在气门工作锥面的中部略靠小端，且宽度符合要求（如桑塔纳发动机进气门宽度为 2.00mm，排气门宽度为 2.4mm），如图 1.21 所示。

如果接触面偏向气门大端，应铰削 15°锥面，使接触面下移；如果接触面偏小端，可铰削 75°末面，使接触面上移；最后用 45°细刃铰刀精铰或在铰刀上垫细砂布铰磨，以降低接触面的粗糙度。

气门座除使用铰削加工外，还可用光磨机进行磨修。光磨机磨修气门速度快、质量好，特别是修磨硬度高的气门座效果更好，但需经常修整砂轮。

（3）气门研磨。为提高气门与气门座配合面的密封性能，常进行气门研磨。气门研磨的方法是在工作表面涂一层薄薄的研磨膏，将气门插入气门导管内，然后用研磨机研磨，研磨机有气动的和电动的。研磨分三个阶段，先用粗砂磨 3 分钟左右，后用细砂磨 3 分钟，将磨砂清洗干净最后用机油磨 1 分钟即可。研磨好后还必须进行气门密封性检查。需要注意的是，有的气门锥面上有合金层，不能研磨，只镦不磨。

气门密封性检查的常用方法是画线法、汽油渗漏法和压缩空气法等。

画线法是用软笔在气门工作面上约每隔 8mm 画一条线，插入相配的气门导管内，用起子顶住气门头的凹槽，用力下压，捻转气门少许，观察线条被切断的情况。若所画线条均被切断，则合乎要求，如图 1.22 所示。

汽油渗漏法是将气门装配好，在燃烧室内倒入汽油，观察有无汽油渗漏，如没有汽油渗漏就合适。

压缩空气法是将气门装配好，将如图 1.23 所示检验仪的空气室罩在气门座上并用手压紧，挤压橡皮球，使空气室内具有 70kPa 的压力，如在 30min 内压力不下降，即为合格。

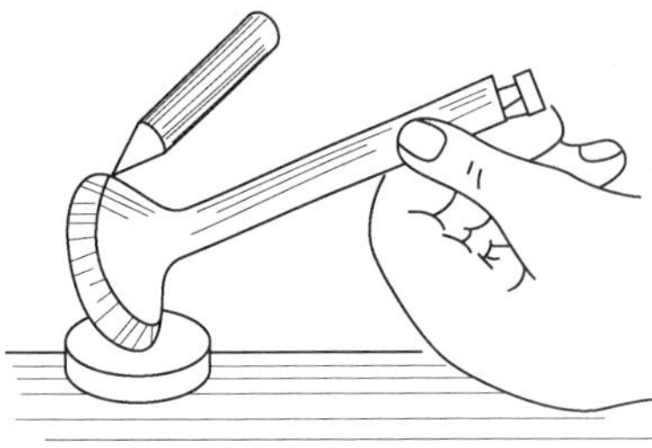

图 1.22　画线法检查气门密封性

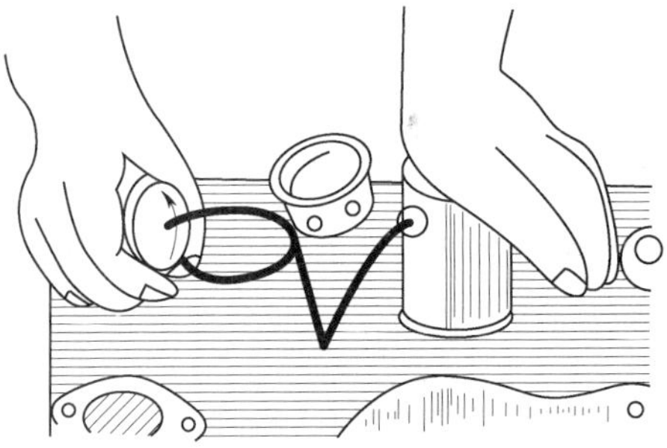

图 1.23　压缩空气法检查气门密封性

1.1.2.7　其他零件检修

1. 液压挺柱的检修

在维修中首先要检查挺柱顶部的磨损情况。如果磨损严重或出现沟槽，需进行更换。还要检查挺柱与挺柱孔的配合间隙。若配合间隙超过 0.1mm，应更换挺柱总成。

液压挺柱中的柱塞和油缸是一对精密偶件，其配合间隙不超过 0.005mm。若间隙过大应更换。检查液压挺柱的密封性时，先将挺柱浸在油液中，反复推拉，使挺柱内的空气排净。把排出气后的挺柱放在试验台上，在柱塞上施加 200N 的压力，使其滑下 2mm 左右后，测量它每下滑 1mm 的时间。在 20℃的条件下，其标准值为 7～50s/mm；如果测得的值低于标准值，说明密封性差，应更换液压挺柱。

2. 气门摇臂与摇臂轴的检修

（1）外观检查摇臂和摇臂轴工作面有无磨损导致的凹坑，若有必须修磨或更换。

（2）检查摇臂和摇臂轴之间的磨损。按用手以一定方向推拉和摇摆摇臂，如有间隙感说明摇臂与摇臂轴之间磨损较大。这时用虎钳固定摇臂轴，以百分表在摇臂上测量摇臂和摇臂轴间的间隙。如果测得间隙超过 0.15mm，必须更换。

（3）检查、疏通摇臂润滑油孔。

（4）检查调整螺钉螺纹是否完好，若损坏须更换。

3. 气门弹簧的检验

气门弹簧的损伤形式是弹簧的自由长度缩短、弹力减退、簧身歪斜以至变形和折断。检验的主要项目是气门弹簧的自由长度和弹力。

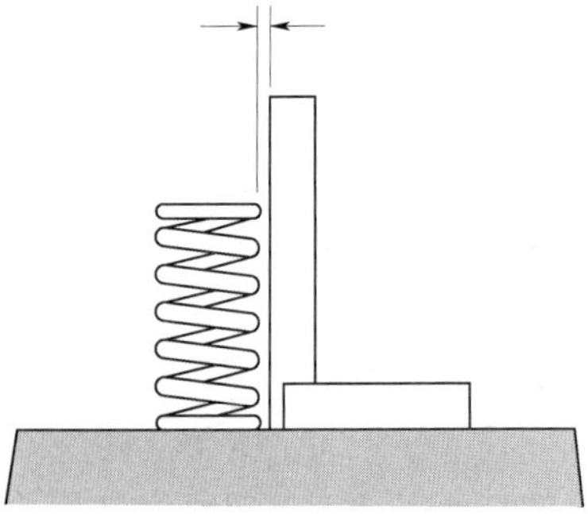

图 1.24　气门弹簧变形检查

气门弹簧的自由长度和弹力可用气门弹簧检验仪进行检验，也可用新旧对比的方法检验。即取一只标准张力弹簧与被检验弹簧一起放在平板上，看其自由长度是否一样；然后在两只弹簧之间垫一块铁板，一起夹在虎钳上，压缩后若二者长度差不多，即为弹力合格。若气门弹簧的弹力和自由长度不符合规定，应更换。

气门弹簧的变形检验测量在弹簧自由状态下弹簧轴线对支承面的垂直度。其要求是误差不得超过 2°；各道弹簧圈的外径应在同一平面上，其误差不得超过 1mm。检查方法如图 1.24 所示。将被检查的气门弹簧的一端放在角规的底面，垂直贴在角规的另一边，看全靠的程度。气门弹簧的上端与自规垂直板贴合的间隙不得超过一定值。弹簧也不得有裂纹，否则应更换。

1.2 相关知识

1.2.1 气缸压力过低

1.2.1.1 故障现象

发动机不易启动甚至不能启动，怠速不稳，动力不足，机油和燃油消耗增加，尾气排放超标。测量气缸压力，测量值低于允许极限。

1.2.1.2 故障主要原因及处理方法

（1）空气滤清器过脏、堵塞，清洁或更换空气滤清器滤芯。

（2）气缸、活塞环、活塞磨损过大，密封不良，检修或更换气缸、活塞环、活塞。

（3）气门和气门座工作面磨损或烧蚀，密封不良，检修或更换气门和气门座。

（4）气缸衬垫损坏，更换气缸垫。

（5）气缸盖变形，检修或更换气缸盖。

（6）气门间隙或配气正时不当，调整气门间隙或配气正时。

1.2.1.3 故障诊断方法

气缸压力过低故障诊断的方法有人工经验诊断法和仪器仪表诊断法两种。

人工经验诊断法适于故障现象较明显、故障程度较严重的故障诊断，为提高诊断精度和效率，应采用仪器仪表诊断法。诊断气缸压力过低故障的常用仪器仪表是气缸压力表，此外还可用窜气量测量仪、气缸漏气量（率）检验仪和真空表。

1. 用气缸压力表诊断

向气缸压力过低的气缸火花塞（或喷油器）孔内注入20～30mL机油，然后用气缸压力表重测气缸压力并记录。

如果重测的气缸压力比第一次高，接近于标准压力，则表明是气缸、活塞环、活塞磨损过大或活塞环对口、卡死、断裂及缸壁拉伤等原因造成气缸不密封。

如果重测的气缸压力与第一次相近，表明是进、排气门或气缸衬垫密封不好。

如果某相邻两缸两次检测的气缸压力都相当低，说明是两缸相邻处的气缸衬垫烧损窜气。

为保证气缸压力测量准确，测量时一定要使发动机达到规定的转速，一般发动机转速应不低于200r/min。

2. 用窜气量测量仪诊断

曲轴箱窜气量是指气缸内的工作介质和燃气从气缸与活塞间不密封处窜入曲轴箱的量。曲轴箱窜气量可用窜气量测量仪检测，测试时，密封曲轴箱通风系统，只留加注机油口。曲轴箱内气体通过软管从加注机油口处导出，输入窜气量测量仪。若曲轴箱窜气量过大，说明气缸活塞组磨损严重。

需要说明的是，曲轴箱窜气量的诊断标准一般是通过具体车型的测量，逐渐积累资料来制定的；曲轴箱窜气量与发动机的转速和外部负荷有关，尤其与负荷的大小有关，因此测定时须严格按照规范进行。

3. 用气缸漏气量（率）检验仪诊断

气缸漏气量（率）是指活塞处于压缩行程上止点，将具有一定压力（一般为588～883kPa）能压缩的空气充入气缸内时，气体的泄漏量（率）。气缸漏气量（率）的检测可采用气缸漏气量（率）检验仪进行。气缸漏气量（率）的大小反映了该气缸密封性的总体情况，因此，若被测气缸的气缸漏气量（率）过高，可在气缸漏气量（率）检测的同时采取以下辅助手段诊断故障部位。

（1）在进气管口处监听，如听到漏气声，则为该缸进气门与气门座密封不良。

（2）在消音器处监听，如听到漏气声，则为该缸排气门与气门座密封不良。

（3）在正常水温下，散热器加水口或膨胀水箱中若有气泡冒出，则为气缸盖衬垫漏气。

（4）若进排气门处均无漏气声，而在相邻气缸火花塞处听到漏气声，则为相邻两气缸之间的缸垫烧蚀漏气。

（5）如在机油尺插孔处监听到漏气声，把该缸活塞从压缩上止点摇到下止点，根据漏气声的变化，可估计气缸的磨损情况。

与曲轴箱窜气量诊断标准一样，气缸漏气量（率）检洌诊断标准一般是通过具体车型的测量，逐渐积累资料来制定的。

4. 用真空表诊断

进气管真空度是发动机的重要诊断参数之一，检测发动机进气管真空度可用真空表。进气管真空度的检测是一项综合检测，能检测诊断的内容较多，下面仅对根据真空表的指示情况来分析判断气缸和进气管密封性方面的应用作一介绍。

（1）发动机在海平面高度下（下同）怠速运转时，若真空表指针稳定地指在57～71kPa之间，则说明发动机密封性正常。海拔每增加1000m，真空表读数相应降低约10kPa。迅速开启和关闭节气门时，若真空表指针能随之在7～84kPa之间摆动，则进一步表明发动机在各工况下密封性良好。

（2）发动机怠速时，若真空表指针有规律地跌落3～23kPa，表示存在气门与气门座密封不良的故障。

（3）发动机转速升至2000r/min，突然迅速开启节气门，若真空表指针迅速跌落至6～16kPa以下，且当关闭节气门时，指针不能回复到84kPa，则说明活塞环或气缸磨损严重。

（4）发动机怠速时，若真空表指针从正常值突然跌落超过33kPa，则表明某气缸的气缸衬垫串气。

1.2.2　气缸压力过高

若气缸压力测量值超过原厂规定值，则为气缸压力过高。一般发动机气缸压力过高的原因主要是燃烧室内积炭过多，导致燃烧室容积减小，其检修方法是清除燃烧室内的积炭。刚大修过的发动机气缸压力过高的原因主要是气缸衬垫过薄或气缸盖与气缸体接合表面因加工过度，厚度太薄，导致燃烧室容积太小。其排除方法是更换气缸衬垫或气缸盖。

1.2.3 曲柄连杆机构与配气机构异响

1.2.3.1 故障现象与原因

发动机工作时有不正常响声，有时还伴有发动机动力性、经济性和排放性能的下降及机油压力的降低。曲柄连杆机构与配气机构异响的基本原因是配合副间隙过大或配合面有损伤，发动机过程中相配的零件间有冲击，导致零部件振动，产生声波并进行传播。异响声音的音量和音调（主频率的高低和频率分布）与发动机工作中零件间相互冲击的剧烈程度、零件的材料及发生的部位（内、外）有关。由于曲柄连杆机构与配气机构中的配合副类型多、数量多，零件材料品种也多，工作中的受力方式各不相同；另外即使是同一对配合副发生异响，其引起的冲击的主要原因也可能不同，如活塞敲缸响的主要原因可能是活塞与缸壁的间隙过大，也有可能是连杆弯曲或点火过早；因此，曲柄连杆机构与配气机构异响的外在表现形式多种多样。引起曲柄连杆机构与配气机构异响的常见主要原因的类型、主要特征及变化规律见表 1.3。

表 1.3 引起曲柄连杆机构与配气机构异响的常见原因的类型、特征及变化规律

异响声音	响声部位	响声特征	水温上升	转速提高	单缸断火	其他操作	主要原因
曲轴轴承异响	气缸体下部	沉重、发闷的金属敲击声	变化不明显	响声增大	变化不明显	相邻两缸断火，响声减弱	主轴承盖螺栓松动；轴承磨损，径向间隙过大，润滑不良等原因造成轴承合金烧毁或脱落
连杆轴承异响	气缸体下部	沉重、短促的金属敲击声	变化不明显	响声增大	减弱或消失	复火重复出现	主轴承盖螺栓松动；径向间隙过大，轴承尺寸不符或质量不佳；轴承变形或接触面积过小等原因造成合金烧毁或脱落
活塞销异响	机体上部	清晰、有节奏“嗒嗒”声	变化不明显	响声增大	明显减弱或消失	复火瞬间重复出现	活塞销与销座或衬套配合松旷；活塞销润滑不良；活塞销两端销环脱落使销窜动
活塞敲缸	气缸体上部	清脆的“哨哨”声	逐渐减小	响声增大	减弱或消失	冷车断火响声减弱	活塞裙部与气缸壁间隙过大；活塞销与连杆衬套装配过紧；连杆弯曲变形
气门异响	气门室盖	连续有节奏的“嚓嚓”声	变化不明显	响声增大	无明显变化	拆卸气门室盖，响声明显	气门间隙过大，凸轮磨损，挺杆、挺柱跳动；气门杆与导管磨损松旷
正时链条异响	发动机前端	有节奏、钝重的“嗒嗒”声	变化不明显	怠速、中速较明显	无明显变化	怠速、中速较清晰	链条葺松，链条和链轮磨损，张紧器严重磨损

1.2.3.2 故障诊断方法

曲柄连杆机构与配气机构异响的诊断方法有仪器诊断法和人工经验诊断法两种。利用仪器进行异响的快速、准确诊断一直是人们追求的目标，但现有异响诊断仪器尚难满足实际诊断需要。因此，异响诊断仍靠人工经验诊断法。

从表1.3可知，各种异响与发动机的转速、温度、负荷和润滑条件等有关，并具有各自的特点和规律。异响的人工经验诊断方法就是由诊断人员综合响声的固有特征（音调）、易听清晰的部位、改变发动机的转速、温度、负荷和润滑条件时响声的变化情况和自身的知识与经验，对故障部位和原因作出判断。由于异响现象的模糊性、现象和成因之间关系的复杂性，使其成为汽车故障诊断中的难点，诊断人员必须经过大量诊断实践才能提高诊断水平。

为提高诊断的准确性和速度，必须了解发动机的转速、温度、负荷和润滑条件对异响的影响关系。

1. 转速

一般情况下，转速越高机械异响越强烈。尽管如此，高转速时各种响声混杂在一起，听诊时反而不易辨清某些异响。所以，诊断转速不一定是高速，要具体异响具体对待。如听诊气门响和活塞敲缸响时，在怠速或低速下就能听得非常明显；当主轴承响、连杆轴承响和活塞销响较为严重时，在怠速和低速下也能听到。总之，诊断异响应在响声最明显的转速下进行，并尽量在低转温度下进行，以减少不必要的噪声和损耗。

2. 温度

有些异响与发动机温度有关，而有些异响与发动机温度无关或关系不大。在机械异响诊断中，对于热膨胀系数大的配合副要特别注意发动机的热状况，最典型的例子是铝活塞敲缸。在发动机冷启动后，该响声非常明显，然而一旦温度升高，响声即消失或减弱。所以，诊断该响声应在发动机低温下进行。热膨胀系数小的配合副所产生的异响（如曲轴主轴承响、连杆轴承响、气门响等），发动机温度的变化对异响的影响不大，因而对诊断温度无特别要求。

3. 负荷

许多异响与发动机的负荷有关。如曲轴主轴承响、连杆轴承响和活塞敲缸响等，均随负荷增大而增强，随负荷减小而减弱。但是，也有些异响与负荷无关，如气门响和凸轮轴轴承响等，负荷变化时异响并不变化。

4. 润滑条件

不论什么机械异响，当润滑条件不佳时，异响一般都显得严重。有些异响本身会引起润滑条件恶化，如较严重的曲轴主轴承响和连杆轴承响常伴有机油压力降低。

项目 2　进排气系统故障诊断与排除

<table>
<tr><td colspan="4">教　学　准　备</td></tr>
<tr><td>序号</td><td colspan="2">名　　称</td><td>内　　容</td></tr>
<tr><td rowspan="2">1</td><td rowspan="2">学习目标</td><td>知识目标</td><td>掌握进排气系统常见故障和原因；理解常见故障诊断思路和方法；掌握进排气系统维护和主要零部件检修方法</td></tr>
<tr><td>技能目标</td><td>会维护进排气系统；会诊断及排除进排气系统常见故障</td></tr>
<tr><td>2</td><td colspan="2">教学设计</td><td>在一体化教室内先进行进排气系统常见故障及诊断方法和思路的学习，然后在实训场汽车上设置进排气系统的相关故障，并进行故障排除训练</td></tr>
<tr><td>3</td><td colspan="2">教学设备</td><td>帕萨特 B5 轿车 2 台，桑塔纳轿车 2 台、本田雅阁轿车和别克君威轿车各 1 台，每台 6～8 人，若干万用表、诊断仪、教材、仪器使用说明书、汽车维修手册及多媒体课件等</td></tr>
</table>

2.1　进排气系统的维修实训指导

实训目的：掌握进排气系统维护和排气系统故障排除。

实训设备：帕萨特 B5 轿车 2 台，桑塔纳轿车 2 台、本田雅阁轿车和别克君威轿车各 1 台。

【案例】 一辆迈腾 1.8T 自动舒适型轿车，行驶 7 万 km，发动机怠速抖动严重，并有异响。

【故障诊断与排除】 启动发动机，发现发动机怠速抖动严重，发动机上部偶尔发出"唧、唧"的异响，疑似有缺缸故障。使用诊断仪读取发动机控制单元存储的故障，为 3 缸和 4 缸有断火故障；读取数据流，发现氧传感器反馈动态电压常处在 0.45V 以下，电压过低；数据流 14、15、16 组断火次数一直增加。使用废气分析仪对尾气成分进行测量，O_2、HC 值高于标准值，CO_2 值低于标准值，推测混合气过稀导致发动机气缸失火。用真空表测量发动机怠速时进气管真空度，偏小，且空气流量传感器数值也偏小，说明发动机进气系统有泄漏。经过仔细检查，发现用手堵住进气歧管上曲轴箱通风管后，怠速正常，异响消失。拆下 PCV 阀，检查发现其膜片破裂，怠速时 PCV 阀开度过大，PCV 阀漏气。更换 PCV 阀故障排除。

2.1.1　进排气系统的维护

在发动机维护中，进排气系统的主要维护作业内容如下。

1. 检查和修理进排气系统的泄漏或损坏

进气系统泄漏或损坏的检查方法通常有直观检查法和泄漏检验液检查法两种。

（1）直观检查法。通过看、听、摸等方法检查进气系统是否存在漏气现象，重点是检查各个连接在三气歧管上的真空软管是否脱落，是否破损漏气等。例如：控制废气再循环、汽油蒸气排放系统、涡轮增压器、可变进气道或进气涡流、制动助力等的真空执行器所用的真空软管是否脱落或破损漏气。若发现有泄漏处，对连接处应重新安装并紧固，对老化破损件应更换。

（2）泄漏检验液检查法。是全面地将泄漏检验液喷洒到进气系统部件上，发动机工作时，由于进气系统的真空度，泄漏检验液与漏气一同被吸入，泄漏检验液改变了混合气的可燃性，会导致发动机 λ 值和转速的改变。以大众车系为例，连接故障阅读器 V. A. G. 1551(V. A. G. 1552)，选择发动机电子控制单元的读取测量数据块，进入发动机转速和 λ 传感器电压显示界面。在发动机怠速运转状态下，用泄漏检验液全面地喷洒到进气系统部件，观察发动机转速和 λ 传感器电压的变化情况；如果发动机转速或 λ 传感器电压不变化，则进气系统密封性良好；如果发动机转速下降或 λ 传感器电压改变，则进气系统存在泄漏故障，进一步检查进气系统各部件表面泄漏检验液的变化情况，可确定泄漏的具体部位。注意，此项检查操作必须严格遵守安全规定。

排气系统的泄漏或损坏采用直观检查法，检查排气系统各部件连接处、密封件或衬垫是否泄漏，排气歧管是否开裂，消音器焊缝是否损坏，催化转化器有无外壳压扁、开裂或严重腐蚀之类的外观损坏，排气管吊挂是否损坏或脱落。在发动机工作时，特别是在加速时，排气系统的泄漏处通常会有尾气溢出，有时甚至产生放炮声，排气管接头松动处和损坏的催化转化器内可能会产生异响。若发动机冷机启动后不久，排气歧管至催化转化器有明显的烧红现象，发动机冷却后，催化转化器前部有泛蓝或起铁屑现象，则催化转化器损坏。若发现有泄漏或损坏，则应紧固部件至规定的扭矩，更换泄漏的密封件或衬垫，修理或更换损坏件

2. 检查、清洁与更换空气滤清器

纸质干式空气滤清器滤芯不过脏时，可用不大于 0.5MPa 的压缩空气从里向外吹净空气滤清器滤芯，滤芯应清洁无破损；油浴式空气滤清器应清洗滤芯、油盘和外壳，检查和调整机油液面高度，检查机油质量，视情况更换机油；检查上下衬垫，上下衬垫应无残缺，密封良好，否则应更换。

3. 检查、清洁或更换进气温控装置和进气控制阀门

有进气恒温控制功能的发动机，检查、清洁或更换进气温控装置温控开关、转换阀门执行装置和连接管路。检查冷热空气转换阀门打开和封闭暖空气通道的温度点是否符合规定的要求，如：上海大众 POLO 轿车 BCC 型发动机，空气温度超过 23℃时，冷热空气转换阀门应封闭暖空气通道；空气温度低于 10℃时．冷热空气转换阀门应打开暖空气通道。否则，应检查软管和接头是否连接可靠，有无破损和泄漏等，如有上述问题，则应更换。若管路良好，则应检查或更换进气温控开关和转换阀门执行装置。

若发动机进气系统装有可变惯性进气系统（VIS）或可变涡流控制系统（VTCS），则应检查 VIS、VTCS 的翻板阀门是否转动灵活，工作是否正常。可以采用给真空控制器加真空或电动控导器通电的方法检查；也可拆下执行器连杆，采用人工方法检查。若不灵活或不正常，则应清洗翻板阀门，或更换。

4. 检查、清洁与初始化电子节气门

(1) 基本检查。

1) 检查节气门的连接是否平滑、有无卡滞现象。

2) 检查节气门电动机能否运转。打开点火开关，转动加速踏板位置传感器拉杆，细听是否有电动机动作的响声。

3) 检查发动机怠速。启动发动机后，在发动机暖机至正常工作温度、空调开关在关闭状态、变速器处于空挡位置时，检查发动机怠速转速是否符合标准值。

4) 检查加速踏板位置传感器。转动加速踏板位置传感器拉杆至全开位置，检查当前数据菜单下的节气门开度数值是否符合标准。

完成上述基本检查后，进行试机，检查节气门的开、闭状况与发动机工况是否协调。若有故障提示，应读取故障码，根据故障码对电气元件进行检测。

(2) 清洁电子节气门。将电子节气门体拆下来，使用专用的电子节气门清洁剂，将内部的节气门和进气道表面附着的灰尘和积炭等去除，并清除阀体背面的灰尘。清洗时，重点清洗节气门体腔、节气门及节气门轴等部位，直至没有污物为止。清洗后反复扳动节气门操纵机构，检查节气门开关是否自如。另外，还要清洗进气道与节气门体的接合面，清洗前先拆下密封胶圈，以防被腐蚀。

(3) 电子节气门总成的初始化。电子节气门总成在下列情况下需要进行初始化：清洗、更换或修复了电子节气门总成；蓄电池断电；更换了发动机电控单元；对发动机电控单元进行了编程或编码。

电子节气门总成初始化的一般条件为：点火开关打开，发动机关闭；蓄电池电压超过10V；油门踏板松开；车辆静止（无车速信号）；水温在5～100℃之间；进气温度高于5℃。

丰田系列发动机电子节气门总成的初始化方法如下：将点火开关置于ON位置并保持30s（注意：在此过程中不得踩加速踏板）；断开点火开关15s（发动机电控单元在EEPROM中记录节气门初始化参数），然后拔下点火开关钥匙（注意：在断开点火开关的15s时间内不能重新接通点火开关）。

帕萨特B5轿车发动机电子节气门初始化的具体操作过程如下：

1) 连接电脑解码器，打开点火开关。

2) 选择“发动机系统”，按“Q”键确认。

3) 选择“基本调整功能”，按“Q”键确认。

4) 输入组号“098”，按“Q”键确认。

按下“Q”键后，电子节气门初始化开始进行，节气门控制器运行到最大、最小开度及中间开等几个位置。ECU在存储器内记下多个节气门角度，随后节气门短时间保持在启动位置，然后关闭。

5. 清洗进气系统

进气系统的清洗有两种方法：一种是把部件拆下来清洗，这种方法应用于脏污程度较严重的情况；另一种是使用专用设备和清洗剂的免拆卸清洗，由于正确使用该方法，既省时省力，效果也好，而且不会破坏原有的装配状态，在汽车维护中应用越来越多。

目前进气系统的免拆卸清洗装置及清洗液种类很多，常用的免拆卸清洗装置有两种：一种是利用空气加压代替燃油泵，给发动机提供清洗剂；另一种是在发动机运转时，利用进气歧管中的真空吸力，通过软管将清洗剂吸入进气歧管中。发动机运转过程中，清洗剂可有效清除节气门、进气道、气门、喷油器、燃烧室等部位的积炭、油泥等脏污。

评价进气系统免拆卸清洗作业的质量，不仅要关注积炭、油泥等脏污的清洗效果，还要考虑清洗剂对发动机内的油封及其他密封件是否造成损伤、清洗作业对发动机原有润滑效果和三元催化转化器的影响等。

保证进气系统免拆卸清洗取得良好效果的措施主要有两条：一是选用功效好的清洗剂；二是严格按清洗规程进行操作。进行免拆卸清洗前，最好能拆下三元催化转化器。

2.1.2　电子节气门的检修

不同型号的电子节气门，其结构及电路参数也不同，因此，很难用一种简单而统一的方法对其进行检查及测量。所以，对电子节气门的检查应根据其工作原理、电路特点、功能以及在车上的具体连接、工作情况，选用适当的方法进行故障检查和判断。现以大众车系结合系统电路（图2.1）讲述电子节气门的检修方法。

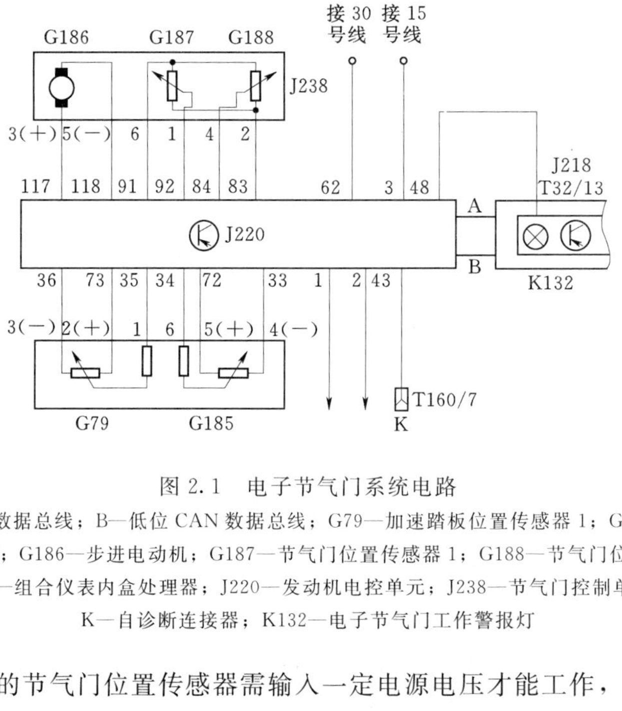

图2.1　电子节气门系统电路

A—高位CAN数据总线；B—低位CAN数据总线；G79—加速踏板位置传感器1；G185—加速踏板位置传感器2；G186—步进电动机；G187—节气门位置传感器1；G188—节气门位置传感器2；J218—组合仪表内盒处理器；J220—发动机电控单元；J238—节气门控制单元；K—自诊断连接器；K132—电子节气门工作警报灯

电子节气门中的节气门位置传感器需输入一定电源电压才能工作，因此，首先要检查其电压是否正常。其方法是：拔下节气门控制单元线束侧连接器（图2.2），将点火开关置于ON位，用电压表测量节气门控制单元线束侧连接器端子2与6或端子2与地间的电压，均应为5V左右。若供电电压过低，应检查相关导线接头、电阻及发动机ECU。若供电电压正常，用欧姆表测量该传感器端子间电阻，其值应符合标准电阻值。若阻值不符合要求，则应更换节气门位置传感器。若阻值符合要求，可进一步检查节气门位置传感器的输出电压信号。检查方法是：将SV直流电源的正、负极分别接到节气门控制单元的2

与6端子，改变节气门开度，用示波器或电压表测量两个节气门位置传感器输出端子1与4的信号。输出端子1的信号电压应为3%～97%，怠速时为8%～18%；输出端子4的信号电压，应为3%～97%，怠速时为82%～92%。在检测过程中，如将节气门缓慢转至全开，则输出端子1的信号电压应均匀升高（3%～97%）。输出端子4的信号电压应均匀下降（97%～3%），其变化趋势与端子1相反，两个端子输出电压的变化量之和接近0。

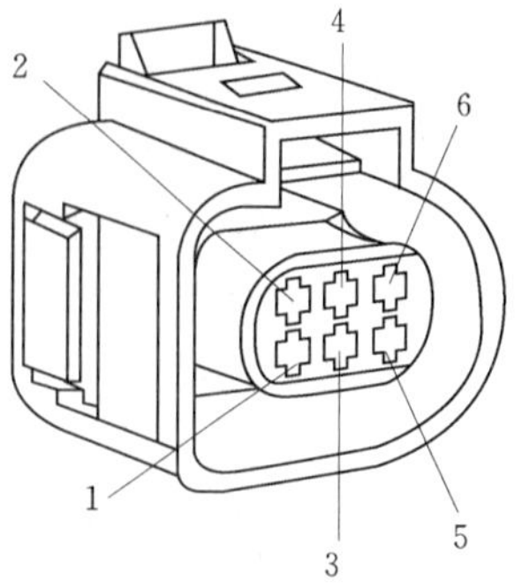

图2.2　节气门控制单元线速侧连接器的端子位置

首先检查节气门控制电机的供电电压是否正常。其方法是：拔下节气门控制单元线束侧连接器，如图2.2所示，将点火开关置于ON位，用电压表测量节气门控制单元线束侧连接器端子3与5或端子3与接地间的电压，均应为10V以上。若供电电压过低，应检查相关导线接头、电阻及发动机ECU。若供电电压正常，拆下节气门控制电机接头，用欧姆表分别测量节气门电机的电阻，电阻值应符合标准。否则，应更换节气门电机。若电阻值符合标准，用手转动节气门，转动应灵活：否则清洁、润滑节气门执行机构中的传动装置、节气门轴等，或更换节气门执行机构。若转动灵活，可进一步检查节气门控制电机。检查方法是：间断性将12V直流电源的正、负极分别连接到节气门控制单元的端子3与5，观察电机运转及节气门开度变化情况。若正常，则重新核实控制电机的供电电压(有可能是虚电压)，若仍不正常，则更换节气门控制单元及电机。

2.1.3　PCV阀的检修

用真空表或压力表在机油塞尺处检查怠速和50%额定转速时的曲轴箱压力，真空度或压力不得超过正常范围，如超过，则应进一步查明曲轴箱强制通风装置各部件的工作状况，特别是PCV阀的技术状况。

PCV阀的技术状况检查有两种方法：就机检查法和离机检查法。

1. 就机检查法

在发动机怠速时，用手指或钳子轻轻夹住PCV阀与进气歧管之间的软管，确认PCV阀中发出“咔哒”声响。如果不发出“咔哒”声响，则检查PCV阀的密封圈是否破裂或损坏，如果密封圈正常，则更换PCV阀并重新检查。

或者在发动机怠速运转时，将PCV阀从座上拔下，用手指堵住阀的进气口，如果手指能感到较强的真空吸力，并能听到“嘶嘶”的声响，则说明PCV阀工作正常，否则应予以更换。

2. 离机检查法

将PCV阀拆下，将清洁的软管连接到PCV阀上，从进气口侧向阀内吹气，用手感觉空气，空气应该很容易通过该阀。若从出气口侧向阀内吹气，空气应该很难通过该阀。用手甩动PCV阀，若听到“咔哒”声，说明PCV阀灵活可用。否则应更换PCV阀。通常不要将PCV阀清洗后再次使用。

发动机维护时，应检查曲轴箱强制通风装置连接管路是否完好，胶管是否有破裂、老化、脱落，如有，应更换和紧固；检查每根软管是否畅通，在曲轴箱强制通风系统中软管堵塞是一个主要故障，若发现某根软管堵塞，可用高压空气吹，或用细铁丝进行疏通，也可用专用清洗剂清洗。注意，更换的软管要具有相应规定的型号和规定的耐机油腐蚀性能。

检查PCV阀滤清器是否脏堵，如脏堵应立即更换，有一些丝网状的PCV阀滤清器脏堵后可用清洗剂清洗，除去污垢后，涂上少许机油继续使用。

曲轴箱强制通风系统中如安装了油气分离器，则要检查油气分离器是否脏堵或严重变形，油气分离器回油管是否脏堵。若油气分离器或回油管脏堵则应进行清洗；若油气分离器严重变形，则需更换。

2.1.4 EGR阀的检修

1. 废气再循环系统状态的检查

检测之前应确保所有电插头和真空管接头连接正确和可靠。

（1）启动发动机，并以怠速运转。将手指伸入EGR阀，按在膜片上。

（2）在冷车状态下踩下加速踏板，使发动机转速上升至2000r/min左右，此时ECR阀应不开启。

（3）动机热车后（水温高于50℃），踩下加速踏板，使发动机转速上升至2000r/min左右，此时EGR阀应开启，手指可感觉到膜片的动作。

2. 各部件的检修

（1）EGR阀的检修。使动机怠速运转，拔下EGR阀上的真空软管，用手动抽真空器对EGR阀膜片室施加约20kPa真空度，若此时发动机怠速运转情况变差甚至熄火，说明EGR阀状况正常；若发动机运转情况变化或变化对应的真空度过低，说明EGR阀损坏，应更换。

拆下EGR阀，从排气入口侧向阀内吹空气，空气应该很难通过该阀，否则，说明EGR阀损坏，应更换。

（2）废气再循环控制阀的检测。将点火开关置于OFF位置，拆下控制电磁阀线束接头，测量两引脚间电阻，应为20～35Ω，若不符合标准，则更换。

拆下废气再循环控制阀，检查管口之间的通气情况。在电磁阀线圈不接电源时，通大气口应关闭，进气歧管与EGR阀真空室相通；电磁阀线圈通电时，进气歧管的真空通道关闭，通大气口打开，EGR阀真空室与大气相通。否则，电磁阀损坏，应更换。

（3）EGR温度传感器的检测。拆下EGR温度传感器，放入80～100℃的水中，测量其电阻值，应为80～160kΩ，否则不正常，应更换。

2.1.5 废气涡轮增压器检修

1. 涡轮增压器工作情况的就车检查

当发动机出现功率不足、润滑油消耗过快、排气冒黑烟或蓝烟和工作噪声过大等故障现象时，直接进行废气涡轮增压系统的检修。在拆下涡轮增压器进行检修前，应在发动机上进行以下检查：

（1）检查空气滤清器是否过脏、机油压力是否过低或机油污染是否严重、涡轮增压器系统油管和接头是否有渗漏等现象；有条件时还可检测进气和排气压力。若有上述现象应先排除。

（2）检查涡轮增压器是否有漏油、漏气现象，增压器壳体是否有过热、变色、裂纹等现象，如有，应立即查明原因，并加以排除或更换。启动发动机，使其在怠速和中等转速下运转，观察涡轮增压器的工作情况，应运转均匀，无金属撞击或摩擦声，无喘振或强烈的振动现象，涡轮增压器的压气叶轮端（冷端）和外壳的温度不应烫手。当涡轮增压器出现异响时，决不能继续使用，应找出原因，加以排除。

（3）发动机怠速运转熄火后，应能听到涡轮增压器的均匀运转声。

（4）用手指拨动压气机叶轮，转子回转应当不发涩，无卡滞，无碰擦，并可依靠惯性旋转3圈以上。

（5）检查转子轴的轴向间隙和径向间隙。轴向间隙的检查方法是：将磁性表座吸附于涡轮壳上，使百分表触头与涡轮端面接触，用手轴向推动转子，即测得转子轴的轴向间隙。索菲姆发动机用CarrettTA03型增压器转子轴的正常轴向间隙为0.076～0.165mm，康明斯用HIC8253AF/E18DAII型增压器转子轴的正常轴向间隙为0.026～0.076mm。

径向间隙的检查方法是：将磁性表座吸附于涡轮壳上，使长节杆的百分表触头从机油口中与转子轴接触，上下推动转子轴，即可测得径向间隙。索菲姆发动机用Carrett TA03型增压器转子轴的正常径向间隙为0.025～0.102mm，康明斯用HIC8253AF/E-18DAII型增压器转子轴的正常径向间隙为0.30～0.46mm。若与以上后四点不符，则应拆下涡轮增压器进行检修。

2. 涡轮增压器的解体和零件清洗

（1）由于涡轮、压气机叶轮均为精密部件，拆卸前要检查或做好转子轴、涡轮、压气机叶轮之间的相配位置记号。

（2）拆卸时要用铜棒或塑料锤轻击压气机壳的周边，不许磕碰，以防影响修复后的性能。

（3）清洗零件时，要用于净的汽油或非碱性清洁剂和软刷清洗，并用压缩空气吹干。

3. 机件的检查及处理

（1）检查涡轮壳是否因过热、咬合、变形或其他损伤而产生裂纹，如有应更换涡轮壳。

（2）检查涡轮和压气机叶轮是否弯曲、有毛刺、损坏、腐蚀，或背面有接触痕迹，如有应成组更换压气机叶轮。

（4）检查转子轴和轴承是否弯曲、磨损或损坏，如有应更换转子轴或轴承。

（5）检查密封圈（环）、挡油环、止推套和止推轴承是否损坏或磨损超限，如有应更换密封环、挡油环、止推套和止推轴承。

4. 涡轮增压器的组装

（1）装配前，所有零件必须清洗干净，各摩擦面应涂润滑油。

（2）装配转子总成时要使原记号对正，若更换过涡轮、压气机叶轮或转子轴，则在装配前必须进行转子总成动平衡校验。

（3）检查转子轴的轴向间隙和径向间隙，必须符合规定要求。

（4）检查限压阀，采用发动机上使用时的相同压力，检查增压废气限压阀操作杆的动作是否灵活、不发卡，行程是否适当。索菲姆发动机用GarrettTA03型增压器在压力为7.4～8.0MPa时，限压阀开启最大行程应为1.27mm。

（5）在将涡轮增压器安装到发动机上时，应更换各进出油、气口的密封件，以保证良好的密封性。切勿使任何异物进入增压器或发动机的进、排气系统内，以防造成叶轮和涡轮损坏，失去平衡，造成巨大的机械故障。安装后，应先在进油口处加一定量的润滑油，并用手转动叶轮，使各轴承表面充分润滑。

2.1.6　三元催化转化器的检测

1. 敲击或内窥镜检查

将汽车升举，用橡胶锤或拳头敲击，也可以用手晃动催化转化器，如果能听到内部有物体移动、晃动的声音，说明其蜂窝载体已经破裂。拆下催化转化器，将工业纤维内窥镜探头插入催化转化器内部，观察内部有无结胶、熔化或破碎等现象。

2. 用数字温度计检测

用数字温度计测量三元催化转化器的进气口与出气口温度，三元催化转化器正常工作时，出气口温度应比进气口温度至少高出40℃。如果三元催化转化器进气口与出气口的温度差值低于规定值，则表明该三元催化转化器工作不良。应将其更换或对其进行修理。当三元催化转化器工作不正常时，应检查空气泵系统。以确保在发动机工作温度正常时，能保持向三元催化转化器泵入空气。

3. 用废气分析仪检测

测试三元催化转化器技术状况的最精确方法是用废气分析仪测量排气管的废气成分。三元催化转化器有故障时，会导致废气中的HC、CO和NO_x成分含量升高。特别是HC正常，而NO_x成分偏高时，可能性最大的故障部位是三元催化转化器。

2.2　相关知识

2.2.1　进气歧管压力过低

1. 故障现象

发动机运转时，进气歧管压力过低或真空度过高；发动机怠速运转时发抖，转速不稳；发动机动力不足，加速不灵，排气管冒黑烟或放炮，油耗增加。

2. 故障主要原因及处理方法

（1）空气滤清器过脏或堵塞，清洁或更换空气滤清器滤芯。

（2）电子节气门开度不足或打开动作迟缓，清洁、初始化电子节气门、电子节气门电路，更换节气门电动机、加速踏板位置传感器。

（3）涡轮增压器增压效果不良，检修或更换进气压力传感器、涡轮增压器的泄（限）压装置或涡增压器。

（4）增压器后进气道泄漏或中冷器堵塞，检查、紧固进气道各连接处，清洁中冷器。

（5）PCV阀发卡不开启或PCV阀滤清器脏堵，清洁或更换PCV阀或PCV阀滤清器。

2.2.2 进气歧管压力过高

1. 故障现象

发动机运转时，进气歧管压力过高或真空度过低；发动机怠速不稳；发动机动力不足，加速不灵；发动机有时回火；水温过高。

2. 故障主要原因及处理方法

（1）进气系统泄漏，检查、紧固或更换废气再循环、汽油蒸气排放系统、涡轮增压器、可变进气道或进气涡流控制装置、制动助力装置等的真空控制器或执行器所用的各个真空软管。

（2）电子节气门关小动作迟缓，清洁、初始化电子节气门、电子节气门电路，更换节气门电动机、加速踏板位置传感器。

（3）PCV 阀发卡在大开度位置，清洁或更换 PCV 阀。

（4）ECR 阀废气循环时机不当或循环量过大，检修 EGR 阀的控制电气部件，清洗或更换 ECR 阀。

（5）汽油蒸发控制系统控制阀常开，检修或更换炭罐控制阀。

（6）涡轮增压器增压压力过高，检修或更换增压压力控制单元软管和泄（限）压装置。

（7）催化转化器堵塞，更换催化转化器。

2.2.3 排气背压过高

1. 故障现象

发动机启动困难，怠速不稳；发动机动力不足，没有超速挡；加速时进气管“回火”，急加速熄火；进气管向外冒白烟。电控系统一般没有故障代码，但数据流中往往有多项数据不正常。

2. 故障主要原因及处理方法

（1）催化转化器堵塞，更换催化转化器。

（2）消音器堵塞，更换消音器，寒冷环境下排气管冰堵除外。

（3）废气风门不能正常打开，检修或更换废气风门控制装置。

3. 故障诊断方法

在装有催化转化器的发动机上，发动机排气背压过高通常是由催化转化器堵塞引起的。因此，拆下氧传感器，用气压表检测排气压力，若确认过高，则一般先通过敲击法或内窥镜检查法等方法，检查催化转化器是否堵塞，然后再检查排气管消音器部位是否堵塞。当然，若该发动机进气系统装有废气风门，则应首先检查废气风门是否能随工况变化正常打开。

项目3 冷却系统故障诊断与排除

教 学 准 备			
序号	名 称		内 容
1	学习目标	知识目标	熟悉冷却系统常见故障及诊断思路；掌握排除发动机水温过高故障的方法
		技能目标	会检测水温表电路故障；会对发动机水温过高故障进行诊断与排除
2	教学设计		在一体化教室内先进行冷却系统常见故障及诊断方法和思路的学习，然后在实训场汽车上设置冷却系统的相关故障，并进行故障排除训练
3	教学设备		帕萨特B5轿车2台，桑塔纳轿车2台、本田雅阁轿车和别克君威轿车各1台，每台6～8人，若干万用表、诊断仪、教材、仪器使用说明书、汽车维修手册及多媒体课件等

3.1 冷却系统故障诊断实训指导

实训目的：掌握检测水温表电路故障的方法，会对发动机水温过高故障进行诊断与修复。

实训设备：帕萨特B5轿车2台，桑塔纳轿车2台、本田雅阁轿车和别克君威轿车各1台。

【案例】 一辆桑塔纳2000GSI型轿车，行驶中出现水温报警、发动机温度过高现象。

【故障诊断与排除】 首先用手分别触摸发动机上、下水管，发现二者温度基本一致，说明节温器是打开的。进一步检查后，发现发动机散热风扇没有正常转动。尔后检查散热风扇的保险和温控开关，发现散热风扇的保险已经烧坏。更换同型号的保险片后试机，发动机的散热风扇可以正常运转，但一周后，同样的故障现象再次出现。但这次更换同型号的保险片后，发动机散热风扇却不能正常运转。进一步检查，分别转动散热风扇的主动风扇和被动风扇叶片，手感阻力都很大，而且有发卡的现象，证明散热风扇的主、被动风扇都已经损坏。更换同规格、型号的散热风扇后，发动机水温高的现象再没有出现。

3.1.1 冷却系统的维护

1. 冷却液数量的检查和补充

在正常使用中，每月至少检查一次冷却液的液面高度。在炎热的夏天，检查次数应更多些。没有膨胀水箱的冷却系统，检查冷却液液面高度不用打开散热器盖，只需观察膨胀水箱中的液面即可。一般的膨胀水箱上都标有液面高度标记。如上海桑塔纳液面应在max

（上限）和 min（下限）之间；如液面位于下限，即应该往膨胀水箱中加注冷却液，直到液面达到规定位置。

补充冷却液时应注意，目前车用冷却液中都加有防腐、防冻、防沸、防垢、防穴蚀和润滑添加剂，应尽可能使用厂方推荐的冷却液，并按厂方推荐的使用方法使用，不可随意往冷却液中直接加水；一般情况下，应尽量少打开散热器盖，防止冷却液损失和空气进入冷却系统。

2. 冷却液的清洁

保持冷却系统的清洁是提高冷却系统散热效能的重要条件，冷却系统的清洁工作包括内部清洗和外部清洁两部分。

冷却系统的内部清洗建议使用免拆洗清洗机进行。当冷却系统部件内积垢较多时，也可采用化学溶剂手工清洗。

冷却系统的外部检查清洁主要检查散热器散热片、百叶窗、风扇和各软管有无变形和脏污，若有则应进行修正和清洗。

3. 风扇带的检查与调整

风扇带使用一段时间后，因为带磨损或其他原因，带变松，因此应经常检查和调整风扇带的张紧度，使其适中。风扇带张紧度的常用检查方法是用 30～40N 的压力按压在风扇带轮和发电机带轮之间的带上，测量其距离是否符合标准。若不符合规定，则可调整发电机的安装位置使其合格。此外还要检查带表面有无油污和裂纹，若有油污则应清洗擦拭干净；若有裂纹则应更换带。

4. 冷却系统的密封性检查

检查冷却系统的密封性可用人工检视外部有无渗漏和机油是否乳化，或用专用手动压力测器进行就车检测，其方法详见本项目 3.2 冷却水消耗过多故障部分。若发现冷却系统存在渗漏应及时检修排除。利用专用手动压力测试器进行散热器盖的检查，若发现散热器盖阀不密封、阀的开启压力过高或过低都应更换。

3.1.2 冷却系统的检修

1. 电动风散热敏温控开关的检查

发动机热态时，即使发动机已熄火，风扇仍可能转动。如果冷却液温度很高但风扇不转应检查熔断器。若熔断器完好，则应停机检查温控开关，必要时检查电动机的功能，或更换有关部件。一般电动风扇有高、低两挡转速，现以桑塔纳发动机为例说明检查电动风扇热敏温控开关的方法：将电动风扇热敏温控开关放入加热的水中用万用表测量第一挡，当水温达到 93～98℃时应能导通，当水温达到 88～93℃时应断开；而第二挡 105℃为导通；93～98℃时应断开；否则，应更换电动风扇热敏温控开关。

2. 节温器的检查

节温器损坏或性能不当，直接影响冷却液大水循环的正确控制，故应定期检查，使其工作性能符合规定。

常用蜡式节温器的检查方法：将节温器放在盛有热水的器皿中，然后加热，检查阀门开始开启和完全开启时的温度，以及全开时阀门的升程。开启温度和升程不符合规定，则应更换节温器。蜡式节温器的安全寿命一般为 5 万 km，要求按照其安全寿命定期更换。

3. 水泵的检查

启动发动机，查看水泵溢水孔是否有渗漏，若渗漏，表明水封已损坏，应更换；查听有无异常响声，若有则应拆解检修。停机后用手扳动水泵带轮，查看带轮与水泵轴配合是否松旷，若松旷则应紧固或检修。

3.2 相关知识

冷却系统主要由水泵、散热器、节温器、风扇、分水管、水套、百叶窗、水温表或水温报警器等组成。根据风扇驱动方式的不同可分为机械风扇式冷却系统和电动风扇式冷却系统，现代汽车机械风扇式冷却系统普遍采用硅油式或电磁式风扇离合器；现代轿车广泛采用电动风扇式冷却系统，其电动风扇由温控开关或控制器控制，且配有膨胀水箱。常见电动风扇式冷却系统组成如图 3.1 所示。

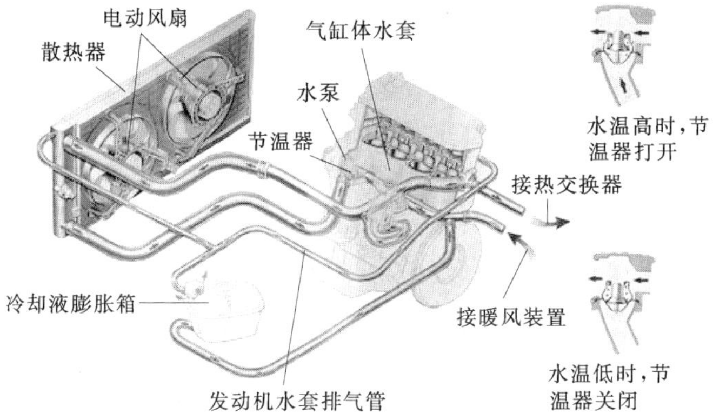

图 3.1　电动风散式冷却系统

冷却系统的常见故障部位为节温器、电动风扇或风扇带、温控开关、散热器和水泵。常见故障为发动机过热、过冷，冷却水消耗过多等。下面对故障现象、产生原因及诊断方法等做以简单介绍。

3.2.1　发动机过热

1. 故障现象

运行中的汽车，在百叶窗完全打开的情况下，水温表指针经常指在 100℃以上，且散热器伴随有“开锅”现象；燃烧室内出现“炽热点”，发动机熄火困难；汽油机易发生爆燃或早燃，柴油机易发生早燃使工作粗暴。

2. 故障主要原因及处理方法

（1）冷却液不足，按规定补充冷却液。

（2）风扇带松弛、沾油打滑或断裂，调整带的松紧度或更换带。

（3）混合气过稀，调整混合气浓度。

（4）水套和分水管积垢或堵塞，清理水套和分水管。

（5）水泵工作性能不良，检修或更换水泵。

（6）点火时间不当，调整点火提前角。

（7）燃烧室内积炭过多，清洗燃烧室。

（8）风扇离合器接合时间过晚或打滑，检修或更换风扇离合器。

（9）散热器的进水管或出水管凹凸，检修或更换散热器水管。

（10）节温器主阀门不能打开或打开时间过迟，检修或更换节温器。

（11）散热器内部水垢堵塞或外部过脏，清洗散热器。

（12）百叶窗不能完全打开，检修百叶窗及控制机构。

（13）电动风扇性能不良，检修或更换电动风扇。

（14）温控开关或水温传感器和控制器失效，检修或更换温控开关、水温传感器或控制器。

3.2.2 发动机过冷

1. 故障现象

冬季运行的汽车，在百叶窗完全关闭，水温表和水温传感器技术状况完好的情况下，发动机达不到正常的工作温度；发动机动力不足，油耗增加。

2. 故障主要原因及处理方法

（1）百叶窗关闭不严，检修百叶窗及控制机构。

（2）风扇离合器接合过早，检修或更换风扇离合器。

（3）温控开关闭合太早，检修或更换温控开关。

3. 故障诊断方法

发动机过冷故障诊断过程为：首先检查百叶窗关闭情况；如能关严，则检查节温器主阀是否常开；若节温器正常，则让发动机冷机启动，在升温过程中，测量水温，观察风扇离合器或温控开关是否接合或闭合过早。

3.2.3 冷却水消耗过多

冷却水消耗过多是指冷却水比正常情况下消耗过快的现象。其主要原因有冷却系统内部渗漏，冷却系统外部渗漏和散热器盖开启压力过低。

通常通过目测检查外部有没有漏水的痕迹，确定有无外部渗漏；通过检查机油是否发白（乳化）或在发动机水温正常时排气是否冒白烟确定内部是否渗漏。此外还可用专用手动压力测试器进行就车检测，其方法如图 3.2 所示。在冷却系统中注满水，用专用接头将测试器和散热器水箱密封连接，用手推测试，使测试器压力表指示 0.10MPa，保持不动，在 5min 内压力不应下降，同时观察冷却系统外部各密封处有无漏水现象。漏水处即为不密封部位，若外部无漏水现象，而压力下降过快，则说明内部有泄漏。

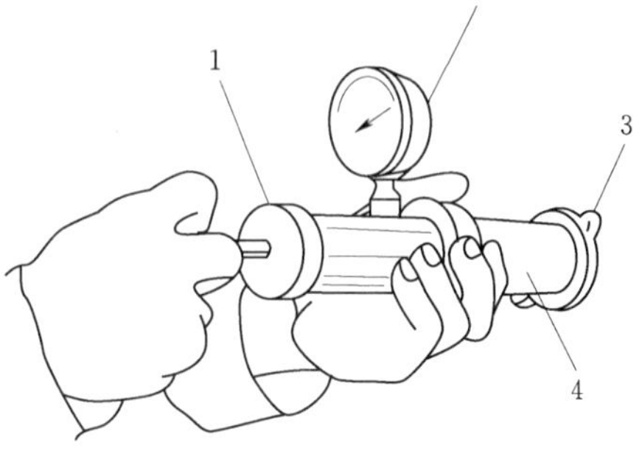

图 3.2　冷却系统密封线检查

1—冷却系统压力测试仪；2—压力表；3—散热器；4—转接器

若无内外渗漏，则让发动机冷机启动，在升温过程中，观察在水温表或报警器指示水温正常的情况下散热器是否有蒸气逸出，若有则散热器盖蒸气阀有故障。同样也可使用上述专用手动压力测试器进行散热器盖的检查。将盖与测试器装在一起，用手推测试器，使压力升高，检查密封性能和阀的开启压力。在散热器检修中也可使用该测试器进行散热器密封性的检查。

项目 4　润滑系统故障诊断与排除

<table>
<tr><td colspan="4">教　学　准　备</td></tr>
<tr><td>序号</td><td colspan="2">名　　称</td><td>内　　容</td></tr>
<tr><td rowspan="2">1</td><td rowspan="2">学习目标</td><td>知识目标</td><td>熟悉润滑系统常见故障及诊断思路；掌握诊断和检测发动机润滑系统故障诊断的方法</td></tr>
<tr><td>技能目标</td><td>会根据电路分析机油警告灯电路故障</td></tr>
<tr><td>2</td><td colspan="2">教学设计</td><td>在一体化教室内先进行润滑系统常见故障及诊断方法和思路的学习，然后在实训场汽车上设置润滑系统的相关故障，并进行故障排除训练</td></tr>
<tr><td>3</td><td colspan="2">教学设备</td><td>帕萨特 B5 轿车 2 台、桑塔纳轿车 2 台、本田雅阁轿车和别克君威轿车各 1 台，每台 6～8 人，若干万用表、诊断仪、教材、仪器使用说明书、汽车维修手册及多媒体课件等</td></tr>
</table>

4.1　润滑系统故障诊断实训指导

实训目的：掌握检测润滑系统故障的方法，会对系统故障进行诊断分析及排除。

实训设备：帕萨特 B5 轿车 2 台、桑塔纳轿车 2 台、本田雅阁轿车和别克君威轿车各 1 台。

【案例】 一辆 2008 款速腾，该车在行驶过程中发现发动机加速到 2000 转时机油报警。

【故障诊断与排除】 首先询问用户最近的保养维修记录，获知最近一次保养没有在特约服务站进行，保养完之后行驶一段路就出现机油报警的现象。

于是用机油压力检测器 VAG1342 测量油压，怠速油压只有 0.4bar，油压明显过低，提高转速油压能够继续上升，但压力始终偏低。2000 转时压力只有 1.6bar，正常在 2000 转且机油油温为 80℃ 时油压应在 2.7～4.5bar 之间。因为机油报警后行驶了较长路程，就拆下油底壳检查所有轴瓦及止推垫片的磨损情况，没有异常。在用户的要求下先重新更换了机油机滤，故障依旧，再次测量油压没有改善。更换机油泵也没有改善。在拆下机滤底座时发现故障点。在机滤底座中发现有异物卡在限压阀上。

将异物取出并检查限压阀无卡滞，重新安装后测量油压，怠速油压 4bar，继续运转发动机至风扇工作，提高转速至 2000 转，油压为 3.7bar，符合 2.7～4.5bar 的范围，不再报警，故障排除。

4.1.1 润滑系统的维护

1. 滤清器的检查、清洁和更换

润滑系统维护时，应检查机油滤清器，视情况清洁或更换机油滤清器或滤芯，机油滤清器应密封良好，无堵塞，完好有效。东风汽车用离心式机油滤清器，一级维护时应检查离心式机油滤清器的运转是否正常；二级维护时，应拆下细滤器壳体，清洗转子罩内壁沉积物，并清洗转子，保持机油喷口畅通；装配后，转子转动应灵活，无渗漏现象；最后检查和调整离心式机油滤清器进油限压阀开启压力。

2. 机油的检查、补给与更换

润滑系统一级维护时，应检查和调整曲轴箱机油液面高度至规定范围，检查机油质量，若质量合格则应更换。二级维护时，一般应更换机油。在更换机油时，应认真清洗油底壳、机油集滤器，机油规格和性能指标符合要求，液面高度符合规定。

机油液面高度的检查和调整方法是：机油尺上有上刻度线和下刻度线，合适的油面位置应在两条刻度线之间。将汽车停放在平地上，发动机熄火 3min 待润滑油流回油底壳后，抽出机油少许将其擦净，再插回到底，重新抽出机油尺，在机油尺上就可以观察到机油油面的位置。若油面处于机油尺下刻度线的下方，应从加机油口处加注润滑油，直到油面位置符合要求为止。若油面位置超过上刻度线，应放出多余的润滑油。

4.1.2 齿轮式机油泵的检修

1. 齿轮式机油泵的清洗

（1）拆下机油泵盖。

（2）拆下机油泵紧固螺钉，分开泵盖和泵壳。取下衬垫和从动齿轮。

（3）清洗分解后的全部零件，以便对零件进行检测。

2. 轮式机油泵主要零件的检修

（1）泵壳的检查与修理。检查油泵轴孔的磨损程度，螺孔是否损坏，泵壳有无裂纹。机油主动轴孔与轴的配合间隙应为 0.03～0.075mm，最大不得超过 0.20mm，间隙超过规定，或晃动泵轴有明显松旷感觉时，可将主动轴涂镀加粗，或用镶套法修复；泵壳破裂应更换或焊修。

（2）齿顶与泵壳内侧间隙的检测如图 4.1 所示，使用极限一般为 0.20mm。

（3）泵盖的检查与修理。齿轮式机油泵驱动齿轮啮合时，产生的轴向力一般都向下，它使齿轮端面与泵盖内表面磨损。泵盖如有磨损或翘曲，凹陷超过 0.05mm，应以车或研磨等方法进行修复。泵盖凹陷量可用塞尺检查，如图 4.2 所示。

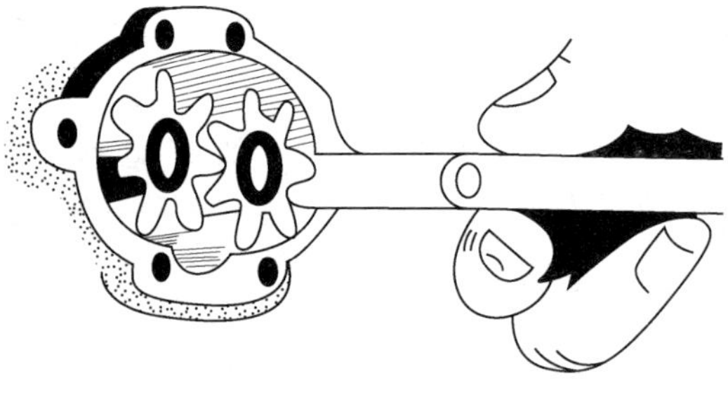

图 4.1 齿顶和泵壳间隙的检查

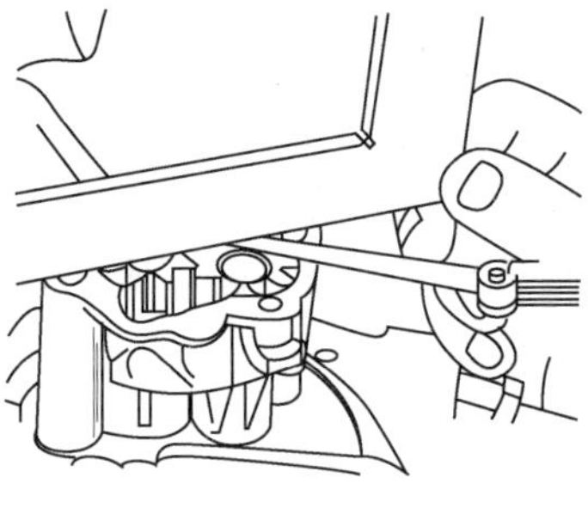

图 4.2 泵盖凹陷量的检查

（4）泵轴的检查与修理。用百分表检查泵轴是否弯曲，如果指针摆差超过 0.06mm，应进行校正。主动轴与轴套孔的配合间隙的使用极限为 0.15mm。从动轴如有明显的单面磨损，可将其压出，把磨损面调转 180°。再压入孔内继续使用。主动轴上端铆固的传动齿轮与泵壳尾端之间的间隙一般为 0.025～0.075mm，最大不超过 0.12mm，超过时可在泵壳尾端焊修或加垫调整。

（5）齿轮啮合间隙的检测。检查主、从动齿轮啮合间隙的方法为用塞尺在互成 120°处分 3 点测量（图 4.3）。齿隙增大的原因是由于齿轮的磨损或主动轴与泵壳、从动轴与齿轮轴孔之间的磨损引起的。如果齿轮磨损不严重，可将齿轮转面使用；如磨损超过使用限度，应成对更换齿轮。主、从动齿轮与传动齿轮齿面上如有毛刺，可用油石光磨。

图 4.3 检查齿轮啮合间隙
1—机油泵壳；2—厚薄规

（6）限压阀的检修。限压阀检修的内容包括弹簧弹力与阀体客损情况，阀体在阀孔中应灵活且密封性能良好则为合格，否则应更换阀体或阀座。弹簧弹力可用弹簧秤测试，不合格则更换。

3. 齿轮式机油泵的装配与试验

装配时按分解的相反顺序进行，边装配边复查各部位配合的情况，如齿轮的啮合间隙，主、从动轴与壳体及齿轮轴孔的配合等。更重要的是应检查调整主、从动齿轮与泵盖之间的间隙，该间隙可通过增减泵盖与壳体之间的衬垫厚度加以调整。

机油泵装复后是否恢复了技术状态，必须经过试验确定。通常采用经验检查法，用手转动装复后的机油泵传动轴，应转动自如，无卡阻现象。将润滑油灌入机油泵内，用拇指堵住出油孔，转动泵轴应有机油压出，并感到有压力，这就说明机油泵的性能良好。

机油泵装在车上后，应通过机油压力表观察发动机机油的压力。在发动机温度正常的情况下，怠速时机油压力应不低于 0.15MPa，当发动机高速运转时，机油压力应不大于 0.45MPa。对无机油压力表的汽车，发动机启动运转时压力报警灯应熄灭。如不符合标准，应调整限压阀。调整方法是：机油压力过低，可增大弹簧张力，若弹簧张力增大受限制，可以在限压阀弹簧一端加厚垫圈；若机油压力过高，可减小弹簧张力，若弹簧张力减小受限制，可在限压阀螺塞与泵盖之间加垫片。如果由于球阀（或柱塞阀）关闭不严而影响机油压力，应更换新件。

4.2 相 关 知 识

润滑系统主要由机油泵、机油滤清器、限压阀、旁通阀、集滤器、机油压力表、机油标尺等组成。桑塔纳 2000 型发动机润滑系统示意图如图 4.4 所示。

润滑系统常见故障部位为机油泵、机油滤清器。常见故障为机油压力过低，机油压力过高，机油变质，机油消耗异常。下面对故障现象、产生原因及诊断方法等做以简单介绍。

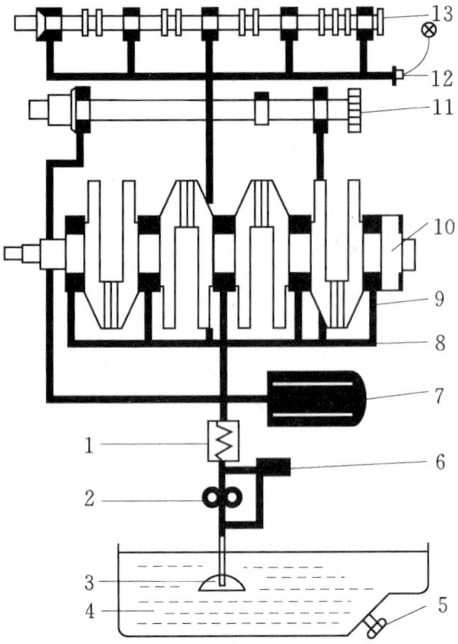

图 4.4 桑塔纳 2000 型发动机润滑系统示意图

1—旁通阀；2—机油泵；3—集滤器；4—油底壳；5—放油塞；6—安全阀；7—机油集滤器；8—主油道；9—分油道；10—曲轴；11—中间轴；12—压力开关；13—凸轮轴

4.2.1 机油压力过低

1. 故障现象

发动机在正常工作温度和转速下，机油压力读数表低于规定值或机油压力报警器报警值。

2. 故障主要原因及处理方法

（1）机油集滤器网堵塞，清洗机油集滤器。

（2）机油滤清器堵塞，清洗或更换机油滤清器。

（3）油底壳内机油油面过低，按规定补充机油。

（4）机油黏度降低，更换机油。

（5）机油限压阀弹簧失效或调整不当，更换弹簧或重新调整。

（6）润滑油油管接头漏油或进入空气，检修机油管路，排出空气。

（7）润滑油道堵塞，清洗润滑油道。

（8）机油泵性能不良，检修或更换机油泵。

（9）曲轴主轴承、连杆轴承或凸轮轴轴承间隙过大，必要时光磨曲轴、凸轮轴或更换轴承。

（10）废气涡轮增压器转子轴间隙过大或密封不良，更换转子轴、轴承、密封圈或增压器。

3. 故障诊断方法

机油压力过低故障诊断流程如图 4.5 所示。

4.2.2 机油压力过高

1. 故障现象

发动机在正常工作温度和转速下，机油压力表读数高于规定值。

2. 故障主要原因及处理方法

（1）机油黏度过大，更换机油或重新选用机油。

（2）机油限压阀弹簧压力调整过大或发卡，重新调整弹簧压力或用 600 号砂纸打磨。

（3）机油限压阀的润滑油道堵塞，清洗润滑油道。

3. 故障诊断方法

机油压力过高故障诊断过程为：当机油压力过高时，应首先检查机油黏度是否过大，若黏度正常，则检查和调整缸体主油道（或机油滤清器）上的机油压力限压阀（如斯太尔 91 系列汽车用 WD615 型发动机）或机油泵上的限压阀（如桑塔纳、奥迪等）。

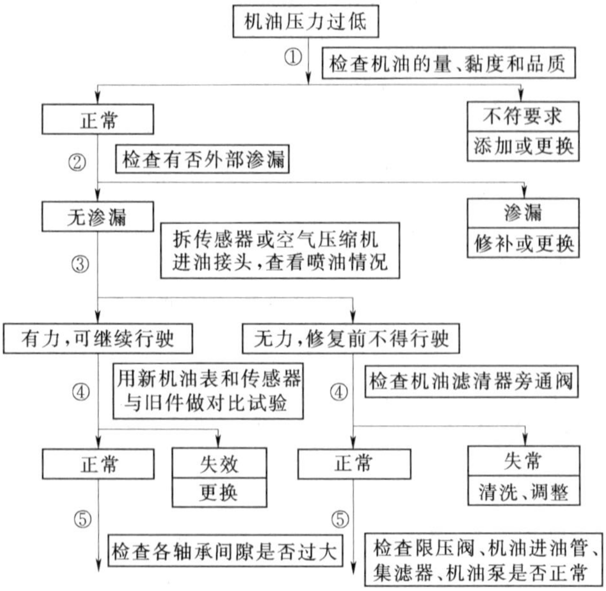

图 4.5 机油压力过低故障诊断流程图

4.2.3 机油变质

1. 故障现象

机油颜色变黑，黏度下降或上升；添加剂性能丧失，含有水分；机油乳化，呈乳浊状并有泡沫。

2. 故障主要原因及处理方法

(1) 活塞、活塞环与气缸壁的密封不良，检修活塞、活塞环和气缸。

(2) 机油使用时间太长，更换机油。

(3) 滤清器性能不良，更换滤清器。

(4) 曲轴箱通风不良，检修曲轴箱的通风装置。

(5) 发动机缸体或缸垫漏水，检修发动机缸体或更换发动机缸垫。

3. 故障诊断方法

机油变质故障诊断主要是分析清楚机油变质的原因。机油变质可通过手捻、鼻嗅和眼观的人工经验法检验。如机油发黑、变稠一般由机油氧化造成；如机油发白则证明机油中有水；如机油变稀则为汽油或柴油稀释引起。

为精确分析机油变质原因，最好使用油质仪或滤纸斑点试验法进行机油品质检查。

现以 R2J－2A 机油分析仪为例说明检测方法，使用油质仪时，应先用脱脂棉彻底清洁传感器油槽，然后用 3～5 滴与被测机油同牌号新机油置于传感器油槽中，使机油与油槽边沿齐平。2～5s 后机油在油槽内已扩散完毕，轻按一下“清零”按键，约 2s 后清零，显示“±00.00”。再一次彻底清洁传感器油槽，用 3～5 滴被测机油油样置于传感器油槽中，要求与上述相同。被测机油的油样，应从运转停止后 5min 内的工作温度正常的（新机油油样亦应加热到这一温度）发动机油池内提取。轻轻按一下“测量”按键，数字显示屏立即显示出被测油样相对新机油介电常数改变值。汽油机的仪器测定值在4.2～4.7之间，柴油机在5.0～5.5之间时，发动机应更换新机油。

从数字显示屏获得读数后，应继续观察显示屏内数字的变化，以便找出机油品质变化的原因。变化有下述3类情况：

（1）数字为正，且稳定不动：表明机油为一般常见污染老化变质，即机油中含有氧化物、油泥、污物、碳和酸性物质等。

（2）数字向正方向漂移激烈：说明机油中有较多的水、防冻液和大颗粒金属微粒。

（3）数字向负方向漂移：说明机油被汽油稀释。机油被柴油稀释时，数字不向负方向漂移。

油质分析仪检测分析方法能检测润滑油的污染程度及元凶，但不能反映机油清净分散剂的消耗程度及性能。要分析机油清净分散剂的消耗程度及性能，可用滤纸油斑试验法。

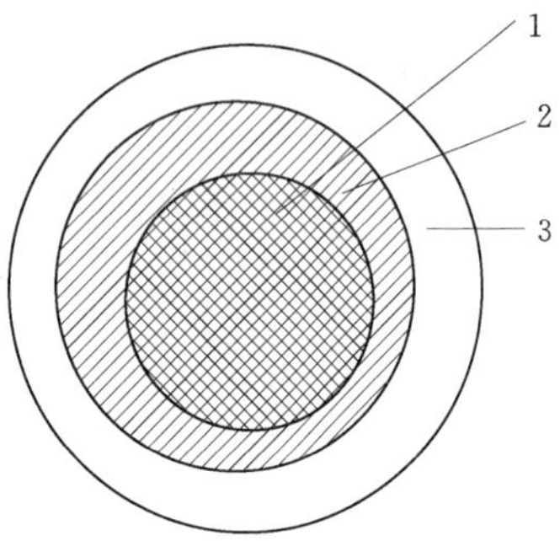

图4.6 滤纸斑点形状示意图
1—油环；2—扩散环；3—沉积环

滤纸油斑试验法分析方法是：把使用中的机油按规定要求滴在专用滤纸上，油滴逐渐向四周浸润扩散，一般会形成3个颜色深浅不同的环形斑点，分别称为沉积环、扩散环和油环，见图4.6。若机油所含杂质的浓度和粒度不同及清净分散能力不同，所形成油斑每一环形区域的直径大小和颜色深浅亦有所不同。

如果杂质颗粒扩散到较远处，沉积环与扩散环的杂质浓度及颜色深浅程度差别较小，则机油中杂质粒度小，且清净分散剂性能良好；若机油中杂质集中于沉积环，沉积环与扩散环的杂质浓度和和颜色深浅程度差别大，则机油中杂质粒度大，且清净分散剂性能丧失。因此，油斑上沉积环杂质浓度反映机油的总污染程度，而沉积环单位面积的杂质浓度与扩散环单位面积杂质浓度之差可反映机油中清净分散剂的清净分散能力。

4.2.4 机油消耗过多

1. 故障现象

机油消耗量超过规定值，排气冒蓝烟，气缸内积炭增多。

2. 故障主要原因及处理方法

（1）活塞、活塞环与气缸壁的间隙过大或活塞环与环槽的侧隙过大，检修或更换活塞、活塞环和气缸。

（2）气门与气门导管间隙过大或气门密封圈失效，检修或更换气门，更换气门导管或气门密封圈。

（3）发动机各部件密封表面漏油，检查发动机各部件的可能漏油表面。

（4）曲轴箱通风不良，检修曲轴箱通风装置。

（5）活塞环断或黏结，更换活塞环。

（6）废气涡轮增压器密封不良，更换密封圈、挡油环、转子轴、轴承或增压器。

3. 故障诊断方法

机油消耗过多故障诊断流程如图 4.7 所示。

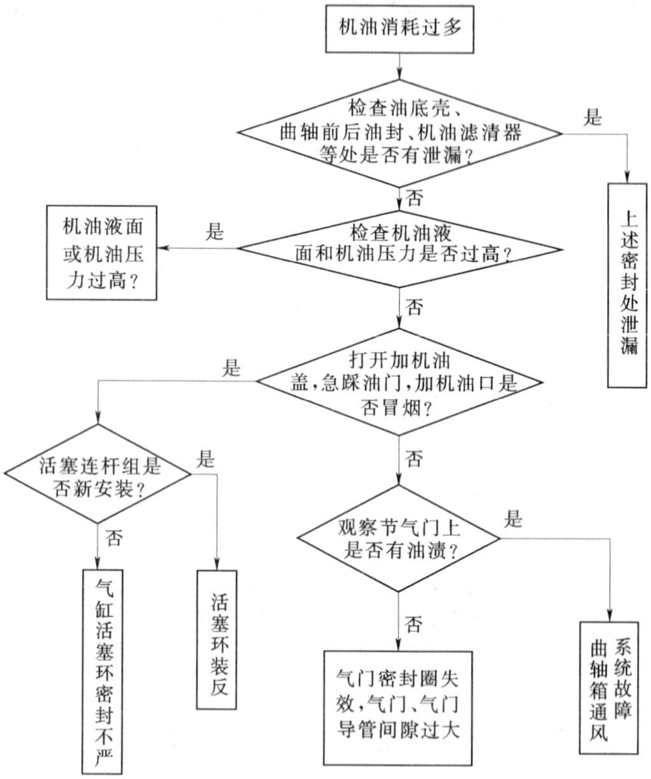

图 4.7 机油消耗过多流程图

项目 5　汽油机电控系统故障诊断与排除

教　学　准　备			
序号	名　　称		内　　容
1	学习目标	知识目标	掌握汽油发动机故障诊断的思路、方法、步骤和流程；掌握各主要元件的检测与维修方法
		技能目标	会应用必要的仪器和工具诊断、排除汽油机因电子控制系统引起的发动机故障
2	教学设计		在一体化教室内先进行汽油发动机故障诊断的思路、方法、步骤和流程的学习，然后在实训场汽车上设置汽油机电控系统的相关故障，并进行故障排除训练
3	教学设备		大众桑塔纳 AJR 拆装发动机台 10 架，丰田 5A 拆装台架 10 台，每台 2～3 人，若干常用工量具、教材、仪器使用说明书、汽车维修手册及多媒体课件等

5.1　汽油机电控系统实训指导

实训目的：掌握汽油发动机故障诊断的思路、方法、步骤和流程；会应用必要的仪器和工具诊断、排除汽油机因电子控制系统引起的发动机故障。

实训设备：大众桑塔纳 AJR 拆装发动机台 10 架，丰田 5A 拆装台架 10 台，工具若干。

【案例】　一辆凌志 LS400，采用 IU7－FE 汽油发动机，发动机启动后很快熄火。

【故障诊断与排除】　首先读取故障代码，发现 ECU 中存有一个故障代码 14，该代码的含义是点火器连续 6 次没有点火确认信号输送到 ECU，于是检查高压火，发现有一侧分电器有高压火，而另一侧分电器无高压火。再检查该侧的点火器，发现 ECU 已经向该点火器发送了点火控制器信号 IGt 进入 ECU，很明显故障出现在点火器上，是点火器的晶体管放大器损坏，不能正常地控制点火线圈初级回路的导通和截止，从而使点火线圈无法产生高压火，同时也无法产生点火确认信号，当发动机启动后因为有一半的气缸不工作而熄火。更换点火器后再试，故障排除。

5.1.1　汽油机电控系统主要元件的检修与维护

在对控制系统的主要元件进行检修时，一般首先检查元件的供电与搭铁电路是否正常，然后再检测元件的本身是否正常。

如果元件的电源由 ECU 提供，则在打开点火开关时，通往元件的电压多数为 5V，也有10V的；如果电源由蓄电池提供，则在打开点火开关或发动机运转时，通往元件的电压为蓄电池电压元件的搭铁电路有的经ECU搭铁，有的直接搭铁。直接搭铁的，可直接测量搭铁线电压，正常使应为OV；经过ECU搭铁的，则应在点火开关打开时测量元件搭铁线的电压，电压值也应为OV。

如果以上结果不符合要求，则应检修电路或更换继电器。

1. 空气流量计的检修与维护

用万用表检测空气流量传感器及其电路的方法，如图5.1所示。

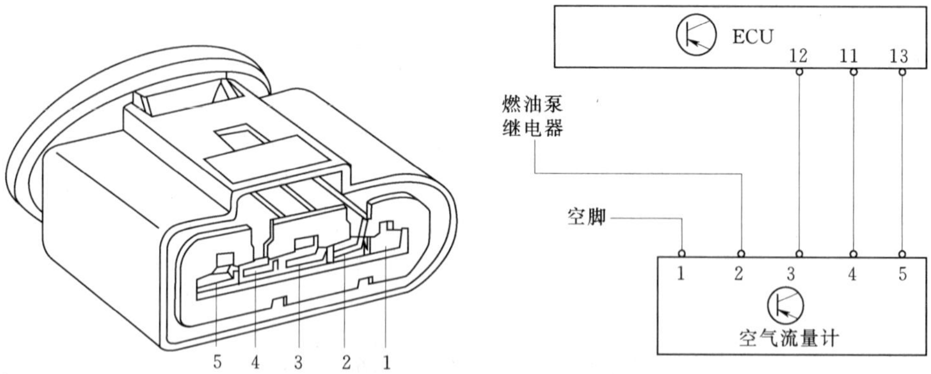

图5.1 热模式空气流量传感器的控制电路

(1) 传感器信号电压：发动机运行时，测量端子5与搭铁间的电压应与规定值相符。

(2) 传感器供电电路：①断开连接器，运行发动机，测量插头端子2与搭铁间的电压应与规定值相符。②断开连接器，点火开关置于ON，测量插头端子4与搭铁间的电压应与规定值相符。

(3) 传感器搭铁电路：断开连接器，点火开关置于OFF，测量插头端子3与搭铁间的电阻应与规定值相符。

(4) 传感器线路：①断开连接器，点火开关置于OFF，测量PCM插头端子11与传感器插头端子4间的电阻，应小于0.5Ω；②断开连接器，点火开关置于OFF，测量PCM插头端子12与传感器插头端子3间的电阻，应小于0.5Ω；③断开连接器，点火开关置于OFF，测量PCM插头端子13与传感器插头端子5间的电阻，应小于0.5Ω。

(5) 检查电路时，首先直观检查熔丝、易熔线和接线端子的状况，在排除这些部位的故障后再用万用表进行检查。在测量传感器动态信号时，应连接连接器，按要求运转发动机；在测量静态的电源电压时，应断开连接器，点火开关置于ON；在测量元件或电路电阻时，应断开连接器，将所测元件或电路与其他电路断开，点火开关应置于OFF。当将连接器断开测量时，注意区分与元件连接的部分称为连接器的插座（有插孔端）；另一部分与线束连接的称为插头（有插针端）。在测量时，应弄清楚要检测哪部分电路，应测量插座还是插头。在检测中可以使用不同方法人为改变进气流量传感器的空气流量，以检测其信号电压变化。

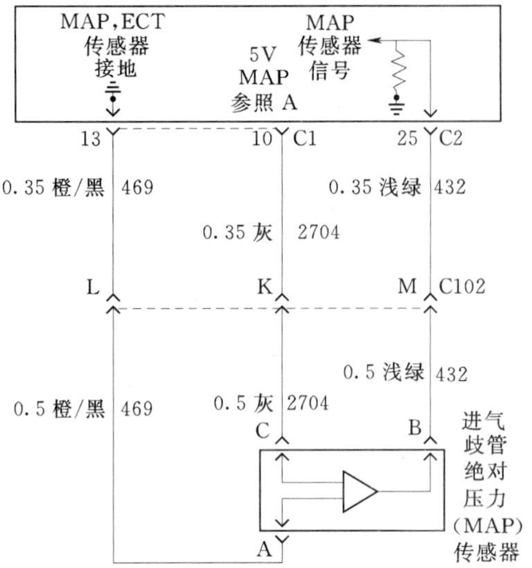

图 5.2　别克君威发动机进气压力传感器的控制电路

2. 进气压力传感器的检测与维护

下面以别克君威 LB8 和 LW9 发动机采用的半导体压敏电阻式进气压力传感器为例，说明进气压力传感器的检修方法。其控制电路如图 5.2 所示，电路分析见表 5.1。

运转发动机，读取数据流，进气歧管绝对压力应为 10～105kPa，进气压力传感器信号电压应为 0.00～4.97V，进气歧管绝对压力值和进气压力传感器信号电压应随进气压力的增大而增大。如果与规定不一致，说明进气压力传感器有故障，应检查进气压力传感器及其电路。用万用表检测进气压力传感器及其电路的方法，如图 5.2 所示。在检测过程中可以使用不同的方法人为改变进气压力传感器的进气压力，以检测进气压力传感器的信号变化。

表 5.1　　别克君威进气压力传感器电路分析表

电　　路	电路功能	电路状态	性　能　参　数
传感器端子 C 线路	电源线	点火开关置于 ON	连接器端头 C 与搭铁间的电压应为 5V 左右
传感器端子 A 线路	搭铁线	断开连接器， 点火开关置于 OFF	连接器插头 A 与搭铁间的电阻应小于 0.5Ω
传感器端子 B 线路	信号线	发动机运行	连接器端头 B 与搭铁间的信号电压应在 0.00～4.97V 变化，并随进气压力的增大而增大。怠速时小于 2V（1.5～2.0V）；节气门全开时（或点火开关置于 ON，发动机未启动）大于 4V

（1）传感器的信号电压：插好传感器连接器，运行发动机，或使用真空泵改变进气压力，用万用表测量连接器端子 B 与搭铁间的信号电压，应与规定值相符。

（2）传感器的供电电路：断开连接器，点火开关置于 ON，用万用表测量连接器插头 C 与搭铁间的电压，应与规定值相符。

（3）传感器搭铁电路：拔下传感器连接器，点火开关置于 OFF，用万用表测量连接器插头 A 与搭铁间的电阻，应与规定值相符。

3. 冷却液温度与进气温度传感器的检修与维护

（1）取下温度传感器，放入热水中，用万用表的电阻挡测量两个插脚间的电阻，同时，用温度计测量水的温度。随着热水温度的下降，所测得的电阻值应符合各温度下的标准电阻值。如桑塔纳 2000 型轿车的冷却液温度传感器，在 20℃时，电阻值为 2400Ω；在 80℃时，电阻值为 320Ω。且电阻值随温度的变化应连续，中间没有突变现象发生。

（2）在上述条件下将传感器接上 ECU，并打开点火开关，用万用表的电压挡测量两个插脚间的电压值，随着热水温度的下降，所测得的电压值应符合各温度下的标准电压值，且电压值的变化应连续，中间没有突变现象发生。

以上两项测试的结果如果全部或部分值与标准不符，则应更换温度传感器。

4. 节气门位置传感器的检修与维护

不同车型，规定的检修方法不同，应以维修手册为准。下面以桑塔纳 AJR 发动机采用的节气门位置传感器为例，说明节气门位置传感器的检修方法。电路分析见表 5.2。

表 5.2　　桑塔纳 AJR 发动机采用的节气门位置传感器电路分析

传感器电路	电路功能	电路状态	性能参数
传感器端子 5 线路	节气门位置信号线	点火开关置于 ON，缓慢转动节气门	端子 5 与搭铁间的信号电压随节气门开度增大而减小，在节气门全开时为 0.3～0.8V，在节气门全闭时应大于 4V
传感器端子 3 线路	怠速触点信号线	点火开关置于 ON，缓慢转动节气门	端子 3 与搭铁间的信号电压在怠速范围应为 0V，在节气门打开时应为电源电压
		断开连接器，点火开关置于 ON	连接器插头端子 3 与搭铁间的信号电压应为电源电压
传感器端子 4 线路	电源线	断开连接器，点火开关置于 ON	连接器插头端子 4 与搭铁间的信号电压应为 5V 左右
传感器端子 7 线路	搭铁线	断开连接器，点火开关置于 OFF	连接器插头端子 7 与搭铁间的电阻应小于 0.5Ω
传感器端子 4、5、7 间	传感器体	断开连接器，缓慢转动节气门	传感器插座端子 4 与 7 间有固定的阻值约为 700Ω，端子 5 与 7 间的电阻值随开度增大而减小（1.6～0.95kΩ），端子 5 与 4 间的电阻随开度增大而增大（0.9～1.73kΩ）
传感器端子 3、7 间	怠速触点	断开连接器，缓慢转动节气门	传感器插座端子 3 与 7 间的电阻在怠速范围内为 0Ω，节气门打开时为∞

用故障诊断仪读取故障码和数据流，如果有节气门位置传感器故障码，或节气门传感器信号电压和节气门开度显示不一致，或怀疑节气门位置传感器有故障，应检查节气门传感器及其电路。用万用表检测曲轴位置传感器及其电路的方法如图 5.3。

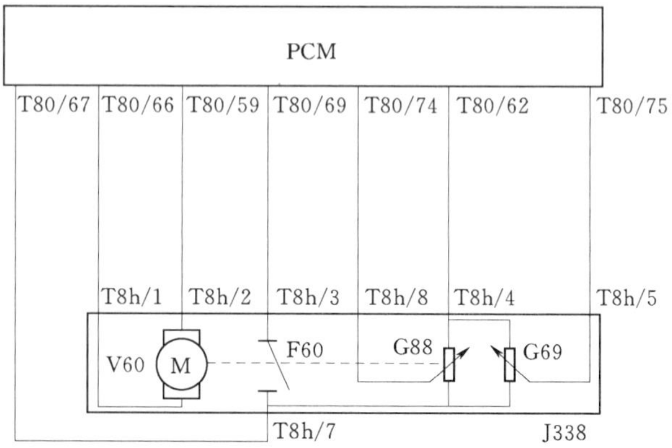

图 5.3　节气门位置传感器控制电路

(1) 传感器信号电压：点火开关置于ON，缓慢平稳转动节气门，用万用表测量端子5与搭铁间的信号电压，应与规定值一致；轻轻敲击传感器，信号电压不应有波动。

(2) 传感器供电电路：断开传感器连接器，点火开关置于ON，用万用表测量连接器线束插头端子4与搭铁间的电压，应与规定值相符。

(3) 传感器搭铁电路：断开连接器，点火开关置于OFF，用万用表测量连接器插头端子7与搭铁间的电阻，应与规定值相符。

(4) 怠速速触点信号：点火开关置于ON，缓慢转动节气门，用万用表测量端子3与搭铁间的信号电压，应与规定值一致；点火开关置于ON，缓慢转动节气门，用万用表测量连接器插头端子3与搭铁间的信号电压，应与规定值一致。

(5) 节气门位置传感器：断开连接器，转动节气门，用万用表测量端子4与7间、端子5与7间、端子5与4间的电阻值，应与规定值一致。

(6) 怠速触点：断开连接器，转动节气门，用万用表测量端子3与7间的电阻值，在节气门闭合和打开时的电阻值，应与规定值一致。

5. 曲轴（凸轮轴）位置传感器的检修

曲轴（凸轮轴）位置传感器的检修，不同车型，规定的检修方法不同，应以维修手册为准。下面以桑塔纳AJR发动机采用的曲轴（凸轮轴）位置传感器为例，说明其检修方法。它与宝来轿车的相似，采用电磁感应式曲轴位置传感器和霍尔式凸轮轴位置传感器。曲轴位置传感器安装在曲轴后端飞轮附近，信号盘有58个凸齿；凸轮轴位置传感器安装在凸轮轴前端，信号盘有约180°的窗口和叶片。其信号波形如图5.4所示。

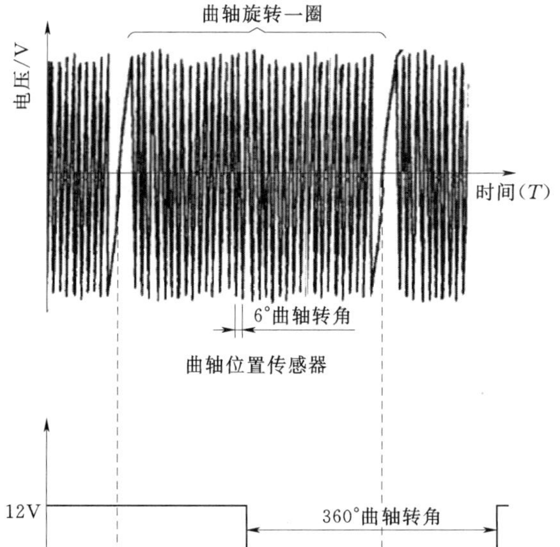

图5.4　桑塔纳AJR发动机曲轴（凸轮轴）位置传感器信号波形

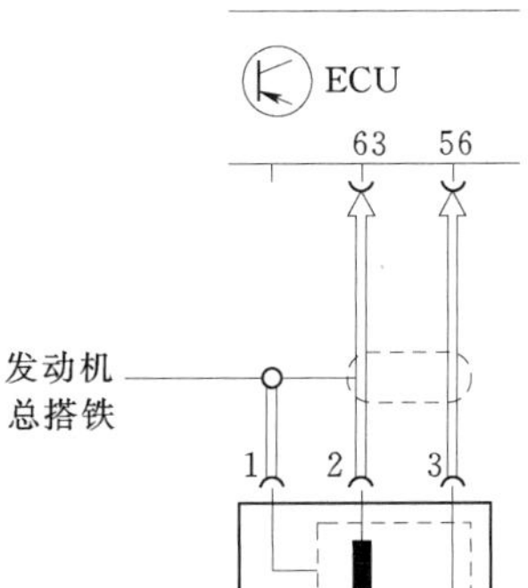

图5.5　桑塔纳AJR发动机曲轴位置传感器的控制电路

桑塔纳脚R发动机的曲轴位置传感器控制电路如图5.5所示，电路分析见表5.3。

表 5.3 桑塔纳 AJR 发动机的曲轴位置传感器电路分析

传感器电路	电路功能	电路状态	性能参数
连接器插头端子 2 和 3 线路	信号线	发动机运行	端子 2 和 3 应有交流电压信号，信号电压和频率随发动机转速增大而增大
连接器插头端子 1 线路	屏蔽搭铁线	断开连接器，点火开关置于 OFF	连接器插头端子 1 与搭铁间的电阻应小于 0.5Ω。
连接器插头端子 2、3 之间	传感器电磁线圈	断开连接器，转动发动机	连接器插头端子 2 和 3 间应有交流电压信号，信号电压和频率随发动机转速增大而增大
		断开连接器	连接器插头端子 2 和 3 间的电阻值应为 480～1000Ω，温度高时偏大
传感器与信号盘凸齿气隙			约为 0.2～0.4mm

用故障诊断仪读取故障码，如果有曲轴位置传感器的故障码，故障应检查曲轴位置传感器及其电路。用万用表检测曲轴位置传感器及其电路的方法如下，如图 5.5 所示。

（1）传感器信号电压：发动机运行时，用万用表或示波器检测端子 2 和 3 间的电压或频率，应与规定值相符。

（2）传感器：断开连接器，转动发动机，用万用表或示波器检测端子 2 和 3 间的电压或频率；用万用表检测端子 2 和 3 间的电阻，应与规定值相符。

（3）传感器屏蔽线：断开连接器，点火开关置于 OFF，用万用表测量连接器插头端子 1 与搭铁间的电阻，应与规定值相符。

（4）信号盘以及信号盘与传感器凸齿气隙：①分析传感器波形，判断信号盘是否有缺损或沉积杂物，信号盘与传感器凸齿气隙是否符合要求；②进一步用塞尺检查气隙，应与规定一致。

6. 氧传感器的检修与维护

（1）接上故障诊断仪，启动发动机并运转到正常工作温度，打开节气门使发动机保持在 2500r/min 的转速下运转 2min 以上，此时操作故障诊断仪读取氧传感器的信息，氧传感器的数据信息在浓与稀之间连续变化。

（2）对于二氧化锆式氧传感器，拆下连接插头，用万用表的电阻挡测量传感器信号输出端与发动机搭铁之间的电阻值，一般应为无穷大。装好并连接，启动发动机并运转到正常温度，然后使发动机以 2500r/min 的转速运转 2min 以上，并保持该转速，此时用万用表的直流电压挡测传感器信号输出端与搭铁间的电压，读数应在 0.25～0.75V 的范围内不断变化，且 10s 内变化次数不低于 4 次。怠速时，该信号电压值应为 450±50mV。

（3）对于二氧化钛式氧传感器，启动发动机并运转到正常温度，用万用表的直流电压挡测传感器两信号线之间的电压，读数应在大于 0.5～4.5V 的范围内不断变化，且 10s 内的变化次数不低于 10 次。

（4）将发动机运转到正常的工作温度，对于二氧化锆式氧传感器，使发动机在 2500r/min 转速下运行 2min 以上，此时，用示波器测量氧传感器的输出信号波形，波形的幅值范围应超过0.25～0.75V的范围，变化的频率应超过规定的频率，如图5.6所示。对于二氧化钛式氧传感器，用示波器测量氧传感器的两信号线间的信号波形，波形的幅值范围应超过0.5～4.5V的范围，变化色频率应超过规定的频率（比二氧他锆式氧传感器的信号频率高）。

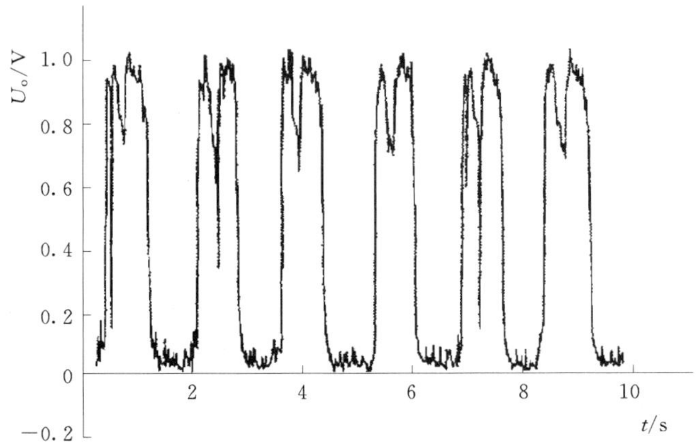

图5.6　氧传感器的信号波形

如果以上测试结果不符合要求，则应更换氧传感器。

7. 爆震传感器的检修与维护

（1）拆下爆震传感器的连接插头，用万用表的电阻挡测量传感器的信号输出端与壳体之间的电阻，正常电阻应为无穷大。

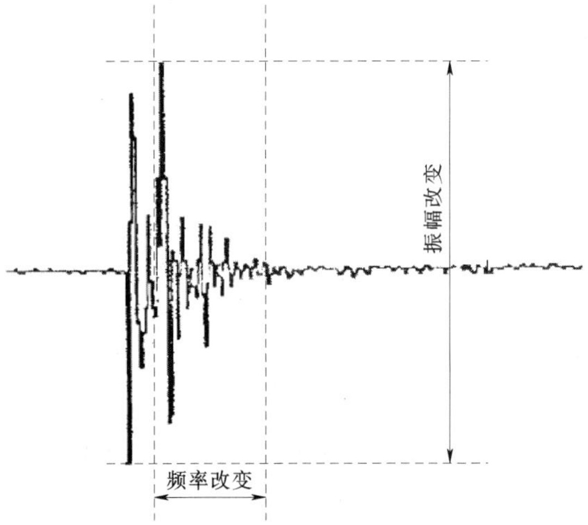

图5.7　爆震传感器的信号波形

（2）拆下爆震传感器连接插头，用木槌敲击传感器附近的缸体，同时用示波器测量信号输出端与发动机搭铁之间的波形，应得到如图5.7所示的信号波形，随着敲击强度和节奏的变化，波形的幅值与频率应该相应地变化。

（3）如果没有示波器，用木槌敲击传感器附近的缸体，同时用万用表的微电压挡测量信号输出端与发动机之间的电压，万用表上应有微量电压显示，读数越高越好，最高不大于1V。

如果以上测试结果与要求不符合，则应更换爆震传感器。

8. 喷油器的检修与维护

（1）拆下喷油器的连接插头，接上LED试灯，启动发动机，试灯应闪烁。

（2）接上故障诊断仪，打开点火开关，利用故障诊断仪的数据流功能，对喷油器进行测试时，应能够听到各喷油器顺序动作的“嗒嗒”声。

(3) 拆下喷油器，将其装在喷油器清洗检测仪上，检测喷油器的工作情况。喷油雾化应良好，停止喷油时，出油口应没有滴漏，且在一定的喷油次数下，各喷油器累计喷油量之间的误差应小于规定值。

(4) 拆下喷油器连接插头，用万用表的电阻挡测量喷油器两插脚之间的电阻，电阻值应在规定范围内。

如果以上测试结果与要求不符合，则应检修电路或更换喷油器。

9. 汽油泵与油压调节器的检修与维护

(1) 拆下汽油泵继电器，启动发动机运转到自动熄火，使汽油管路卸压，将汽油压力表接到油压测试口上（无油压测试口的车型，可将汽油压力表接到滤清器出油端与油管之间），再装上汽油泵继电器，并启动发动机，观察汽油压力表的读数，其值应在250kPa左右（多点喷射式）。

(2) 如果油压过低，用钳子夹住油压调节器的回油管，使回油管不通，如果油压没有升高，则说明汽油泵有故障，需要更换；如果油压升高，则说明油压调节器有故障，需要更换。

(3) 增加节气门的开度，油压值应随之增大，取下油压调节器上的真空管，油压应该迅速由250kPa增长为300kPa左右，否则油压调节器有故障，需要更换。

(4) 使发动机熄火，10min后观察油压表，油压应不低于250kPa，否则应更换汽油泵。

(5) 按上述方法给汽油管卸压，拆下汽油滤清器的进油端油管，并接一个量筒，在汽油泵继电器处外接蓄电池电压并给汽油泵通电30s，量筒内的油量应不低于规定值，否则需要更换汽油泵。

10. ECU的检修与维护

对于ECU的检查，一般首先检查ECU的供电与搭铁，只有在ECU的供电与搭铁良好的前提下，讨论ECU的性能才有意义。ECU的供电线路至少有两条，一条是常火线，即从蓄电池有一条线路直接通到ECU，不受点火开关或继电器的控制；另一条是受点火开关控制的供电线路，通过点火开关或经继电器供电。ECU的搭铁线至少有两条，一条是ECU功率输出控制的搭铁，另一条是传感器的搭铁，检查时要将其区分开。

用万用表的电压挡测量ECU连接插头处的电源线电压，其值应为蓄电池电压值，再检查ECU连接插头处的搭铁线，应为零电压。如果测量结果与上述不符，则线路中有接触不良或断路现象，需要检修或更换。

由于ECU的内部电路相当复杂，一般没有直接的方法来检测，在修理作业中，常采用间接法或排除法，方法如下：

(1) 间接法。检测的前提是ECU的供电、搭铁、故障指示灯及电路良好。打开点火开关，位于仪表台上的故障诊断指示灯应该点亮，如果不亮，则ECU有故障。

(2) 接上故障诊断仪，输入车型信息后，如果故障诊断仪无法与ECU进行通信，则ECU有故障。

(3) 在外围电路良好的情况下，有输入信号（如曲轴转速信号），没有输出信号（如没有输出油信号），则ECU有故障。

如果出现以上情况之一，则需更换ECU。

11. 继电器的检修与维护

对于具有5个端脚的继电器，取下继电器，用万用表的电阻挡测量继电器端脚86与端脚85之间的电阻，电阻应在规定值范围内（约1.5Ω）；端脚30与端脚87a之间的电阻应为0；端脚30与端脚87之间的电阻应为无穷大。给端脚86与端脚85之间通12V电压使继电器工作，此时，端脚30与端脚87之间的电阻应为0，端脚30与端脚87a之间的电阻应为无穷大。具有4个端脚的继电器比具有5个端脚的继电器少一个87a端脚，检测方法基本一样。如果结果不符合要求，则更换继电器。

12. 怠速空气调节器的检修与维护

（1）拆下连接插头，测量怠速空气调节器线圈的电阻值应与标准相符。

（2）发动机在怠速状态下，接上和拆下怠速空气调节器的连接插头，发动机的转速应该有明显的变化，两者转速相差约为150r/min，并且随着发动机工作温度的由低到高，发动机的怠速转速应该由高到低发生明显的变化。

（3）拆下怠速空气调节器并接上连接插头，以观察怠速空气调节器的动作，同时，用工具堵住怠速通道，启动发动机，调整工具的部位，使发动机工作在正常怠速的转速，此时打开空调，观察怠速空气调节器，调节器的开度应该发生明显的变化。

（4）发动机正常熄火后拆下怠速空气调节器，步进电机式怠速空气调节器的上阀杆应处在最小位置，使怠速空气通道畅通，以备下次启动时能迅速启动发动机。

如果以上测试结果不符合要求，则应检修电路或更换怠速空气调节器。

13. 活性炭罐电磁阀的检修与维护

（1）拆下电磁阀的连接插头，用万用表的电阻挡测量电磁阀的电阻，结果应该在标准范围内。

（2）用试灯替换电磁阀，启动发动机，设定运转条件，使电磁阀进入工作状态，此时电磁阀应该亮或闪烁。

（3）接上故障诊断仪，打开点火开关，用故障诊断仪的数据流功能测试电磁阀的工作情况，应该听到电磁阀“嗒嗒”的动作声。

（4）接上示波器，启动发动机，设定运转条件，使电磁阀进入工作状态，此时电磁阀两个端脚上的信号电压应该与标准波形一致。

如果以上测试结果不符合要求，则应该检修电路或更换电磁阀。

5.2　相　关　知　识

汽油发动机电控系统可以分为3个子系统，即进气系统、供油系统和控制系统。进气系统的作用是调节并检测进入发动机的空气量，一般由空气滤清器、空气流量计（或进气管绝对压传感器）、进气软管、节气门体、进气总管、稳压箱和进气歧管等组成，在节气门体上还有怠速空气调节器和怠速调节螺钉，如图5.8所示。供油系统的作用是将油箱中的汽油泵到发动机的汽油分配管，以便向喷油器供油，同时调节汽油压力，一般由汽油箱、汽油泵、油管、汽油滤清器、汽油分配管、油压调节器、回油管和喷油器等组成，如

图 5.9 所示。电子控制系统的作用是通过传感器测发动机运行的各项参数，经过 ECU 的处理、计算和判断后，控制执行器动作，完成对发动机喷油、点火、怠速、排放等的控制。其中传感器一般有节气门位置传感器、空气流量计传感器（或进气歧管绝对压力传感器）、冷却液温度传感器、空气温度传感器、氧传感器、爆震传感器、曲轴位置传感器和凸轮轴位置传感器等。执行器一般有喷油器、炭罐电磁阀、点火线圈或点火器、怠速空气调节器、继电器和 EGR 阀等，如图 5.10 所示。

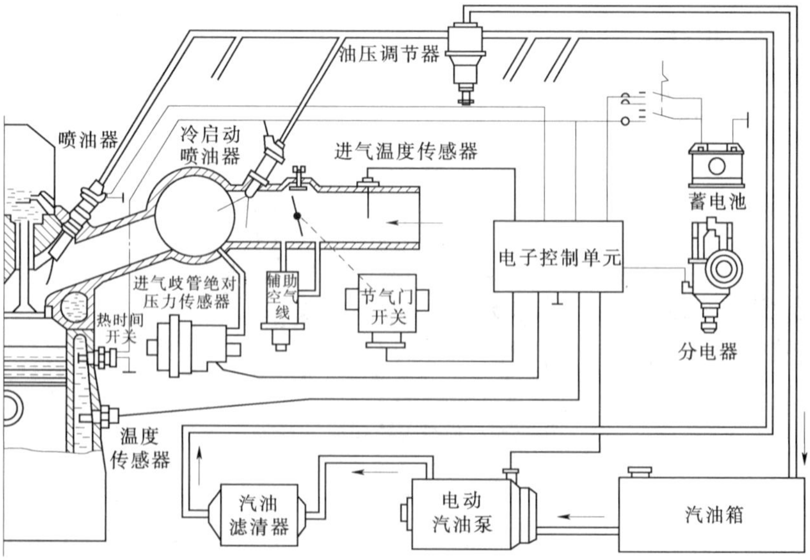

图 5.8 D 型汽油喷射系统

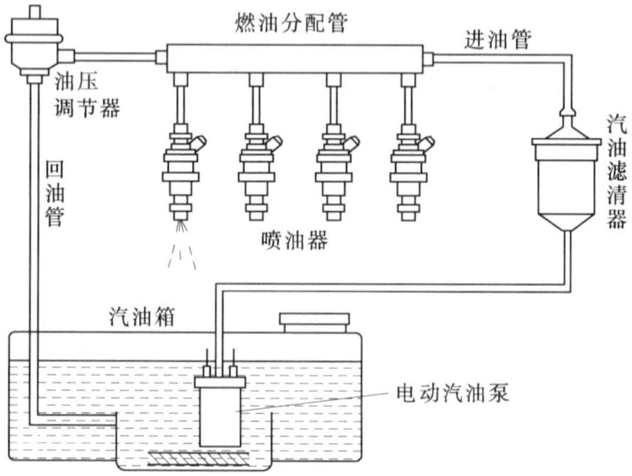

图 5.9 供给系统组成示意图

故障诊断的基础是熟悉整个控制系统的组成与工作原理，熟悉每个组成元件的结构、工作原理及参数的变化对发动机性能的影响。同时，还要掌握故障诊断的思路与方法，从故障的现象入手，分析每一步检测的结果，最后检查出故障的具体部位。诊断时要紧紧抓住汽油发动机正常工作的 3 个要素：气缸密封性能的好坏、空燃比的好坏、点火性能的好

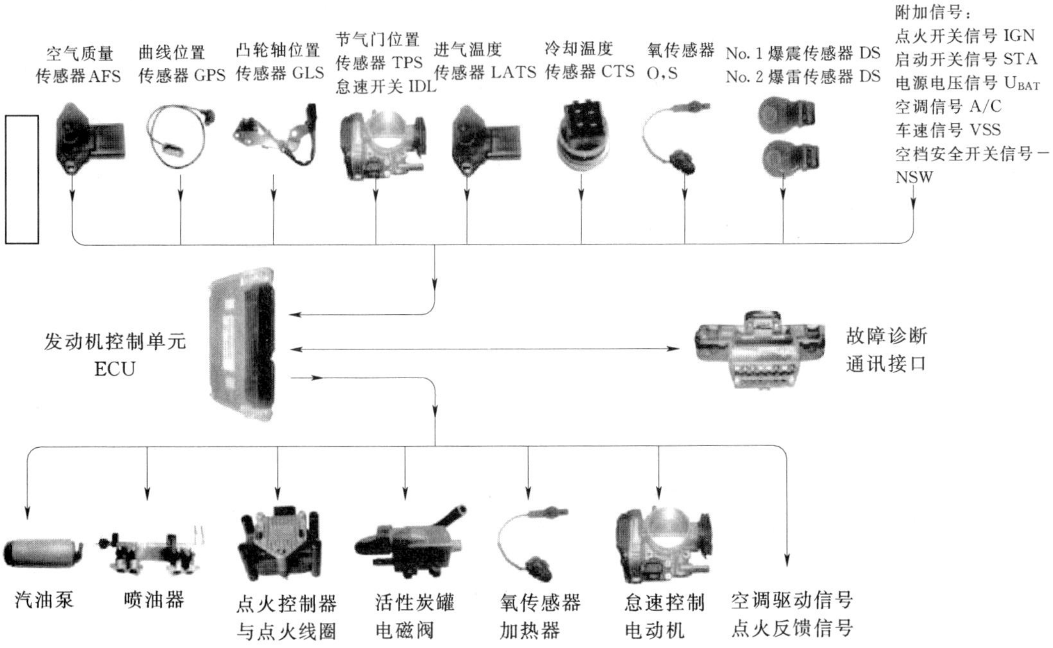

图 5.10　控制系统组成示意图

坏。每个元件、部件或子系统发生故障，都是通过上述 3 个要素对发动机产生影响。根据发动机的故障性质与现象特征，可以将发动机的常见故障分为高压火不良、汽油压力过低、汽油压力过高、混合气过浓和混合气过稀等局部故障发动机不能启动。发动机动力不足、发动机耗油量大、发动机怠速过高、发动机怠速不良、发动机进气管同火、发动机排气管放炮、发动机冷启动困难等综合故障。

不同的故障，引发的原因也不尽相同，故障部位一般有空气流量计、节气门体、冷却液温度感器、汽油泵、汽油滤清器、油压调节器、喷油器、火花塞、高压线、点火线圈、点火放大器、氧传感器、ECU，怠速空气调节器、EGR 阀等。

1. 高压火不良

（1）故障现象。发动机曲轴在启动电机的驱动下能正常旋转，但所有火花塞都无高压火，或高压火弱，致使发动机运转不正常。

（2）故障主要原因及处理方法。引起点火系统高压火不良的部位一般为点火器、点火线圈、曲轴位置（或凸轮轴位置）传感器 ECU 等，也可能是上述元件的线路故障。线路故障的处理方法一般为检修，元件故障的处理方法一般为更换。

（3）故障诊断流程。故障诊断流程如图 5.11 所示。

（4）解释说明。所有元件的检测、维修方法见本项目 5.1 的相关内容。

多数车辆的点火器与点火线圈集成在一起，形成一个点火模块，若出现故障，应整体更换。部分车辆的点火器集成在 ECU 中，可单独对点火线圈进行检查和更换。

在正常情况下启动发动机时，ECU 只要接收到曲轴位置传感器信号就会控制点火器和点火线圈点火，采用示波器观察 ECU 的输入与输出信号的波形，很容易找到无高压火

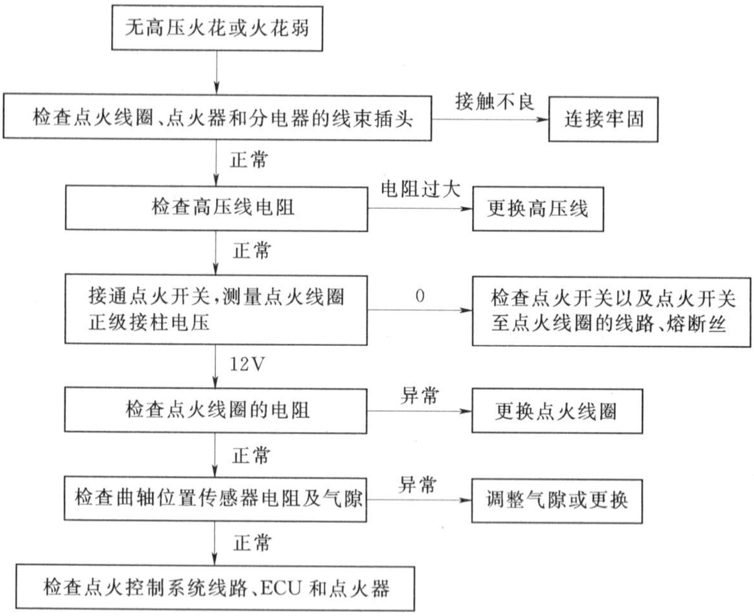

图 5.11　无高压火或高压火不良故障诊断流程图

故障的部位。

2. 汽油压力过低

（1）故障现象。发动机的曲轴在启动电机的驱动下较长时间旋转，但燃油系统压力过低，甚至没有压力。

（2）故障主要原因及处理方法。引起燃油系统压力过低的部位一般为汽油泵、油泵继电器、汽油滤清器、油压调节器以及相关元件的电路。电路故障的处理方法一般为检修，元件故障的处理方法一般为更换。

（3）解释说明。所有元件的检测、维修方法见本项目 5.1 的相关内容。

多点喷射式发动机在怠速运转时，燃油系统压力一般为 250kPa 左右，突然加大节气门开度时，油压会瞬时增高后回落，如果真空管脱落，油压会接近 300kPa。

采用叶片式空气流量计的发动机，在流量计上有一个油泵触点，启动和运转时，触点会导通，使油泵正常工作。其他发动机一般采用 ECU 控制主继电器的方式控制油泵的工作。有些发动机在点火开关旋转到 ON 位置时，主继电器工作 3～5s 后停止，使油泵在发动机运转前提前工作，当发动机运转时，主继电器一直工作。

有些发动机无油压调节器和回油管，油泵输出的油压是恒定的，不能根据负荷的变化而变化。

3. 汽油压力过高

（1）故障现象。发动机在启动或怠速运转时，燃油系统压力过高。

（2）故障主要原因及处理方法。引起燃油系统压力过高的部位一般为油压调节器、油压调节器真空管路、回油管路以及相关元件的电路。电路故障的处理方法一般为检修，元件故障的处理方法一般为更换。

（3）解释说明。所有元件的检测、维修方法见相关章节的内容。

油压过高的故障比较少见，多数由油压调节器引起。部分发动机油压调节器的真空管路通过一个电磁阀控制，在启动时，真空管路关闭，使油压增高，以增加喷油量并改善雾化效果，利于发动机的启动。

4. 混合气过浓

（1）故障现象。发动机怠速时突然加大节气门开度，排气管冒黑烟，或者火花塞发黑，或用尾气分析仪测量的过量空气系数小于1。

（2）故障主要原因及处理方法。引起混合气过浓的部位一般为喷油器、油压调节器、空气流量计或进气歧管绝对压力传感氧传感器、冷却液温度传感器和ECU等，也可能是上述元件的线路故障。元件故障的处理方法一般为更换，线路故障的处理方法一般为检修。

（3）故障诊断流程。故障诊断流程如图5.12所示。

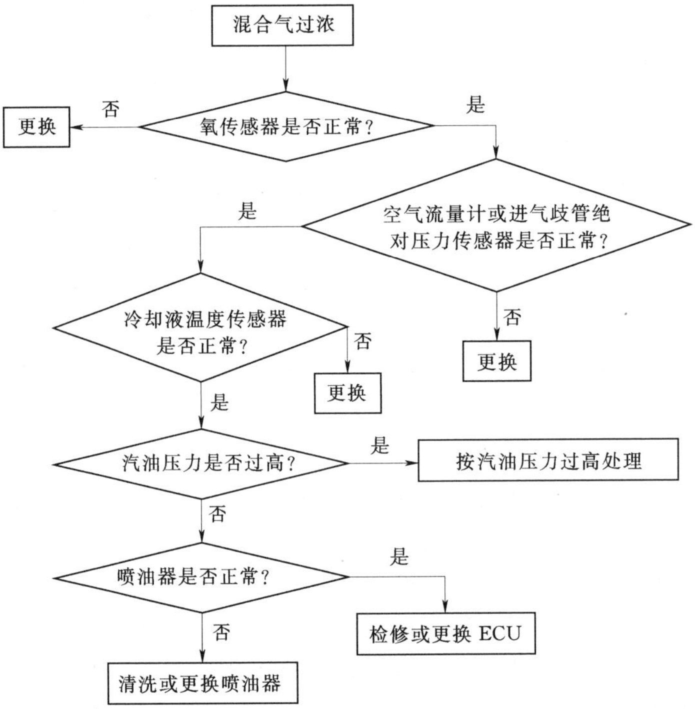

图5.12　混合气过浓故障诊断流程图

（4）解释说明。所有元件的检测、维修方法见相关章节的内容。

5. 混合气过稀

（1）故障现象。用尾气分析仪检测到的过量空气系数大于1，火花塞发白，有时伴有加速回火或发动机过热现象。

（2）故障主要原因及处理方法。引起混合气过浓的部位一般为喷油器、油压调节器、空气流量计或进气歧管绝对压力传感氧传感器、冷却液温度传感器和ECU等，也可能是上述元件的线路故障。线路故障的处理方法一般为检修，元件故障的处理方法一般为更换。

（3）故障诊断流程。故障诊断流程如图 5.13 所示。

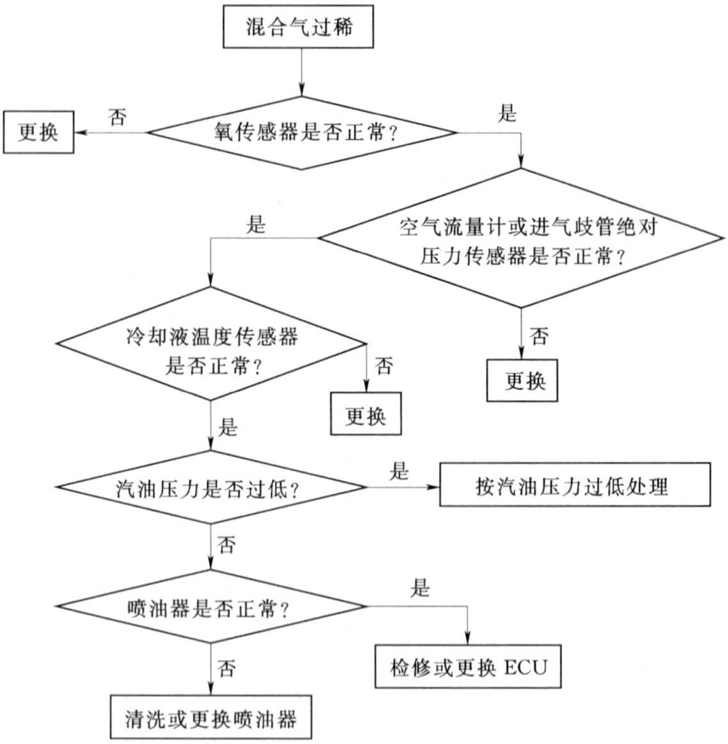

图 5.13 混合气过稀故障诊断流程图

6. *发动机不能启动*

（1）故障现象。曲轴转动正常，有启动转速，但发动机长时间不能启动。

（2）故障主要原因及处理方法。电子控制系统引起发动机不能启动的基本原因是无高压火，点火正时严重失准和不喷油。引起无高压火的故障部位一般为火花塞、点火放大器、点火线圈、曲轴位置传感器（凸轮轴位置传感器）及电路。引起不喷油的故障原因一般为喷油器及电路、汽油泵及电路、油压调节器或点火信号丧失等。处理方法一般为更换相应的元器件。

（3）故障诊断流程。故障诊断流程如图 5.14 所示。

（4）解释说明。所有元件的检测、维修方法见本项目 5.1 的相关内容。点火放大器与点火线圈在很多车型上是合在一起的，故放在一起检查。

在电子控制系统都正常的情况下，故障往往发生在机械部分，如气缸压力过低、分电器装错位等将造成发动机无法启动。

7. *发动机动力不足*

（1）故障现象。车辆加速时速度增加缓慢，有踩空油门的感觉。

（2）故障主要原因及处理方法。电子控制系统引起发动机动力不足的基本原因是高压火弱、点火正时失准、喷油量少等。引起高压火弱的故障部位一般是火花塞、高压线、点

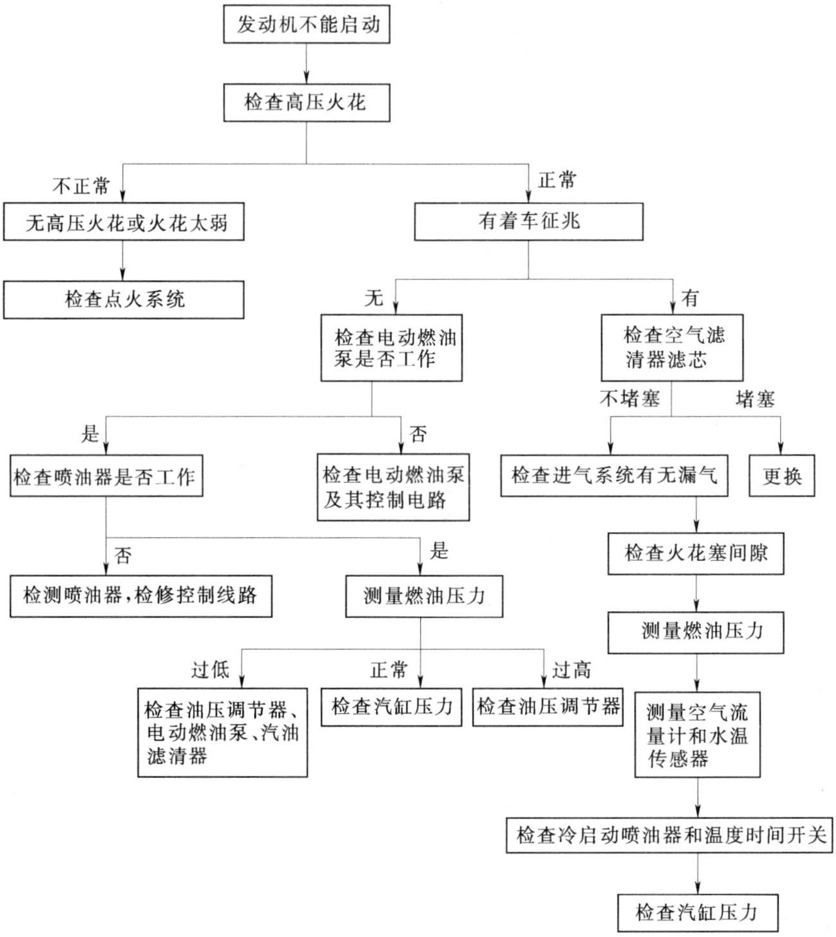

图 5.14　发动机不能启动故障诊断流程图

火器。点火线圈和 ECU 等。引起点火正时失准的故障部位一般是分电器、爆震传感器和 ECU 等。引起喷油量少的故障部位一般是喷油器、空气流量计（或进气歧管绝对压力传感器）、节气门位置传感器、汽油泵、汽油滤清器、油压调节器和 ECU 等，一般采取更换的方法来处理。

（3）故障诊断流程。故障诊断流程如图 5.15 所示。

8. 发动机有油耗过大

（1）故障现象。发动机油耗明显偏高，有时伴有发动机性能不良和冒黑烟等现象。

（2）故障主要原因及处理方法。电子控制系统引起发动机耗油量大的基本原因多数情况是由于火花塞点火弱、缺火和喷油量不足或过多造成的。火花弱与缺火一般由火花塞、高压线、点火器与点火线圈等引起，喷油量不足或过多一般由喷油器、汽油泵、汽油滤清器、油压调节器、空气流量计（或进气歧管绝对压传感器）、冷却液温度传感器和 ECU 等引起。处理的方法一般是清洗或更换。

（3）故障诊断流程。故障诊断流程如图 5.16 所示。

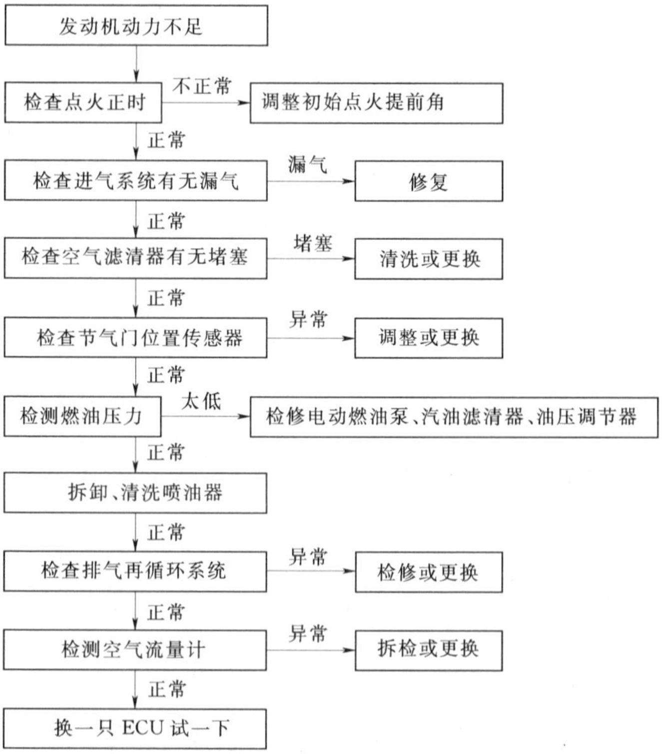

图 5.15 发动机动力不足故障诊断流程图

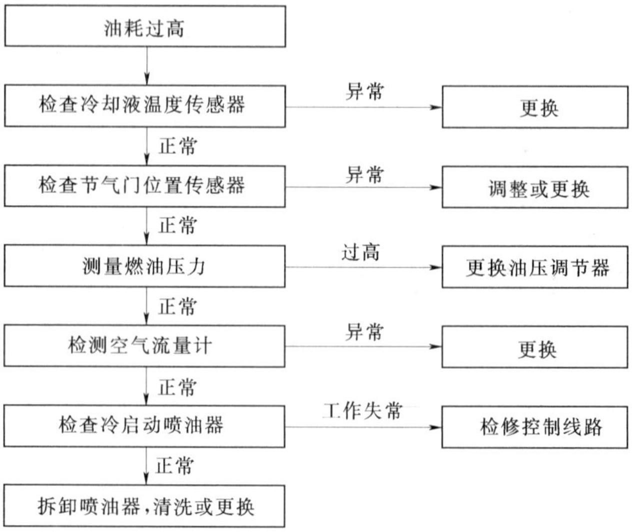

图 5.16 发动机油耗过量故障诊断流程图

9. 发动机怠速过高

(1) 故障现象。发动机热车后怠速仍然偏高，调整怠速不起作用。

(2) 故障主要原因及处理方法。发动机的怠速一般都是由 ECU 根据冷却液的温度、转向助力状态、空调运转状态和挡位开关的状态，通过控制怠速空气调节器来自动调整怠速工况的空气量，进而自动调整怠速工况的喷油量来调节怠速的转速。冷却液温度传感器信号错误，转向助力开关信号错误，空调开关信错误，挡位开关信号错误，怠速空气调节器失调，节气门后方漏气，汽油压力过高，空气流量计（进气歧管绝对压力传感器）信号错误以及ECU故障等都将导致发动机怠速过高。处理的方法一般是清洗和更换。

（3）故障诊断流程。故障诊断流程如图5.17所示。

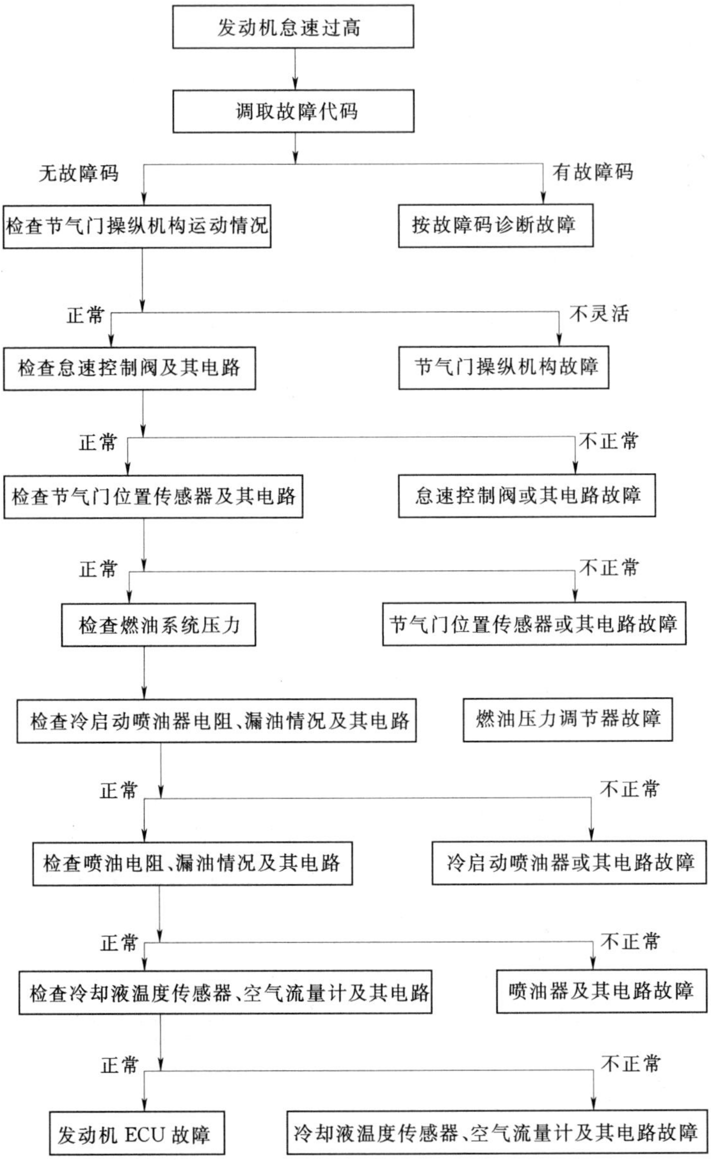

图5.17 发动机怠速过高故障诊断流程图

10．发动机怠速不良

（1）故障现象。发动机经过初始状态调整获得了准确的怠速后，在实际运转中，经常产生怠速偏低、抖动、游车或熄火现象，发动机低温、空调运转与转向助力的时候都有提速现象，但都不是很稳定，有时在其他工况下还伴有动力不足的现象。

（2）故障主要原因及处理方法。怠速不良往往由发动机在怠速时所发出的动力较小，难以克服发动机自身运转与附件运转的摩擦阻力而引起。引起发动机怠速动力故障的原因有个别缸不工作或工作不良，怠速进气量较少或怠速时混合气浓度不正常等。引起上述情况的故障部位有火花塞、高压线、汽油泵、油压调节器、汽油滤清器、喷油器、怠速空气调节器、空气流量计（或进气歧管绝对压力传感器）、氧传感器、节气门位置传感器等。处理的方法一般是清洗、调整和更换。

（3）故障诊断流程。故障诊断流程如图 5.18 所示。

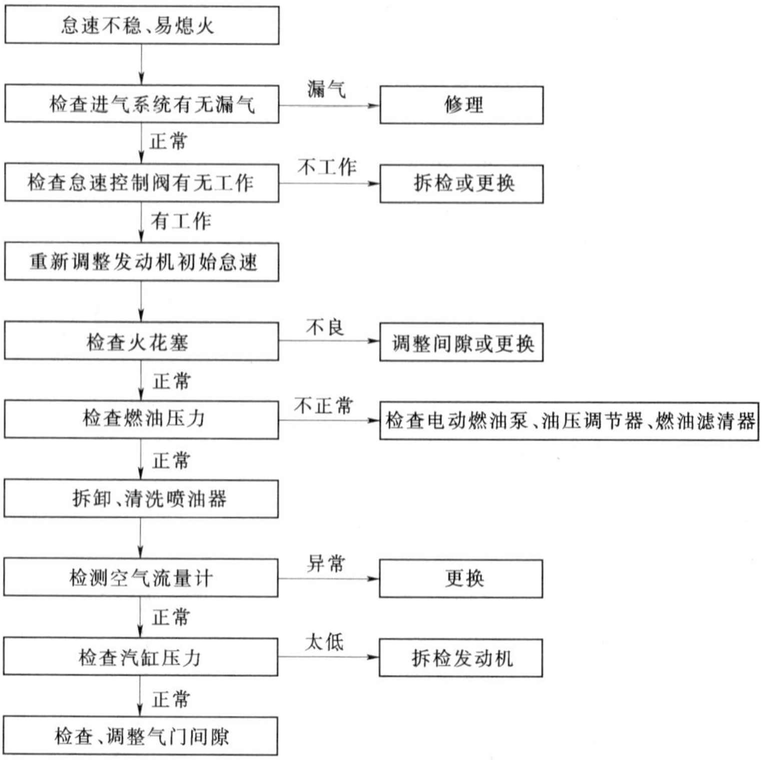

图 5.18　发动机怠速不良故障诊断流程

11. 发动机进气管回火

（1）故障现象。发动机工作不正常，迅速增加节气门开度时进气管有回火，加速无力。

（2）故障主要原因及处理方法。如果混合气过稀，混合气的燃烧速度下降，燃烧火焰会延续到下一次进气门打开，使进气歧管内的可燃混合气燃烧，造成进气管内有回火现象。引起混合气过稀的主要故障部位是进气系统、汽油泵、汽油压力调节器、汽油滤清器、喷油器、节气门位置传感器、空气流量计（或进气歧管绝对压力传感器）和气缸等。处理的方法一般是清洗、检修、调整和更换。

（3）故障诊断流程。故障诊断流程如图 5.19 所示。

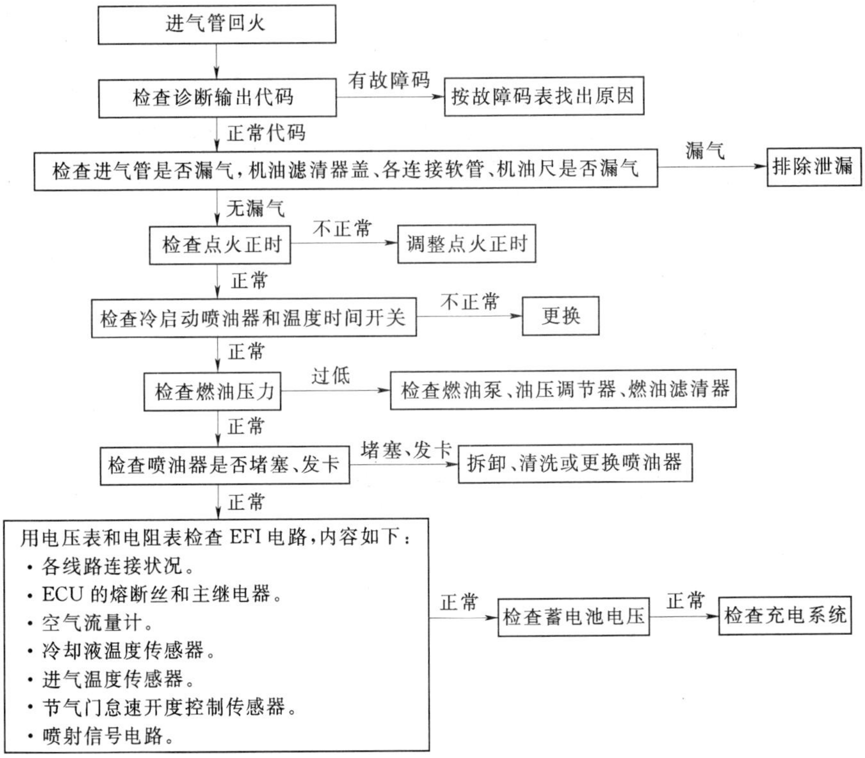

图5.19　进气管回火故障诊断流程图

12. 发动机排气管放炮

（1）故障现象。发动机工作不正常，排气管放炮，同时伴随有冒黑烟现象，发动机动力下降，油耗增加。

（2）故障主要原因及处理方法。当可燃混合气的浓度过高或点火过迟时，混合气在做功行程未燃烧彻底，进入排气管后继续燃烧，并产生放炮声。引起混合气过浓的部位有喷油器、油压调节器、空气流量计（或进气歧管绝对压力传感器）、节气门位置传感器、冷却液温度传感器等。处理方法一般为检修、调整和更换。

（3）故障诊断流程。故障诊断流程如图5.20所示。

13. 发动机启动困难

（1）故障现象。启动机能带动发动机按正常速度转动，有明显着车征兆，但不能启动，或需要连续多次或长时间转动启动机才能启动。

（2）故障主要原因及处理方法。故障的一般原因，主要有下列几种。

1）来油不畅（燃油泵滤网堵塞，汽油滤清器堵塞，燃油泵单向阀关闭不严等）。

2）混合气过稀或过浓。

3）进气及真空系统漏气。

4）插接件、接线头松动或连接不实。

5）燃油压力低或保持压力不正常。

6）喷油器工作不良（积炭、胶质堵塞等）。

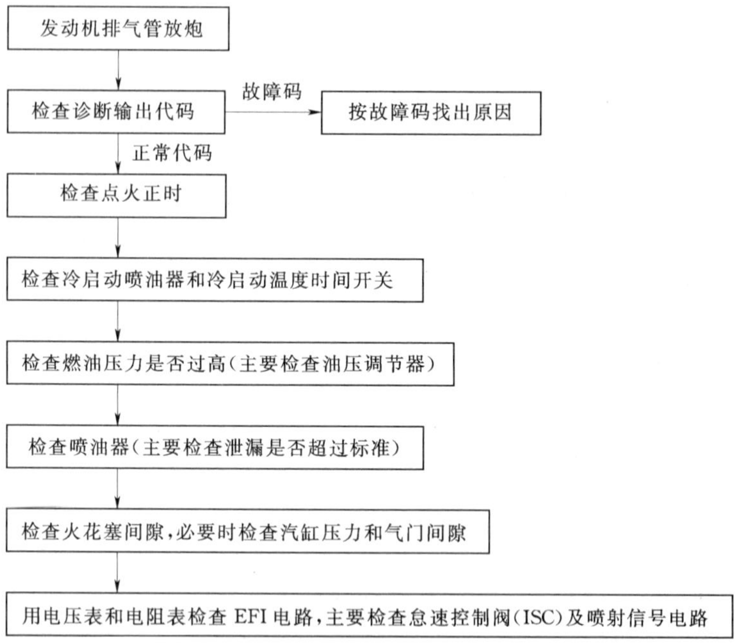

图 5.20 发动机排气管放炮故障诊断流程图

7）气门关闭不严。

8）机械故障，如正时带轮连接键磨损。

9）点火线圈、火花塞工作不良或高压线有破损之处。

若故障为电控系统的原因，则有以下几种情况。

1）有时容易启动，有时难启动。主要原因是各元件（电控单元控制继电器或相关的传感器）有松动或线头连接不良的现象。如与启动相关传感器的插头脱落、松旷或虚接都会引起启动困难。

2）冷车、热车都难启动。①电源继电器、燃油泵继电器有故障；②分电器接头氧化，不能传递正确信号给 ECU；③节气门电位计磨损严重，信号不准确；④EGR 电磁阀的线路接触不良；⑤ECU 收不到正确的上止点位置的信号；⑥ECU 本身有故障。

3）冷车难启动。①喷油器有故障（如定时开关触点不能闭合，堵塞、喷油量减少等）；②冷却液温度传感器有故障（如插头插脚严重生锈，阻值大，传递信号错误；塑料头损坏信号电压过低；插脚扭曲变形或接触不良；传感器触头插错，插在制动液面报警开关插座上等）；③怠速步进电动机有故障（如头部锥形阀及阀座有油污，堵塞怠速进气道从而影响进气）；④油压调节器有故障（密封圈损坏）；⑤空气流量计有故障（热膜上黏附粉尘，造成进气质量信号失准）。

4）热车难启动。①冷却液温度传感器有故障（如损坏、连接线脱落或导线有剥落现象，信号突变而发出错误信号）。②冷启动喷油器插头装反。③活性炭罐电磁阀卡滞。④点火模块发热（如连接线破损）。⑤空气流量计胶管密封不好（如锈蚀损坏）。

（3）故障诊断流程。故障诊断流程如图 5.21 所示。

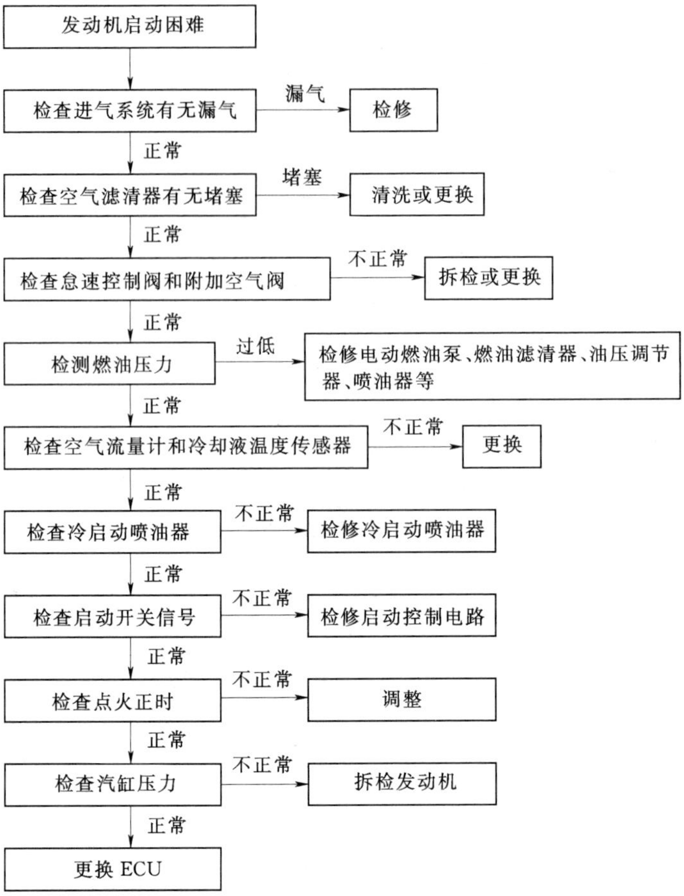

图 5.21　发动机启动困难故障诊断流程图

（4）解释说明。启动时的喷油量是由 ECU 程序设定的，并根据冷却液温度传感器信号进行修正，所以要重点检查冷却液温度传感器，并检修送至 ECU 的信号电路。

底盘故障排除部分

项目6　离合器故障诊断与排除

教学准备			
序号	名称		内容
1	学习目标	知识目标	掌握离合器的常见故障、故障现象、故障成因分析和故障诊断方法，以及维护与修理方法
		技能目标	能够对离合器进行维护、故障判定、诊断及排除
2	教学设计		在课堂上讲述离合器故障诊断方法及思路，现场演示离合器拆卸及安装、故障检测、故障排除，再将学生分成若干组进行相应的实训操作
3	教学设备		1. 离合器示教台、手动变速箱车辆、拆卸和检测工具数套。 2. 相关的教学教具、录像片和教学挂图

6.1　离合器维修实训指导

实训目的：掌握离合器的故障诊断方法以及维护与修理方法，掌握检测离合器故障的方法。

实训设备：离合器示教台1台，手动变速箱车辆6台，常用工量具6套。

【案例】　一辆2008款东风标致307，手动挡，行驶12万km，汽车在3挡急加速时发动机转速瞬间可达3000r/min以上，而车速只能到60km/h左右。

【故障诊断与排除】　首先进行试车，故障完全如车主的描述。分析认为很可能是离合器片过薄造成的打滑。拆下离合器检查发现离合器压盘和分离轴承没有异样，离合器片磨损严重，于是更换离合器片，装复后试车，故障消失，于是交车。

几天后车主又来反映出现离合器打滑现象，故障和上次一样。于是再次试车，发现该车在3挡急加速时，发动机转速瞬间从2000r/min上升到3000r/min以上，车速只能到60km/h，离合器又打滑。检查发现离合器压板弹簧发软，更换离合器压板，故障排除。

6.1.1　离合器技术状况检查

1. 离合器是否打滑的检查

（1）汽车起步困难，行驶中车速不能随发动机转速上升而迅速增加，严重时还可嗅到焦臭味，表明离合器打滑。

（2）启动发动机，将变速器挂1挡，驻车制动阀手柄处于制动位置，稍踩加速踏板，慢松离合器踏板至完全结合状态，若发动机不熄火，表明离合器打滑。

（3）发动机熄火，将变速器挂1挡、驻车制动阀手柄置于制动位置，撬转飞轮，飞轮若能转动，说明离合器打滑。离合器打滑的原因有：离合器踏板无自由行程；离合器压紧弹簧过软；摩擦片磨损严重或沾油、硬化、铆钉外露。

2. 离合器分离是否彻底的检查

（1）起步时，尽管发动机转速很低，但将离合器踏板完全踏到底，挂挡仍然困难，有齿轮撞击声。严重时，如强行挂挡，车将前窜或发动机熄火。

（2）将分动器挂空挡，启动发动机，将变速器挂上低挡、离合器踏板完全踏到底，观察发现变速器到分动器之间的传动轴转动。上述2种情况均表明离合器分离不彻底。其主要原因有：离合器踏板自由行程过大；离合器助力推杆的行程过小；分离杠杆高度调整不当；从动盘翘曲变形；从动盘毂与变速器轴配合过紧、锈蚀发卡等。

3. 离合器接合是否平稳的检查

检查离合器在车辆正常起步、加速、减速时是否出现抖动现象，若出现抖动现象，即表明离合器结合不平稳。其主要原因有：离合器压紧弹簧的弹力不符合要求；分动器杠杆高度不一致；从动盘和压盘发生翘曲变形；扭转减振弹簧、摩擦片损坏。

4. 离合器是否有异响的检查

（1）启动发动机并保持怠速运转，稍踏下离合器踏板，使分离轴承与分离杠杆刚刚接触，察听离合器有无“沙沙”的响声。若有，多为离合器分离轴承缺油或松旷所致。若响声较大，产生“哗、哗、哗”的响声，即为分离轴承因缺油严重磨损而损坏。

（2）踏下离合器踏板使离合器刚刚分离，或放松踏板使离合器刚刚接合，或松开离合器踏板，在上述情况下变换发动机转速，听离合器是否产生“嘎啦、嘎啦”的响声。如有，可能是从动盘毂与离合器轴松旷、扭转减振器与从动盘毂铆钉松动、压盘凸耳与离合器盖窗口配合间隙过大而发出的响声。出现此种情况应分解检查离合器，查明原因并予以排除。

6.1.2 离合器的维修

6.1.2.1 离合器的维护

离合器的维护工作主要是检查调整离合器踏板自由行程。

桑塔纳乘用车离合器操纵机构为机械拉索式，其踏板总行程为（100±5）mm，不符合要求时，可通过改变离合器分离叉轴传动臂与分离叉的安装位置来调整。踏板自由行程为15～25mm，不符合要求时，通过调整螺母调整，如图6.1所示。

对于离合器采用液压式操纵机构的汽车，调整离合器踏板自由行程一般通过调整踏板上的偏心螺栓，改变主缸推杆的长度来实现，如图6.2所示。

各种车型的踏板自由行程并不一定相同，注意查阅该车的维修手册。

6.1.2.2 离合器的修理

离合器的修理作业主要内容有离合器的拆卸、从动盘的检修、压盘总成的检修、离合器的装配等。

1. 桑塔纳膜片弹簧离合器的修理

（1）离合器的拆卸。

1）拆下离合器操纵拉索，从分离叉轴上拆下分离叉轴传动臂。

2）在离合器与飞轮间做好装配记号，并固定好飞轮；拆下离合器与飞轮之间的固定螺栓，取下离合器及从动盘总成。

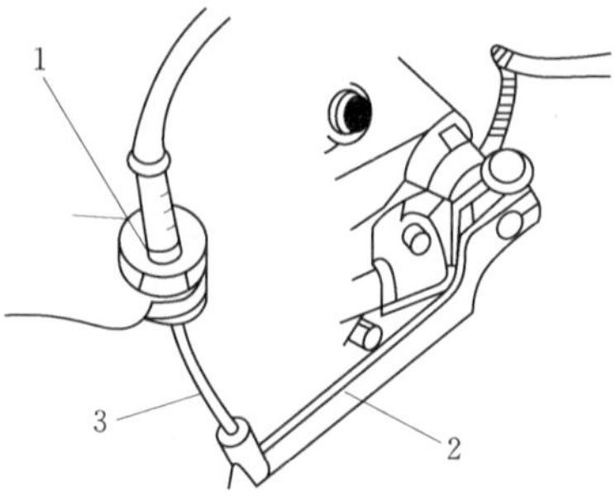

图 6.1 踏板自由行程的调整
1—调整螺母；2—分离叉轴传动臂；
3—拉索

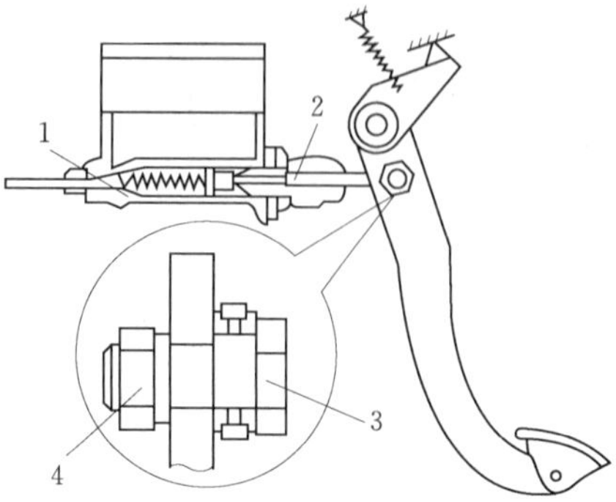

图 6.2 液压操纵离合器踏板自由行程的调整
1—离合器主缸；2—推杆；
3—偏心螺栓；4—锁紧螺母

3）拆下支承弹簧、分离轴承及导向套筒。

4）拆下分离叉轴端的挡圈，取下防尘套、轴承衬套和轴承。

5）拆下复位弹簧，取下分离叉轴。

6）拆下踏板。

（2）离合器的检修。

1）从动盘的检修。从动盘的常见损伤有：摩擦片磨损变薄、铆钉松动、有油污或烧焦、缓冲弹簧损坏、花键磨损等。

检查从动盘铆钉距摩擦片表面的距离应不低于2mm，从动盘径向跳动量不超过0.40mm，检查方法如图6.3所示。

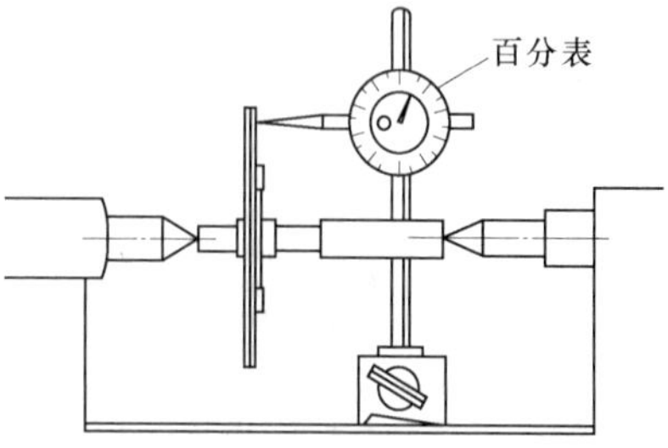

图 6.3 从动盘径向跳动检查方法

2）压盘总成的检修。压盘的常见损伤有：压盘表面刮伤、磨损、烧蚀、变形或产生裂纹。对于轻度的不平或烧蚀可进行光磨，对于严重的沟痕并因之引起离合器工作发抖时，则必须予以更换。离合器压盘表面翘曲度不得超过0.20mm。

压盘平面应无变形、裂纹及明显的沟痕，膜片弹簧无变形，其内端与分离轴承接触处磨损不大于0.60mm，内端的平面度误差不大于0.50mm，否则应更换压盘总成。

3）其他零件的检修。检查膜片弹簧磨损的深度和宽度以及弹簧内端的平面度，如超标应予更换，如图6.4所示。

分离轴承的常见故障为松旷、噪音或阻滞。检查时可固定内缘，同时施以轴向压力，一旦发现上述故障现象，必须及时更换。更换分离轴承须用专用工具在压力机上进行，将分离轴承从轴承套上压下后再装复新件。分离轴承通常是一次性加注润滑油脂，维护时切勿随意拆卸清洗。若有脏污，可用干布擦净表面，不允许用汽油等清洗剂清洗。

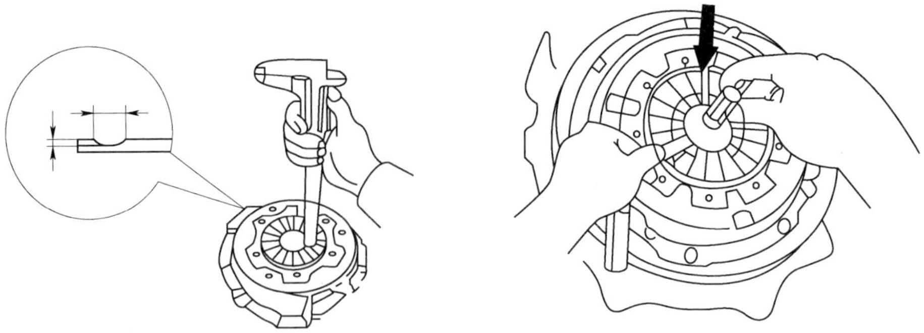

(a) 测量膜片弹簧磨损的深度和宽度　　(b) 测量膜片弹簧内端的平面度

图 6.4　膜片弹簧的检查

踏板衬套、分离叉轴轴承因磨损而松旷时，也应更换。

(3) 离合器的装配与调整。

1) 装配。将从动盘有减振器弹簧保持架的一面朝向压盘，对齐装配记号将压盘总成安装到飞轮上。装配时在轴向使用导向定位轴，以保证压盘总成与飞轮的同轴度。采用对角拧紧的顺序拧紧固定螺栓（拧紧力矩为 25N·m），拔出导向定位轴。

在变速器壳体上装入分离叉轴左端衬套，将复位弹簧安装在分离叉轴上。

装入分离叉轴右端轴承、衬套、橡胶防尘套，然后将挡圈顶压至尺寸 A=18mm，如图 6.5 所示。

安装分离轴承导向套筒及分离轴承。

安装分离叉轴传动臂，并调至如图 6.6 的所示位置。

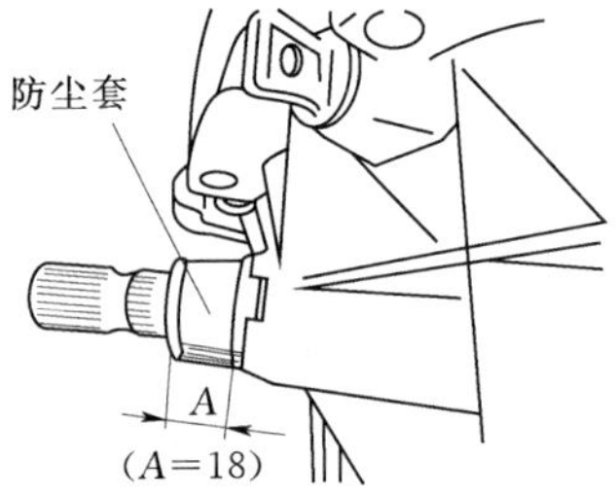

图 6.5　安装防尘套

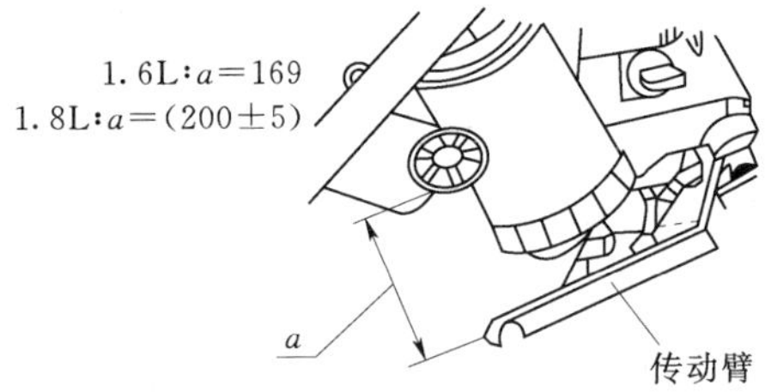

图 6.6　分离叉轴传动臂安装位置

安装踏板机构及离合器拉索。

2) 调整。离合器调整主要是调整踏板自由行程，离合器踏板自由行程的检查，可用踏板自由行程量尺或直尺测量。先测出踏板在完全放松时的高度，再测出踏板到感到有阻力时的高度，前后的高度差即为踏板的自由行程。

以桑塔纳轿车为例，该车离合器踏板的自由行程数值为 15～25mm，其调整是靠离合器拉索的调整来进行的。

以北京 BJ2020 型汽车为例，该车离合器踏板的自由行程数值为 32～40mm，调整方法如下：

a. 总泵推杆与活塞之间的间隙调整。该间隙为 0.5～1mm，在踏板上反应为 3～

6mm，若间隙不合适时，可通过在驾驶室内踏板轴下的偏心螺栓予以调整。转动偏心螺栓可改变推杆的长度，使推杆向前或向后移动。推杆向前移动使间隙变小；反之，则间隙变大。间隙变小时，则踏板自由行程变小；反之，踏板自由行程变大。调好后，将锁紧螺母锁牢。

b. 分离轴承与分离杠杆之间的间隙调整。该间隙为 2.5mm，在踏板上反应为 29～39mm（这一数值包括离合器工作时，总泵活塞向前运动，堵住总泵平衡孔之前的空行程）。不合适时可通过改变分泵推杆的长度进行调整。推杆伸长，间隙变小，则自由行程变小；反之，自由行程变大。调好后，将锁紧螺母锁牢。

2. 东风 EQ1092 汽车周布弹簧离合器的修理

周布弹簧离合器与膜片弹簧离合器在结构上的主要区别是用沿圆周布置的数个螺旋弹簧代替一个膜片弹簧。

（1）离合器的拆卸。

1）分开离合器分离拉杆与踏板轴拉臂，拆下离合器底盖。

2）在离合器盖与飞轮之间做好装配记号。

3）拆下离合器与飞轮的连接螺栓。

4）用压具压紧离合器进行分解。

（2）离合器的检修。

1）从动盘的检修。从动盘的常见损伤有：花键毂键齿磨损，从动盘钢片与摩擦片铆钉松动，摩擦片磨损、烧蚀、硬化、龟裂，减振器弹簧弹力消退、折断等。从动盘钢片、摩擦片破裂，或花键毂键齿磨损超过 0.25mm，或铆钉头部距摩擦片表面距离小于 0.30mm，或减振器弹簧失效，都必须更换从动盘总成。摩擦片上若有油污，应找出油污来源并根除，然后清除干净。摩擦片有轻微烧蚀，可用细砂纸打磨。

2）离合器盖的检修。检查有无裂纹或变形，视情况予以修理或更换。

3）压盘的检修。压盘上有较浅的沟槽时，可用砂纸打磨或用机床加工；若出现裂纹应予更换。

4）压紧弹簧的检修。压紧弹簧的弹力检查可在弹力检查仪上进行，如图 6.7 所示；自由长度的检查可在平板上配合直角尺检查，如图 6.8 所示。压紧弹簧的自由长度不得低于标准长度 3mm，同组弹簧高度差不得超过 2mm，自由状态下倾斜度不得超过 2.50mm（图 6.8 中的 a 值）。

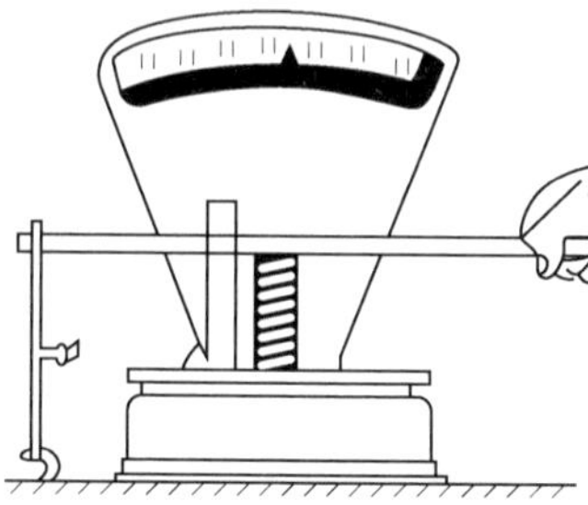

图 6.7 压紧弹簧的弹力检查

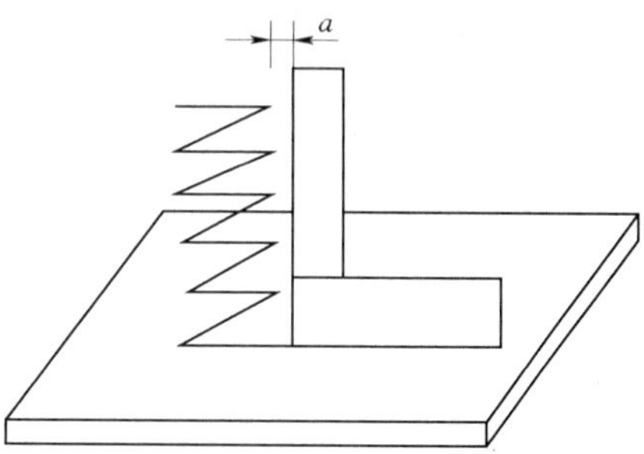

图 6.8 压紧弹簧的自由长度及变形的检查

5）分离杠杆及分离轴承的检修。参照图6.4（a）所示的检查方法，分离杠杆内端与分离轴承接触面的磨损超过0.25mm时，应焊补或更换。分离轴承应转动灵活，无卡滞等异常现象，否则应添加润滑脂或更换。

（3）离合器的装配与调整。

1）装配。按拆卸的相反次序进行，注意拆卸时的装配记号。

2）调整。分离杠杆的调整：参照图6.4（b）所示的检查方法，通过调整分离杠杆调整螺母来调整分离杠杆内端平面度。

离合器踏板自由行程的调整：拧动分离拉杆上的调整螺母，拧紧则自由行程减小，拧松则自由行程增大。调整后应使自由行程达到30～40mm，最后将调整螺母锁止。

3. 液压操纵离合器操纵机构的修理

（1）主缸和工作缸内壁磨损严重时应予以更换。

（2）活塞皮碗有发胀、破裂现象，应更换。

（3）各管接头有松动，螺纹损坏时，应紧固或更换。

（4）系统内有空气时应排气。方法如下：

1）利用压缩空气挤压排气法。

a. 加注传动液，应使储液罐中液面高度稍高于指示线，排气过程中应保持液面不得过低。

b. 用储气筒放气软管或用打气筒软管接于储液罐顶部的气管接头上，拧紧储液罐盖。

c. 取下工作缸排气阀上的护帽，安好排气软管，将软管的另一端直插入盛有少许液压油的收集容器内。

d. 以150kPa的气压由储气筒供气，或者用打气筒连续不断地打气

e. 保持该系统施加一个稳定的气压，防止空气渗入系统。同时旋松工作缸排气阀，利用压缩气体迫使油管、主缸、工作缸内的油液和渗入的空气一同排出，直至所排出的油液不含气泡为止，然后拧紧排气阀。

f. 排净空气后，检查储液罐液面，应符合规定高度，必要时添加油液。

g. 检查离合器踏板。踏下踏板应坚实有力，反应灵敏，离合器分离彻底；松开踏板后踏板应能完全回位，离合器结合可靠。

在进行以上操作时应注意：

a. 采用这种方法进行排气的过程中，切勿踏下离合器踏板。

b. 在排气过程中，必须始终注意储液罐中的液面高度，发现液面低于标准刻线时，应先拧紧排气阀，后停止供气，添加传动液后，再继续进行排气操作。添加的传动液牌号必须与原传动液牌号相同，绝不可与其他质量的传动液混用。

c. 采用此方法排气，不需对主缸再进行排气。

2）主缸泵油排气法。

a. 拆下分离叉与离合器壳之间的回位弹簧。

b. 选送工作缸推杆锁紧螺母。

c. 顺时针旋进工作缸推杆，消除原有的间隙。

d. 在储液罐中加注规定油液至上限。

e. 踏几下离合器踏板，使系统充满油液。

f. 在放气螺钉上接好导油管和接油容器。

g. 将离合器踏板踩下保持不变，松开工作放气螺钉，放出油和气的混合物，并立即拧紧放气螺钉，然后放开踏板。如此操作 3～5 次，直至没有气泡为止。

h. 排气过程中注意补充储液罐中的油液。

i. 重新调整自由行程。

6.2 相 关 知 识

常见的离合器有使用螺旋弹簧的周布弹簧离合器或中央弹簧离合器和使用膜片弹簧的膜片弹簧离合器。膜片弹簧离合器由于结构简单，磨损均匀，操作轻便，在汽车尤其是轿车上得到广泛使用。其组成及操纵机构如图 6.9 所示。

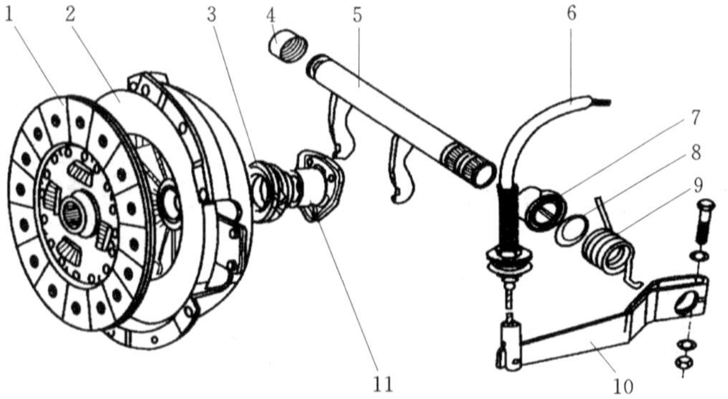

图 6.9 膜片弹簧离合器及操纵机构的一般组成

1—从动盘；2—膜片弹簧—压板组；3—分离轴承；4—衬套；5—分离轴；6—离合器拉索；7—轴承套及密封件；8—卡簧；9—回位弹簧；10—分离轴传动杆；11—分离套筒

离合器操纵机构分为人力式和气压助力式两类，常见的人力式操纵机构有机械式（拉杆式、拉索式）和液压式。

6.2.1 离合器故障诊断

离合器的常见故障部位主要有：飞轮与从动盘接触面、从动盘、压盘、膜片弹簧（或分离杠杆。注：桑塔纳等轿车普遍采用膜片弹簧离合器，这里指其他车型，下同不再另做说明）、分离叉、分离套筒、工作行程等。

离合器的常见故障主要包括：离合器打滑、离合器分离不彻底、离合器接合不稳和离合器异响。

1. 离合器打滑

（1）故障现象。离合器接合后，发动机动力不能完全传给驱动轮，出现汽车起步困难、油耗上升、发动机过热、加速不良等现象。

（2）故障主要原因及处理方法。离合器打滑的根本原因是压盘不能牢固地压在从动盘摩擦片上，或摩擦片的摩擦系数过小。具体原因主要有：

1）摩擦片烧损、硬化、有油污或磨损严重，视情况予以修理或更换。

2）膜片弹簧疲劳、开裂或失效，应予更换。

3）分离轴承运动发卡不能回位，应予润滑或更换。

4）压盘或飞轮变形、磨损，应予磨平或更换。

5）离合器操纵机构调整不当，导致踏板自由行程过小，应予以调整。

6）拉索发卡需润滑等。

（3）故障诊断方法。检查离合器踏板有无自由行程。若无或数值不正确，则应检查操纵系统是否调整不当或卡滞，踏板回位弹簧是否失效，分离轴承是否不能回位，膜片弹簧（或分离杠杆）内端是否调整过高。

若自由行程正常，则应拆下离合器壳，检查摩擦片是否烧损、有油污或磨损过大、膜片弹簧是否失效、飞轮或压盘有没有变形等。

离合器打滑常见故障原因的诊断流程如图6.10所示。

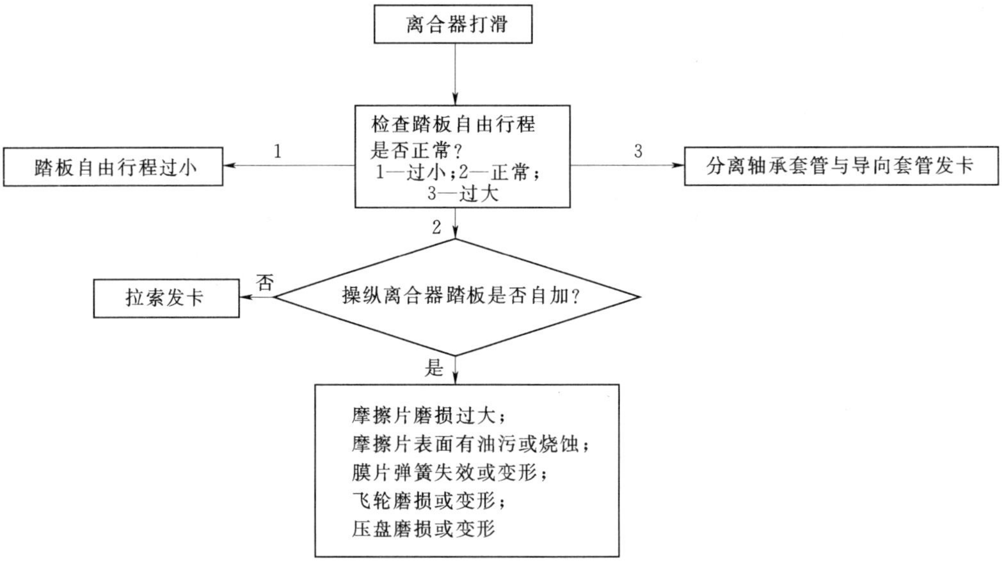

图6.10　离合器打滑常见故障原因的诊断流程

2. 离合器分离不彻底

（1）故障现象。发动机怠速时，完全踩下离合器踏板，却挂挡困难，常伴有齿轮撞击声；或在强行挂挡后，不松开离合器踏板，汽车就猛向前窜或发动机熄火。

（2）故障主要原因及处理方法。离合器分离不彻底的根本原因是离合器踏板踩到底时，压盘离开从动盘的移动量过小，或部件的变形导致压盘与从动盘摩擦片有所接触而不能彻底分离。具体原因主要有：

1）离合器踏板自由行程过大，应予调整。

2）从动盘翘曲，应予更换。

3）压盘变形，应予磨平或更换。

4）摩擦片变形或铆钉松动，应予修理或更换。

5）膜片弹簧断裂或内端因调整不当而不在同一平面内（或分离杠杆变形，内端因调整不当而不在同一平面内），应予更换或调整。

6）操纵机构发卡，应予润滑。

7）液压操纵系统漏油，系统内有空气或油量不足，应予检查，排气或添加液压油等。

(3) 故障诊断方法。

1）检查操纵机构是否卡滞，保证其工作正常。

2）检查踏板自由行程是否正常，若否，调整至规定值。

若故障现象仍然存在，则应拆下离合器壳，检查摩擦片是否破裂或弯曲，拨叉是否断裂，压盘是否弯曲，膜片弹簧是否断裂或内端因调整不当而不在同一平面内（或分离杠杆是否变形，内端是否由于调整不当而不在同一平面内）等。

离合器分离不彻底常见故障原因的诊断流程如图 6.11 所示。

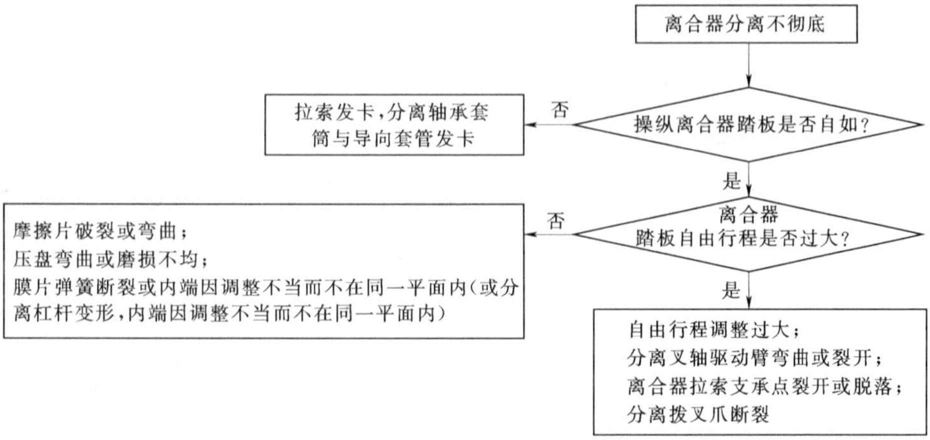

图 6.11　离合器分离不彻底常见故障原因的诊断流程

3. 离合器接合不稳

离合器接合不稳又称为离合器发抖。汽车起步时，松开离合器踏板，车身出现抖动，说明离合器存在接合不稳的故障。

(1) 故障现象。汽车在起步过程中，缓放离合器踏板，轻踩加速踏板，离合器接合时出现抖振。表现为汽车不能平顺起步，伴有冲撞，严重时车身明显抖动。

(2) 故障主要原因及处理方法。离合器接合不稳的根本原因是从动盘摩擦片表面与压盘表面、飞轮接触表面之间的正压力分布不均，在同一平面内的接触时间不同，使得主、从动盘接合不平顺引起发抖。具体原因主要有：

1）操纵机构工作不畅，应予检查排除或润滑。

2）从动盘翘曲，厚度不均或中间花键的配合间隙过大，应予更换。

3）压盘变形，应予更换。

4）离合器盖松动，应予紧固。

5）飞轮端面圆跳动超标，应予更换。

6）膜片弹簧本身弹力不均、断裂或内端因调整不当而不在同一平面内（或分离杠杆变形，内端由于调整不当而不在同一平面内），应予更换或调整。

（3）故障诊断方法。

1）检查发动机支架、变速器与飞轮壳的紧固螺栓、离合器壳的固定螺栓等处是否有松动，排除接合不稳的现象是由它们引起的。

2）检查操纵机构，看有无拉索发卡等现象；若有，需调整、润滑或更换。

若故障仍然存在，则应分解离合器，检查从动盘减振器弹簧是否失效，膜片弹簧（或分离杠杆）内端是否高低不一，压盘是否偏磨或变形，摩擦片铆钉是否松动，分离轴承套筒是否发卡，回位弹簧是否失效，分离叉轴两端支承是否磨损等。

离合器接合不稳常见故障原因的诊断流程如图6.12所示。

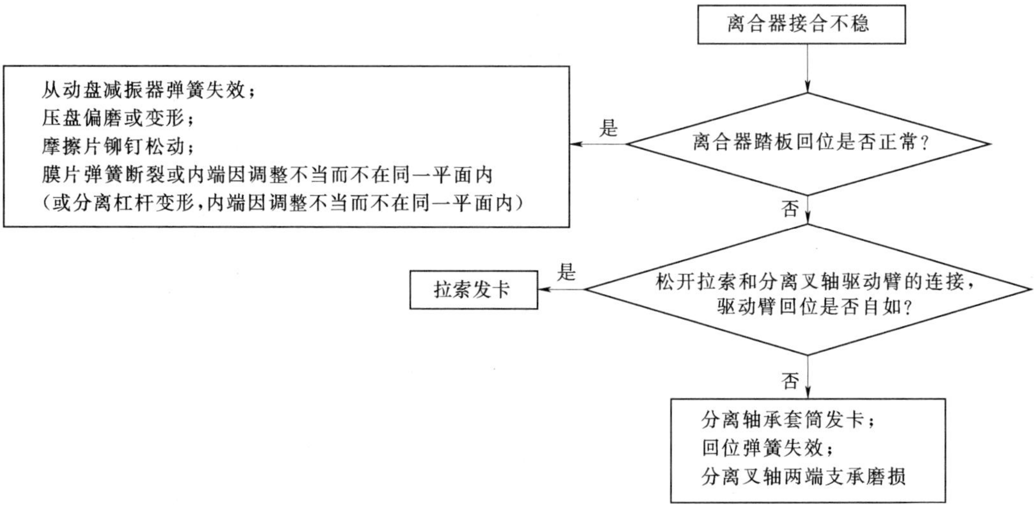

图6.12　离合器接合不稳常见故障原因的诊断流程

4. 离合器异响

（1）故障现象。离合器接合时，或踩下离合器踏板少许，或完全踩下时，离合器发出不正常响声。

（2）故障主要原因及处理方法。造成异响的根本原因在于离合器的部分零件严重磨损及主、从动部件传力部位松旷，离合器接合或分离的瞬间，由于惯性冲击的作用，造成不正常摩擦或撞击而产生异常响声。具体原因主要有：

1）分离轴承缺油或损坏，应予润滑或更换。

2）分离轴承与膜片弹簧（或分离杠杆）内端之间无间隙，应予调整。

3）分离轴承回位弹簧折断，应予更换。

4）摩擦片铆钉外露，应予修理。

5）膜片弹簧破碎，应予更换。

6）踏板自由行程过小，应予调整。

7）从动盘减振器弹簧折断等。

（3）故障诊断方法。

1）连续踩放踏板，确定响声是否由操纵机构引起。

2）启动发动机，让其怠速运转；踩下踏板少许，使分离轴承与膜片弹簧（或分离杠杆）刚刚接触。如果有“沙沙”的响声，说明是分离轴承响。

3）将踏板踩到底，如果有响声，是由于分离轴承不转而与膜片弹簧（或分离杠杆）发生摩擦。

4）离合器刚接触或刚分离时出现响声，则应检查从动盘铆钉头是否露出，分离轴承与膜片弹簧（或分离杠杆）间的间隙是否正常，从动盘减振器弹簧是否折断等。

离合器异响常见故障原因的诊断流程如图 6.13 所示。

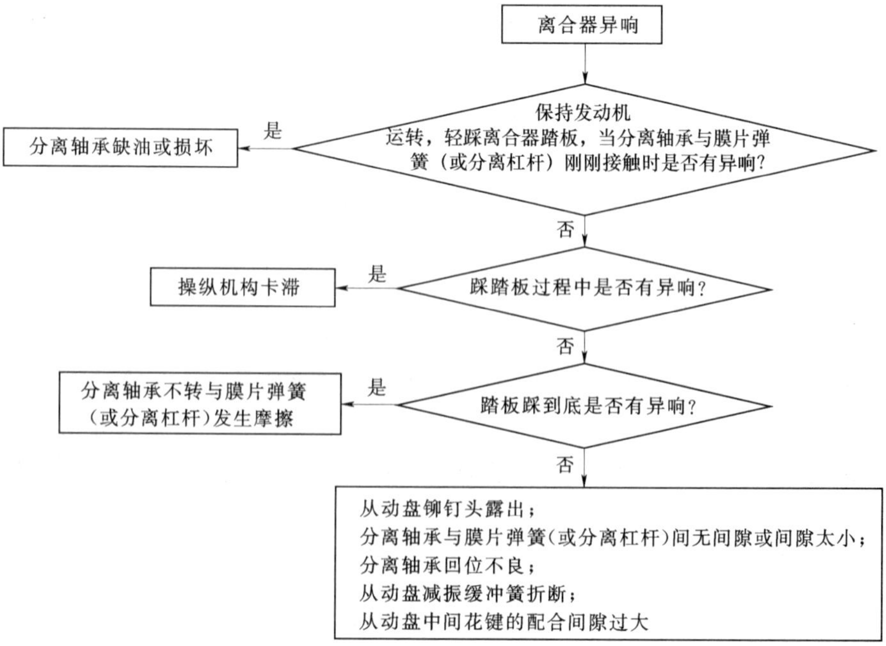

图 6.13 离合器异响常见故障原因的诊断流程

6.3 拓 展 知 识

离合器打滑会使发动机的动力不能有效地传递到驱动轮上，并使离合器磨损加剧、过热、烧焦甚至损坏。使用离合器频闪测定仪可检测离合器是否打滑。

6.3.1 频闪测定仪的结构与工作原理

离合器打滑频闪测定仪主要由透镜、闪光灯、电阻器、电容器、传感器和电源等组成，如图 6.14 所示，电源可采用汽车蓄电池。

该仪器由发动机火花塞的高压电极输入电脉冲信号，火花塞每跳火一次，闪光灯就亮一次，闪光频率与发动机转速成正比。离合器不打滑时，传动轴上设定点会与闪亮点同步动作，传动轴似乎处于不转动状态。否则，轴上设定点转速会滞后于闪亮点动作，而说明离合器存在打滑现象。

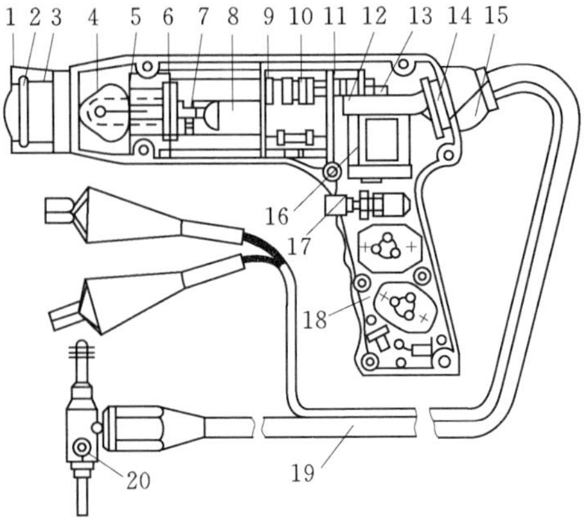

图 6.14　离合器打滑频闪测定仪

1—环；2—透镜；3—框架；4—闪光灯；5—护板；6、9、11、12、18—隔板；7—电阻器；8、10—电容器；13—二极管；14—支持器；15—座套；16—变压器；17—开关；19—导线；20—传感接头

6.3.2　频闪测定仪的使用方法

离合器打滑的检测可以在底盘测功试验台上或车速表试验台上进行，无试验台的可支起驱动轮进行。检测时，在传动轴上作一标记点，变速器应挂入直接挡并踩下加速踏板，使车轮原地运转，必要时可给试验台滚筒增加负荷或使用行车制动器，以增加驱动轮和传动系统的负荷。将闪光灯发出的光亮点投射到传动轴上的标记点。若离合器不打滑，传动轴上的标记点与光亮点同步；若离合器打滑，则传动轴上的标记点与光亮点不同步。

项目7　手动变速箱故障诊断与排除

<table>
<tr><th colspan="4">教　学　准　备</th></tr>
<tr><td>序号</td><td colspan="2">名　　称</td><td>内　　容</td></tr>
<tr><td rowspan="2">1</td><td rowspan="2">学习目标</td><td>知识目标</td><td>掌握手动变速箱的常见故障、故障现象、故障主要原因及处理方法和故障诊断方法，以及维护与修理方法</td></tr>
<tr><td>技能目标</td><td>能够对手动变速箱进行故障判定及诊断、排除</td></tr>
<tr><td>2</td><td colspan="2">教学设计</td><td>在课堂上讲述变速箱故障诊断方法及思路，现场演示变速箱拆卸及安装、检测、故障排除，再将学生分成若干组进行相应的实训操作</td></tr>
<tr><td>3</td><td colspan="2">教学设备</td><td>1. 手动变速箱6台、手动变速箱车辆、拆卸和检测工具数套。
2. 相关的教学教具、录像片和教学挂图</td></tr>
</table>

7.1　手动变速箱维修实训指导

实训目的：掌握手动变速箱的内部结构及拆装步骤、维护与检修方法。

实训设备：桑塔纳变速箱6台，常用量具工具6套，桑塔纳专用拉马。

【案例】　一辆2008款大众新宝来1.6L，行驶里程为12万km，车主反映该车在停车时挂1、2挡很好挂，可是在汽车行驶过程中由1挡换2挡或者由2挡换1挡就会出现换挡困难。

【故障诊断与排除】　该车属于个别挡位行车存在换挡困难。按照故障排除的过程，首先检查变速器操纵机构，杆件无变形和卡滞。然后，拆下变速器盖，检查变速器拨叉、自锁和互锁机构等，发现这些部件技术状况良好。检查变速传动机构，在检测的过程中发现1、2挡同步器同步锥环磨损严重，更换同步锥环，故障排除。

7.1.1　变速器的维护

变速器的维护工作主要是检查润滑油液面高度及密封情况，检查操纵机构，清洁通气孔。

7.1.2　变速器的修理

变速器的修理包括：变速器的拆卸与分解、齿轮的检修、轴承的检修、同步器的检修、变速器的装配等。

以桑塔纳轿车变速器为例，变速器修理作业的具体内容如下。

1. 变速器总成的拆卸

（1）拆下蓄电池的搭铁线，拆下发动机与变速器之间的连接螺栓。

（2）拆下车速表软轴，从离合器分离叉传动臂上拆下离合器拉索。

（3）拆下发动机的中间支架、前排气管和消声器，取下变速器上的倒车灯开关插座，分开传动轴与半轴凸缘。

（4）拆下变速器壳体前下护板与启动机固定螺钉。

（5）拆下换挡杆。

（6）用变速器拆装架轻轻顶住变速器，拆下橡胶座支撑。

（7）拆下变速器悬挂前支架，拆下发动机与变速器下部的连接螺栓，取下变速器总成。

2. 变速器总成的分解

（1）将变速器装到专用修理架上，放掉变速器中的润滑油。拆下变速器后盖，取出调整垫圈和密封垫圈，从后盖中取出内换挡杆和异形弹簧，拉出后油封。

（2）从变速器的后壳体向后慢慢拉动3、4挡拨叉轴，直至小互锁销露出并取下。注意3、4挡拨叉轴不能拉出过长，以免3、4挡同步器滑块脱落，使3、4挡拨叉轴不能回到空挡位置。向后移动1、2挡拨叉轴和倒挡拨叉轴，使变速器同时挂入1挡和倒挡，锁止输入轴。拧下输出轴后轴承固定螺母。

（3）用专用工具顶住输入轴前端，取下输入轴的挡圈和止推垫圈，用拉器拉出输入轴后端轴承。

（4）拆下变速器前、后壳体连接螺栓，并将前、后壳体分开。

（5）取出输入轴总成并分解。冲出3、4挡拨叉与拨叉轴连接的弹性锁销，拉出3、4挡拨叉轴，取出输入轴总成并分解。

（6）压出倒挡齿轮轴，取下倒挡齿轮，拆下倒挡传动臂。

（7）分解输出轴总成。冲出1、2挡拨叉与拨叉轴连接的弹性锁销，压出输出轴总成（压出时注意1、2挡拨叉轴的间隙，以防卡住）并分解。

（8）拆下半轴凸缘固定螺栓，拆下从动圆锥齿轮轴承盖，取下差速器总成。

（9）拆下自锁与互锁装置。拆下锁止装置时，可先在闷头上钻孔并攻丝（M6），拧入螺栓，将其拉出。取出自锁弹簧及止动销，用钢丝钩将导向套筒拉出。

（10）拆下变速杆等部件，分解操纵机构。

3. 变速器的检修

（1）变速器壳体的检修。壳体出现裂纹，各结合面发生明显的翘曲变形或各轴承座孔磨损严重并与轴承的配合松旷时，应更换新件。壳体上各衬套与轴颈的配合间隙超过0.20mm时，应更换新件。启动机衬套更换时，应换用自润滑衬套。

（2）齿轮轴及齿轮的检修。齿轮轴的主要损伤是裂纹、弯曲以及轴颈和花键磨损等。

变速器的输入轴与输出轴不得有裂纹，各轴颈磨损不超过0.03mm，输入轴前花键与离合器从动盘花键毂的配合间隙不得大于0.20mm。与轴制成一体的齿轮应无裂纹和齿面疲劳剥落，腐蚀斑点面积不超过单齿面积的15%，齿厚磨损不大于0.20mm，齿端缺损沿齿长方向不超过1/10，齿端缺损沿齿高方向不超过1/5。主动锥齿轮损伤齿数不多于2个，且不相邻，否则应更换相应的齿轮轴。用百分表检查输入轴与输出轴的径向跳动应不大于0.05mm，否则应更换。

变速器输入轴与输出轴上各圆柱齿轮的检修方法与上述齿轮轴上的齿轮检修方法基本相同，当两齿轮啮合间隙大于 0.45mm 时，应更换齿轮。

（3）轴承的检修。齿轮轴支承轴承内圈与轴径配合间隙大于 0.02mm，滚道出现疲劳剥落及烧蚀现象，输入轴后轴承的轴向、径向间隙过大，轴承空转卡滞或发响时，均应更换新件。各滚针轴承出现断裂、疲劳剥落，轴承磨损使齿轮与轴的配合间隙大于 0.15mm 时，应更换滚针轴承。

（4）同步器的检修。桑塔纳轿车变速器 1、2 挡和 3、4 挡之间均采用惯性锁环式同步器，其主要损伤是锁环内锥面齿圈键齿及滑块配合的 3 个缺口两侧面的磨损。

将锁环压靠到换挡齿轮的锥面上，用手转动锁环应有阻力感。用厚薄规沿圆周方向多点测量，锁环与齿轮端面之间的间隙不应小于 0.50mm。同步器齿圈及滑块磨损严重，滑块弹簧弹力减弱或折断，键齿磨损使接合套与花键齿的配合间隙超过 0.50mm 时，均应更换新件。

4. 变速器操纵机构的检修

（1）检查变速杆、换挡杆及内换挡杆的磨损情况。内换挡轴径磨损严重或其前端销钉轴间宽度磨损超过 0.20mm 时，应换用新件。

（2）检查各连接部位不应松旷，否则应换用新件。

（3）检查换挡拨叉的弯曲、扭曲及拨叉下端的磨损情况，有严重弯曲、扭曲变形或拨叉下端磨损超过 0.20mm，拨叉与拨叉槽的配合间隙超过 0.50mm 时，均应予以更换。

（4）检查拨叉轴的直线度及磨损情况。将拨叉轴放在平板上，用厚薄规检查，直线度应不大于 0.20mm，否则应更换。拨叉轴上定位及互锁凹槽磨损不大于 0.30mm，拨叉轴与壳体的配合间隙不大于 0.20mm，否则更换拨叉轴。

5. 变速器的装配

（1）输出轴总成的组装。

1）将输出轴前轴承及 4 挡齿轮压装到输出轴上（4 挡齿轮凸肩向前）。4 挡齿轮的挡圈与挡圈槽的间隙应尽量小，可选择适当厚度的挡圈来达到，挡圈规格有 2.35mm、2.38mm、2.41mm、2.44mm 和 2.47mm 等 5 种。

2）将 3 挡齿轮加热至 120℃，凸面朝前，压装到输出轴上。

3）选好 3 挡齿轮挡圈，要求挡圈与挡圈槽的间隙尽量小，其厚度规格有 1.50mm 和 1.60mm 两种。

4）装入 2 挡齿轮滚针轴承及 2 挡齿轮。

5）将 1、2 挡同步器花键毂和接合套装到一起，装好滑块及滑块弹簧，并与同步器锁环一起压装到输出轴上。安装时，花键毂有槽的一面及接合套上有拨叉槽的一面向后朝向 1 挡齿轮。安装滑块弹簧时，其开口应错开 120°，弹簧弯曲端必须固定在滑块内。

6）压入 1 挡齿轮滚针轴承内圈，套上 1 挡齿轮滚针轴承及 1 挡齿轮。

7）压入双列圆锥滚子轴承前内圈。

（2）输入轴总成的组装。

1）在输入轴上装好 3 挡齿轮滚针轴承和 3 挡齿轮。组装好 3、4 挡同步器总成，并压装到输入轴上（3、4 挡同步器组装方法及要求与 1、2 挡同步器相同），其花键毂内花键倒角应朝向3挡齿轮。

2）安装好同步器挡圈，将花键毂轻轻回压，使其靠到同步器挡圈上。

3）装入4挡齿轮挡圈。

（3）变速器总成的组装。

1）压入输出轴总成。压入时，要将1、2挡拨叉轴与1、2挡拨叉及输出轴总成一起装入后壳体中，然后压入输出轴后轴承。注意保证1、2挡拨叉轴的活动间隙，必要时可轻轻敲击，以免卡住。

2）安装好1、2挡拨块，用弹性锁销固定。

3）安装倒挡齿轮，压入倒挡齿轮轴和倒挡传动臂。

4）安装输入轴时，拉回3、4挡拨叉轴，直至3、4挡拨叉能够装入滑动齿套为止，将拨叉轴置于空挡位置，并用弹性锁销固定拨叉。

5）放好新的密封环，将输入轴、输出轴及后壳体一起与前壳体连接，连接螺栓力矩为25N·m。

6）压入输入\输出轴后端的向心轴承，轴承的密封面应朝向后壳体。

7）安装3、4挡拨叉轴的互锁销，以100N·m的力矩拧紧输出轴螺母。

（4）安装变速器后盖。

1）压入内换挡杆的后轴承、油封及前轴承。将选好厚度的调整垫片放入变速器后盖中，把异形弹簧放入内换挡杆上。将异形弹簧压紧并一起向内推，直到异形弹簧的另一弯头支撑在后盖和调整垫片上为止。顺时针方向转动内换挡杆，使异形弹簧滑进正确的位置。

2）用2个双头螺栓旋入变速器后壳体的螺孔中，为后盖的安装起导向作用。放好密封垫片，将后盖装到后壳体上，并使内换挡杆的销钉进入3、4挡拨叉轴的切槽内，以25N·m的力矩拧紧后盖与壳体之间的连接螺栓。

6. 变速器操纵机构的检查与调整

（1）检查换挡操纵性能。挂1挡，将变速器杆向左压足，用一个手指将变速杆固定住，然后让其慢慢回弹至压力点。在变速杆手柄处测量弹簧的压缩量应为5～10mm。

（2）变速杆的微调。若弹簧压缩量达不到上述要求，可将变速杆支承总成从侧面推向长方形孔内，对变速器操纵装置进行微调。变速杆支架向右，第一挡弹簧压缩量减少；变速杆支架向左，第一挡弹簧压缩量增加。

（3）变速杆基准调整。变速杆微调达不到目的或在修理过程中松开了换挡杆，应拆下变速杆手柄及防尘罩，使变速控制杆置于空挡位置，松开卡箍。拆下变速杆手柄及防尘罩，使变速控制器罩壳与变速杆支座的中心孔对准后交叉旋紧螺钉。调整后，各挡位应挂挡轻便，无卡滞现象。必要时再作微调。

7. 变速器修理过程中要注意的事项

（1）原则上起自锁作用的螺栓螺母、各纸质衬垫、拨叉与拨叉轴之间连接用的弹性锁销、轴用挡圈、O形橡胶密封圈和油封，经拆检后应予更换。

（2）新油封在装入前应在外圆表面涂一薄层油，在油封刃口之间应填满多用途润滑脂。

（3）结合面在装配时应均匀地涂上薄层密封胶。

（4）对钢制调整垫圈，安装前应仔细检查，并用千分尺做多点测量，以确定厚度；如有损坏（边缘有缺陷、折叠后凹凸不平等）应予更换。

（5）轴与轴承装配时，应在配合面上涂一层润滑油。检查轴承，空转时不应有卡滞的感觉；滚针轴承的滚针如有个别损坏，应予更换。

（6）变速器装车后，应加入润滑油，并检查油平面。检修调整好的变速器，应做到密封良好，操纵机构工作正常，无泄漏（异响、松脱、裂纹），换挡轻便灵活，无换挡困难（跳挡、乱挡、卡挡）现象。

7.2 相关知识

如图7.1所示，变速器的一般构造包括第一轴（又叫输入轴，发动机的动力经离合器后由此轴输入变速器）、第二轴（又叫输出轴，动力由此轴输出）、中间轴、同步器（保证换挡顺利）、拨叉、传动机构等。按传动比的变化方式，可将变速器分为有级式、无级式和综合式3种。

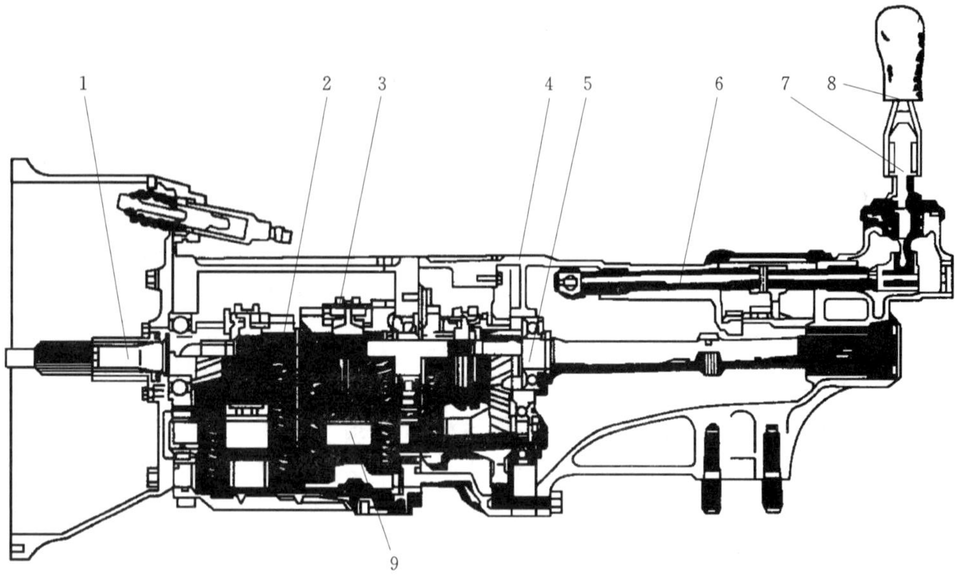

图7.1 变速器及操纵机构的组成

1—第1轴（输入轴）；2—变速器齿轮；3—接合套；4—壳体；5—第2轴（输出轴）；6—变速拉杆；7—变速杆；8—换挡手柄；9—中间轴

这里只介绍有级式变速器中手动变速器的维修。

7.2.1 变速器故障诊断

变速器的常见故障部位主要有：同步器、自锁装置、互锁装置、轴承、花键等。

变速器的常见故障主要包括：变速器换挡困难或挂不上挡、变速器跳挡、变速器乱挡、变速器卡挡、变速器漏油和变速器异响。

1. 变速器换挡困难或挂不上挡

（1）故障现象。变速器不能顺利地挂入挡位，往往伴有齿轮撞击声，或完全不能挂上挡。

（2）故障主要原因及处理方法。造成变速器换挡困难或挂不上挡的根本原因是汽车换挡时待啮合齿的圆周速度不相等，或换挡拨叉移动时的阻力过大。具体原因主要是：

1）离合器调整不当或分离不彻底，应予调整检修。

2）变速杆弯曲变形或操纵机构调整不当，应予调整检修。

3）拨叉轴弯曲变形，与导向孔配合过紧或因缺油锈蚀，应予调整检修。

4）同步器滑块塞堵，应予更换。

5）自锁、互锁装置卡死，应予检修等。

（3）故障诊断方法。换挡手柄的进挡感觉明显而不能顺利换挡，由拨叉的固定销钉脱落造成；没有明显的进挡感觉，则应检查自锁互锁装置是否卡死，换挡操纵机构杆件是否弯曲变形。

换挡时有异响，在排除了离合器分离不彻底的原因后，检查同步器是否损坏，润滑油油量是否充足或质量是否合格。

变速器换挡困难或挂不上挡常见故障原因的诊断流程如图7.2所示。

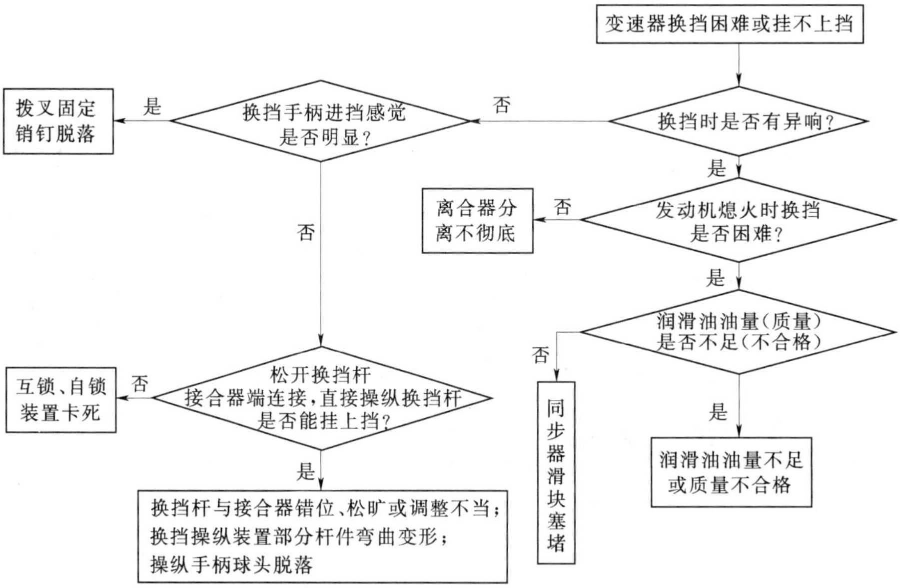

图7.2　变速器换挡困难或挂不上挡常见故障原因的诊断流程

2. 变速器跳挡

（1）故障现象。在汽车行驶过程中，尤其是加速或爬坡时，变速杆自动跳回到空挡位置。

（2）故障主要原因及处理方法。造成变速器跳挡的根本原因是啮合齿轮在传力时产生较大的轴向作用力，从而脱离啮合位置；或啮合齿轮未能全齿长啮合，当载荷突变时导致跳挡。具体原因主要是：

1）操纵装置变形或松旷，应予调整检修。

2）接合器与换挡器连接调整不当，应予调整。

3）拨叉弯曲或磨损，应予修理或更换。

4）自锁装置失效，应予修复或更换。

5）齿轮轴向间隙过大，应予调整。

6）相啮合的齿轮在啮合部位磨损成锥形，应予更换。

7）同步器接合齿圈磨损，应予更换等。

（3）故障诊断方法。检查操纵机构，确定故障是否由于操纵机构杆件变形、松旷或接合器与换挡杆连接调整不当引起。若否，则检查拨叉是否弯曲，自锁装置是否失效，齿轮间隙是否过大，同步器齿圈是否装反等。

变速器跳挡常见故障原因的诊断流程如图 7.3 所示。

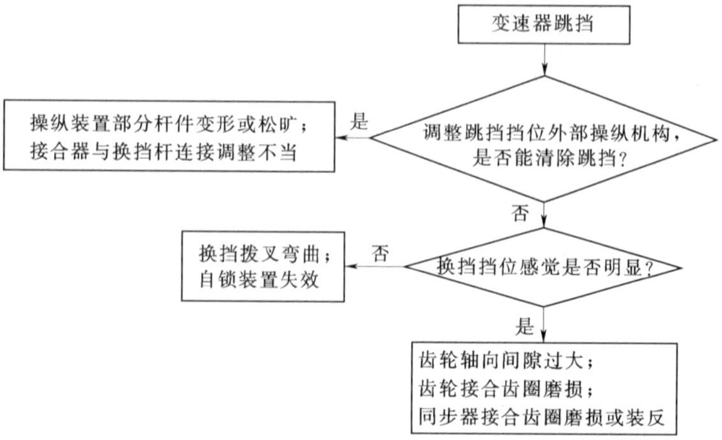

图 7.3　变速器跳挡常见故障原因的诊断流程

3. 变速器乱挡

（1）故障现象。变速器实际挂入的挡位与应该挂入的挡位不符，或原挡未退出仍然能挂上另一个挡。

（2）故障主要原因及处理方法。造成变速器乱挡的原因主要是：

1）操纵机构部分杆件变形或连接松动，应予检修。

2）变速杆下端面磨损过大，造成长度不足，应予更换。

3）互锁装置失效，应予修复。

4）手柄支承球头座松动，应予检修或更换等。

（3）故障诊断方法。检查手柄是否可靠连接，操纵装置的杆件是否有变形或松动现象，否则应检查互锁装置是否漏装或失效等。

变速器乱挡常见故障原因的诊断流程如图 7.4 所示。

4. 变速器卡挡

（1）故障现象。变速器卡在某个挡位，无法回到空挡。

（2）故障主要原因及处理方法。造成变速器卡挡的原因主要是同步器滑块塞堵，拨叉

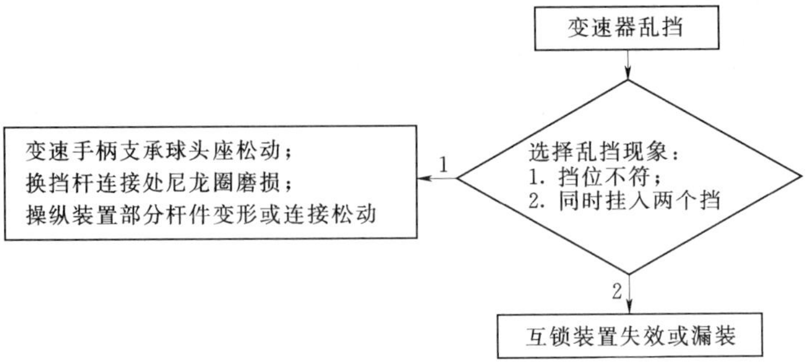

图 7.4 变速器乱挡常见故障原因的诊断流程

轴弯曲卡死等，应视情况予以修理或更换。

（3）故障诊断方法。若换挡手柄操作自如，则是由于一轴后端卡簧脱落或换挡拨叉开口销脱落；若否，则是由于同步器滑块塞堵，接合器变形等。

变速器卡挡常见故障原因的诊断流程如图 7.5 所示。

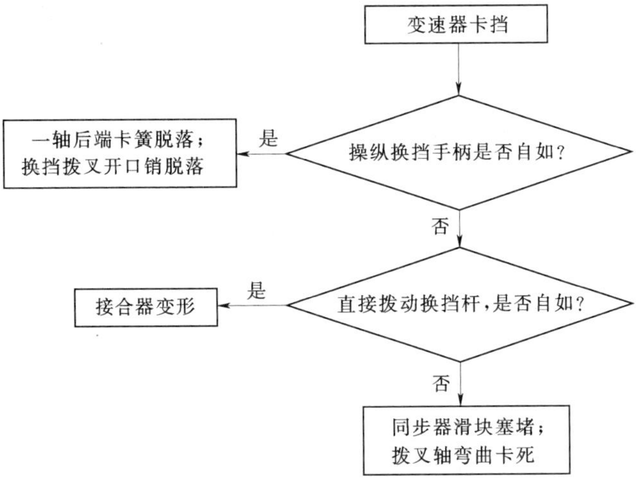

图 7.5 变速器卡挡常见故障原因的诊断流程

5. 变速器漏油

（1）故障现象。变速器内的润滑油从变速器盖、前后轴承盖等处渗漏出来。

（2）故障主要原因及处理方法。造成变速器漏油的原因主要是：

1）润滑油过多，应调整到规定高度。

2）通气孔堵塞，应予清洁。

3）油封损坏，应予更换。

4）接合面变形，应予修理。

5）连接螺栓松动，应予紧固或更换。

6）密封垫或胶失效，应予更换。

7）壳体有裂纹，应予焊补等。

（3）故障诊断方法。检查油平面是否过高，通气孔是否堵塞，油封是否损坏，壳体是否有裂纹等。

变速器漏油常见故障原因的诊断流程如图7.6所示。

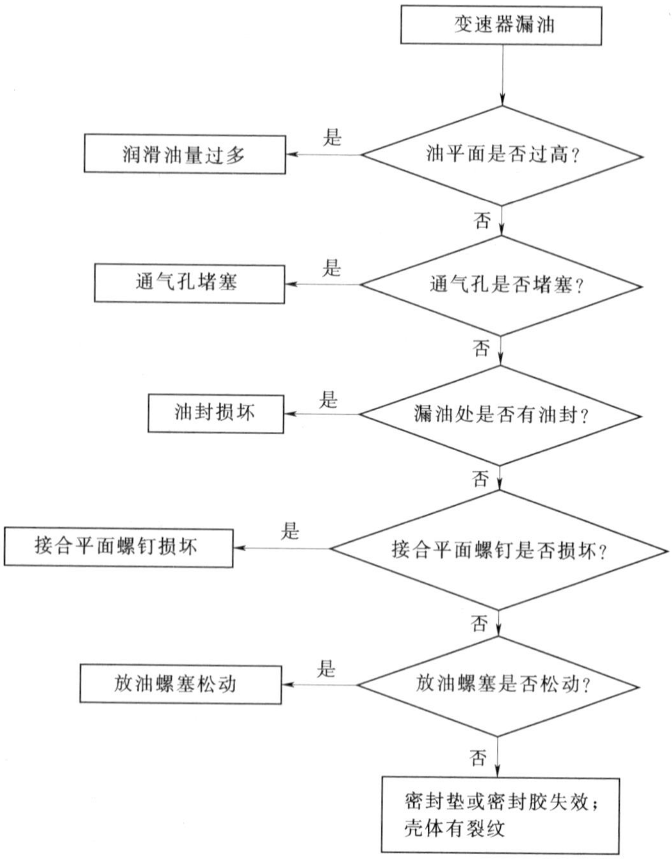

图7.6　变速器漏油常见故障原因的诊断流程

6. 变速器异响

（1）故障现象。变速器在工作过程中发出不正常的响声。

（2）故障主要原因及处理方法。造成变速器异响的根本原因是轴承等因磨损、损坏、润滑不良而造成松旷；齿轮或花键等啮合不正确。具体原因主要是：

1）变速器缺油或润滑油规格不对，应选用正确的润滑油，并调整到规定高度。

2）齿轮轮齿磨损严重，啮合间隙过大，应予更换。

3）齿轮内孔磨损严重，配合松旷，应予更换。

4）齿轮轮齿折断或齿面剥落、缺损，应予更换。

5）齿轮端面跳动超标，应予更换。

6）轴承磨损严重，引起内外圈松动或滚珠（针）碎裂，滚道损坏，应予更换。

7）第一、二轴和中间轴弯曲变形，应予校正或更换。

8）花键过度磨损，应予更换。

9）自锁装置损坏，应予修复。

10）同步器滑块塞堵，应予修复或更换等。

（3）故障诊断方法。检查润滑油油量是否不足或润滑油规格是否不对，若否，按下列的响声特征判断故障：

1）汽车行驶中，变速器在任何挡位均发出无节奏的“呼隆”声，且车速越快响声越大，但在空挡时踩下离合器踏板，响声消失，故障为第一轴轴承响。如果空挡时不响，故障为第二轴或中间轴轴承响。

2）汽车行驶中挂挡时有撞击声，说明同步器或自锁装置损坏。

发动机怠速运转，空挡时有尖锐的金属撞击声。如果响声均匀，则是常啮合齿轮齿面磨损过甚，造成啮合或配合间隙过大；如果响声不均匀，则是常啮合齿轮齿面损伤变形，齿轮折断或齿轮轴变形。

发动机怠速运转，空挡时不响，但挂入其他一些挡位时响。如果响声均匀，是相应挡齿轮齿面磨损过甚，造成啮合或配合间隙过大；如果响声不均匀，是相应挡齿轮齿面损伤变形，齿轮折断或齿轮轴变形。

变速器异响常见故障原因的诊断流程如图7.7所示。

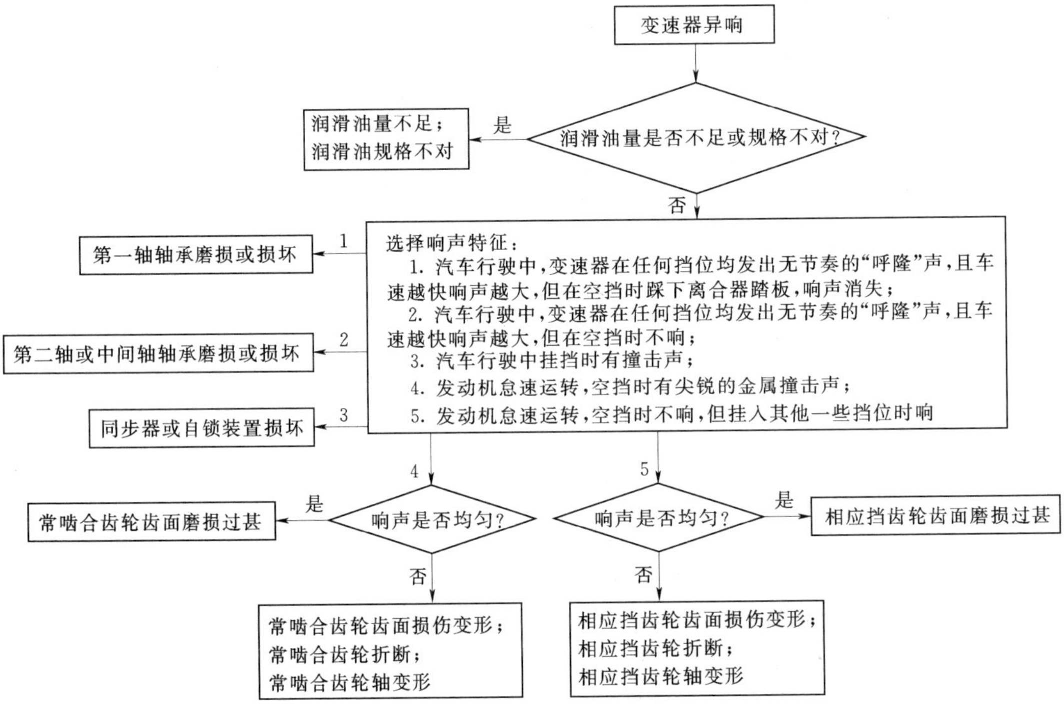

图7.7　变速器异响常见故障原因的诊断流程

项目8　万向传动装置故障诊断与排除

<table>
<tr><td colspan="4">教　学　准　备</td></tr>
<tr><td>序号</td><td colspan="2">名　　称</td><td>内　　容</td></tr>
<tr><td rowspan="2">1</td><td rowspan="2">学习目标</td><td>知识目标</td><td>掌握万向传动装置的常见故障、故障现象、故障主要原因及处理方法和故障诊断方法，以及维护与修理方法</td></tr>
<tr><td>技能目标</td><td>能够对万向传动装置进行故障判定及诊断、排除</td></tr>
<tr><td>2</td><td colspan="2">教学设计</td><td>在课堂上讲述万向传动装置故障诊断方法及思路，现场演示万向传动装置拆卸及安装、检测、故障排除，再将学生分成若干组进行相应的实训操作</td></tr>
<tr><td>3</td><td colspan="2">教学设备</td><td>1. 桑塔纳万向传动装置、东风万向传动装置，拆卸和检测工具数套。
2. 相关的教学教具、录像片和教学挂图</td></tr>
</table>

8.1　万向传动装置维修实训指导

实训目的： 掌握万向传动装置维护及修理，了解万向传动装置元件的结构；

实训设备： 桑塔纳万向传动装置，东风万向传动装置数套，常用工具、量具。

【案例】 一台丰田霸道轿车，行驶里程为18万km，该车在行驶过程中发现加速和减速瞬间底盘有异响。

【故障诊断与排除】 经检查发现传动轴万向节轴承失油磨损严重，更换传动轴万向节，故障排除。

8.1.1　万向传动装置的维护

万向传动装置的维护工作主要是：检查防尘罩、万向节、中间支撑支架和轴承，润滑传动轴、万向节、十字轴和中间支撑轴承，校紧各连接螺栓等。

8.1.2　桑塔纳轿车等角速万向传动装置的修理

1. 传动轴的拆卸

（1）拆下传动轴与轮毂连接螺母。

（2）卸下可移动球形接头与下摇臂的连接螺母，放下下摇臂。

（3）拆下传动轴螺栓，分开凸缘盘与传动轴。

（4）将传动轴拉出。

2. 传动轴的检修

主要内容是检查内外等角速万向节中各部件的磨损情况和装配游动间隙。磨损超准后，一般外伸缩型球笼式等角速万向节可酌情单件更换，内伸缩型球笼式等角速万向节应整体更换。

检查防尘套有无破损或裂纹；若有，应更换。

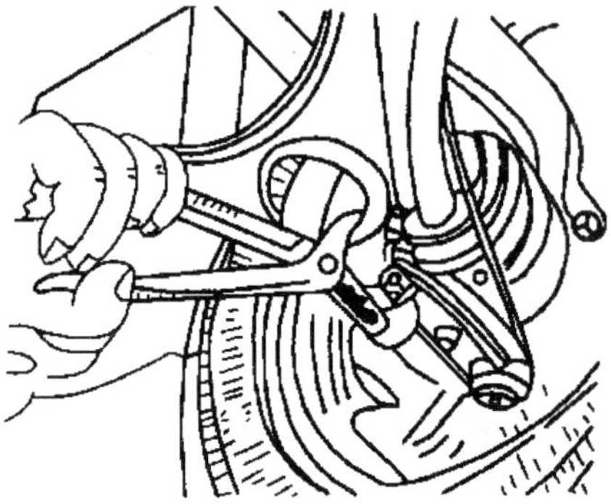

图 8.1　安装球形接头

3. 传动轴的装配

（1）将传动轴与轮毂花键上的油污擦净，涂上清洁的润滑脂。

（2）按拆下的相反顺序安装传动轴。

（3）按图 8.1 所示重新安装球形接头，并拧紧紧固螺母。

8.1.3　东风 EQ1092 汽车万向传动装置的修理

1. 万向传动装置的拆卸

（1）用三角木垫好车轮，将变速器置于空挡，放松驻车制动手柄。

（2）在传动轴各连接件之间做好装配记号，拆下滑动叉防尘罩卡箍。

（3）拆下后传动轴与主减速器凸缘的连接螺栓，取下后传动轴。

（4）拆下中间支撑与横梁的固定螺栓及中间传动轴与驻车制动器制动毂的连接螺栓，取下中间传动轴。

2. 万向传动装置的检修

（1）十字轴轴颈应无金属剥落，滚针压痕深度不大于 0.10mm，轴承径向间隙不大于 0.25mm，轴承壳上不得有裂纹，否则应更换新件。

（2）用百分表检查传动轴花键与花键套的配合间隙，若超过 0.30mm 应更换新件。

（3）检查传动轴弯曲量，小于 5mm 时用冷压校正，大于 5mm 时用加热校正或更换新件。

（4）中间支撑的轴承间隙应小于 0.50mm，否则应更换新件。

3. 传动轴的装配

按拆卸的相反次序进行，注意对准原来的装配记号。按规定拧紧力矩紧固固定螺母，并对中间支撑轴承、十字轴等处进行润滑。

检修调整好的万向传动装置，应做到：装配尺寸正确，防尘罩无裂纹（损坏），卡箍可靠，中间支撑无松动，轴承间隙正常，万向节无松旷（卡滞、异响）。

8.2　相 关 知 识

万向传动装置一般由传动轴和万向节组成，如图 8.2 所示。

万向传动装置的常见故障部位主要有：传动轴平衡块、传动轴套管、花键、中间支承等。

万向传动装置的常见故障是万向传动装置异响。根据其响声的部位可分为万向节响、传动轴响和中间支承响。

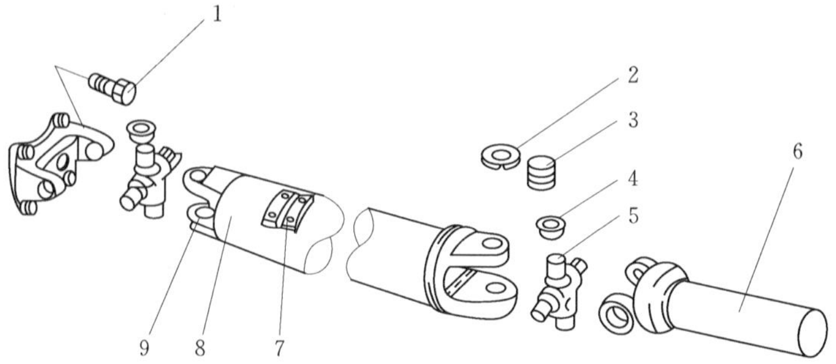

图 8.2 传动轴的组成

1—螺栓；2—卡环；3—轴承；4—油封；5—十字轴；6—滑动叉；
7—平衡片；8—套管；9—万向节叉

1. 故障现象

万向传动装置在汽车行驶过程中发出不同的响声。

2. 故障主要原因及处理方法

万向传动装置发出异响的根本原因是万向传动装置的连接处磨损松旷，装配不当，或传动轴弯曲等原因造成动平衡破坏，当传递较大的转矩和受到剧烈的冲击时产生异响。具体主要原因及处理方法如下：

（1）万向节套筒与万向节叉孔磨损松旷，应予更换。

（2）万向节叉凸缘盘连接螺栓松动，应予紧固或更换。

（3）传动轴伸缩节花键因磨损和冲击造成松旷，应予更换。

（4）传动轴弯曲，应予校正。

（5）传动轴上的平衡片失落或套管凹陷，应重新做动平衡。

（6）传动轴套管与万向节叉或伸缩节花键轴焊接时位置歪斜或焊接后传动轴未进行动平衡，应予更换或做动平衡。

（7）伸缩节未按标记安装，应按记号装配。

（8）中间支承固定螺栓松动，应予紧固或更换。

（9）中间支承固定位置不正确，应按正确位置固定。

（10）中间支承滚动轴承润滑不良，滚道表面有麻点、凹痕、退火变色等损伤，应予润滑或更换。

（11）中间支承橡胶圆环垫破损，应予更换等。

3. 故障诊断方法

在汽车起步或突然改变车速时，传动装置发出“抗”的一声；当汽车缓慢行驶时，传动装置发出“呱啦、呱啦”的响声，说明是万向节响。

汽车行驶中发出周期性的响声，速度越快时响声越大，严重时车身发生抖振，甚至握转向盘的手有麻木感，说明是传动轴弯曲引起的响声。

汽车行驶中产生一种连续的“呜呜”的响声，车速越快响声越大，说明是中间支承响。

按照故障响声的部位，结合如图8.3所示的万向传动装置异响常见故障原因的诊断流程查找故障。

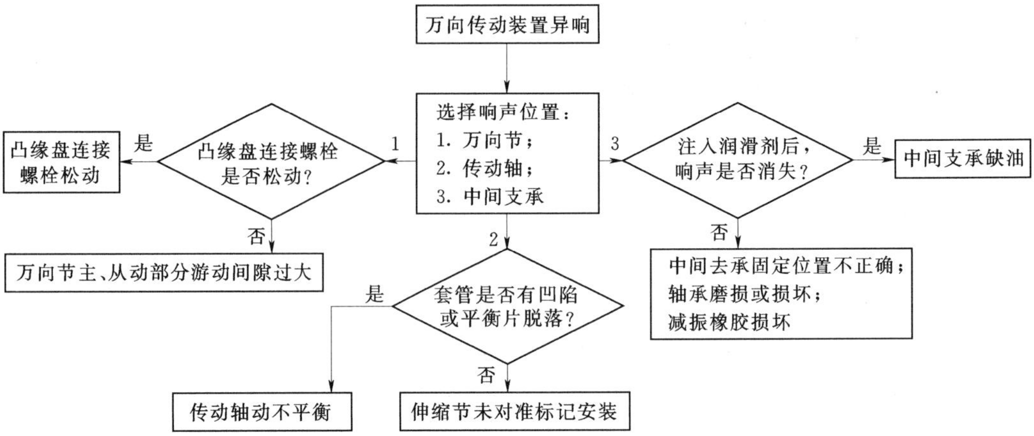

图8.3　万向传动装置异响常见故障原因的诊断流程

万向传动装置还可能发生振动，引起的主要原因是：

（1）车轮或轮胎动不平衡。

（2）传动轴平衡片脱落。

（3）汽车超载。

（4）传动轴或万向节的运转角改变。

（5）发动机、变速器或传动轴橡胶支承件失效等。

项目 9　驱动桥故障诊断与排除

教　学　准　备			
序号	名　　称		内　　容
1	学习目标	知识目标	掌握驱动桥的常见故障、故障现象、故障成因分析和处理方法，以及维护与修理方法
		技能目标	能够对驱动桥进行故障判定及诊断、排除
2	教学设计		在课堂上讲述驱动桥故障诊断方法及思路，现场演示驱动桥拆卸及安装、检测、故障排除，再将学生分成若干组进行相应的实训操作
3	教学设备		1. 桑塔纳前桥、拆卸和检测工具数套。 2. 相关的教学教具、录像片和教学挂图

9.1　驱动桥维修实训指导

实训目的： 掌握驱动桥的维护、修理，会按步骤对驱动桥拆装，会检测驱动桥零件。

实训设备： 桑塔纳前桥数套，常用工具、量具数套。

【案例】 林肯城市轿车，行驶里程为 26 万 km。该车在行驶到 80km/h 以上底盘有“嗡、嗡”响声，车速越高响声越大。

【故障诊断与排除】 该车为后桥驱动，拆下后桥检查发现所有滚动轴承的滚柱和轨道有明显的点蚀现象。更换所有轴承，故障排除。

9.1.1　驱动桥的维护

驱动桥的维护工作主要是检查润滑油量、检查外壳有无变形或裂纹、检查齿轮间隙是否正常等。

9.1.2　桑塔纳前驱动桥主减速器、差速器的修理

1. 拆卸与分解

（1）拆下半轴及差速器轴承盖固定螺栓，从变速器壳体上取下半轴、主减速器轴承盖及差速器总成。

（2）拆下行星齿轮轴锁销，取出行星齿轮轴，转动半轴齿轮，将行星齿轮从差速器壳体中取出，然后拆下半轴齿轮及复合止推垫圈。

（3）用拉器从差速器壳体上拉出车速表驱动齿轮、差速器轴承及变速器壳体和差速器轴承上的轴承外圈。

（4）拆下差速器壳体与从动圆锥齿轮的连接螺栓，并将其从差速器壳体上压出。

2. 检修

（1）检查车速表驱动齿轮有无损坏，与轴颈的配合有无松动，否则更换车速表驱动齿

轮。差速器轴承出现烧蚀，金属剥落，轴承外圈与壳体配合松动时，应更换轴承。

(2) 检查主、从动圆锥齿轮工作面有无明显的金属剥落，从动齿轮端面摆差应不超过0.05mm，否则应成对更换齿轮。

(3) 行星齿轮磨损量不大于0.20mm，齿轮背面不得有明显的磨损沟槽，否则应更换新件。

(4) 行星齿轮轴与行星齿轮内孔配合不大于0.40mm，与差速器壳体支承孔配合松动时应更换行星齿轮轴。

(5) 行星齿轮与半轴齿轮配合间隙为0.05～0.20mm，否则应更换复合止推垫圈。

3. 差速器总成的装配

(1) 将差速器轴承外圈及1.20mm厚的调整垫圈压入变速器壳体的支承孔中，另一轴承外圈压入差速器轴承盖的支承孔中。

(2) 将半轴油封压入差速器轴承盖的支承孔中。

(3) 将从动圆锥齿轮加热到100℃左右，装到差速器壳体上，并用螺栓以70N·m的力矩对称固定。然后检查从动圆锥齿轮的端面摆动量，应符合要求。

(4) 将差速器的2个支承轴承加热到100℃左右，分别压入差速器壳两端的轴颈上，然后装入车速表驱动齿轮，压入深度1.40mm（可用一厚度为1.40mm的垫圈放在锁紧套筒上并下压，压至与锁紧套筒相平时，即可保证车速表驱动齿轮的安装位置）。

(5) 将复合止推垫圈涂上齿轮油装入差速器壳内。

(6) 安装半轴齿轮，并用六角螺栓拧紧。

(7) 将两个行星齿轮错开180°，转动半轴，使其向内摆动，直至其轴孔与复合止推垫圈及差速器壳上的行星齿轮轴孔对齐，推入行星齿轮轴，并用锁销或轴用弹性挡圈锁止。检查半轴齿轮与行星齿轮间隙是否符合要求；否则，应更换止推垫圈。

(8) 将差速器总成装入变速器壳体内，装好差速器轴承盖，并将车速表从动齿轮安装到差速器轴承盖上。

4. 主减速器及差速器的调整

主减速器及差速器的调整包括差速器轴承预紧度调整以及主、从动齿轮啮合间隙和接触面积的调整。这些调整均是通过增减调整垫圈的厚度S_1、S_2、S_3来实现的。调整垫圈的位置如图9.1所示。

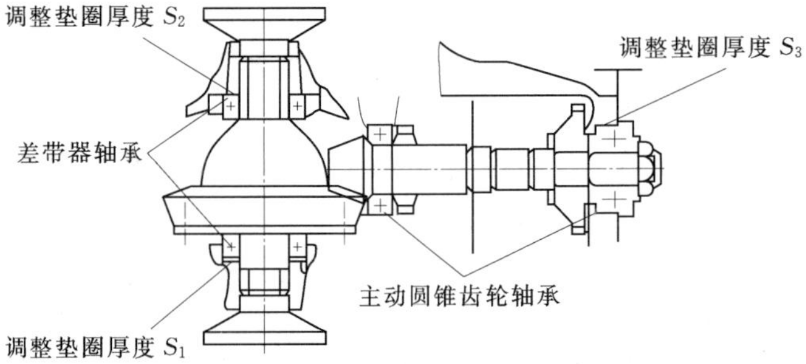

图9.1　调整垫圈的位置

S_1、S_2—从动圆锥齿轮调整垫圈厚度；S_3—主动圆锥齿轮调整垫圈厚度主减速器齿轮啮合正确时，啮合印痕在长度方向上应靠近大端，上下方向上靠近齿根，印痕面积不少于全齿面积的75%。啮合印痕在被动齿轮的大端时，将被动齿轮向主动齿轮靠拢，如果因此使齿轮间隙变小，可将主动齿轮向外移动；啮合印痕在被动齿轮的小端时，将被动齿轮移离主动齿轮，如果因此使齿轮间隙变大，可将主动齿轮向内移动；啮合印痕在被动齿轮的齿顶时，将主动齿轮向被动齿轮靠拢，如果因此使齿轮间隙变小，可将被动齿轮向外移动；啮合印痕在被动齿轮的齿根时，把主动齿轮移离被动齿轮，如果因此使齿轮间隙变大，可将被动齿轮向内移动。

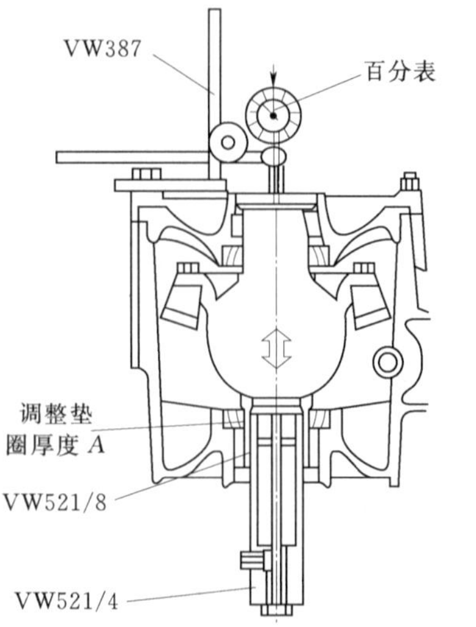

图 9.2 测量 S_1、S_2 的方法

（1）差速器轴承预紧度的调整。调整垫圈总厚度 $S_{总}=S_1+S_2$。其中 S_2 为已装入的差速器轴承外圈与壳体间的垫圈厚度，为1.20mm。

1）按图9.2所示的测量 S_1、S_2 的方法装好百分表，在差速器轴颈内孔装好夹紧套筒VW521/4和套筒VW521/8，将夹紧套筒中心螺栓拧紧。

2）按箭头方向上下移动夹紧套筒，使差速器总成轴向移动，读出百分表摆动数值（例如摆动量为0.30mm）。

3）对测试值加上一个常数（即预紧力，一般取常数为0.40mm），使之达到规定的轴承预紧度。则垫圈总厚度 $S_{总}=0.30+0.40+1.20\text{mm}=1.90\text{mm}$。除去已装入的垫圈 S_2（1.20mm），求出实际应加垫圈厚度为0.70mm。

4）拆下差速器轴承盖，压出盖上的轴承外圈，放入厚度为0.70mm的垫圈；压入轴承外圈，装好差速器轴承盖。

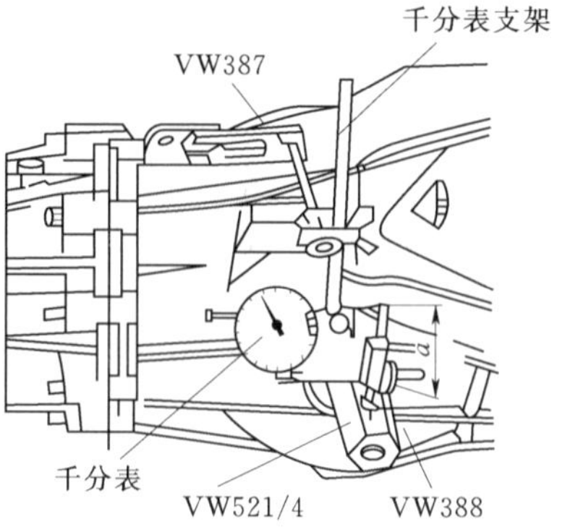

图 9.3 主从动圆锥齿轮啮合间隙的测量

（2）主、从动圆锥齿轮啮合间隙的调整。

1）将厚度为 S_3 的调整垫圈与主动圆锥齿轮轴一起装好，将厚度为 S_1、S_2 的调整垫圈安装到位，拧紧差速器轴承盖固定螺栓。

2）安装差速器夹具VW521/4及千分尺支架VW387，测量主、从动圆锥齿轮啮合间隙，如图9.3所示。

3）安装测量工具。使用千分表加长套管VW388，并调整至尺寸 $a=71\text{mm}$，使千分表测头与VW388垂直。

4）安装夹具VW381/11或自制一个类似的压板，用2个M8×50的螺栓旋紧，并使其与主动圆锥齿轮轴成直角。

5）调整千分表，使其有一定的预压量。转动表盘，使表面指针回到零位。

6）转动从动圆锥齿轮，读出千分表的摆差即为主、从动齿轮啮合间隙，做好记录。

7）旋松差速器夹紧套筒及主动圆锥齿轮上的压板，转动从动圆锥齿轮，每隔90°测量一次，并计算出所测的沿圆周均匀分布的4处啮合间隙的平均值（如果每次千分表支架测得的偏差超过0.05mm时，要复查装配情况或更换主、从动齿轮）。

8）计算调整垫圈的厚度S_1、S_2。

$$S_2=\text{现装垫圈厚度}(1.20\text{mm})-\text{啮合间隙的平均值}+\text{标准啮合间隙}$$

标准啮合间隙为0.15mm，设每次测量的啮合平均值为0.47mm，则$S_2=1.20-0.47+0.15=0.88$mm，查表9.1得出$S_2=0.9$mm，$S_1=S_{总}-S_2=1.90-0.90=1.00$mm。

9）按求出的厚度值装入相应的垫圈，重新测量啮合间隙在0.10～0.20mm之间；不符合要求时，应重新调整。

表9.1　调整垫圈的厚度　　单位：mm

S_1、S_2	0.15、0.20、0.30、0.40、0.50、0.60、0.70、0.80、0.90、1.00、1.20
S_3	0.15、0.20、0.25、0.30、0.40、0.50、0.60、0.70、0.80、0.90、1.10、1.20

9.1.3　桑塔纳前驱动桥其他部件的修理

1．驱动桥壳的修理

驱动桥壳或差速器壳常见的损伤有：桥壳变形、裂纹或断裂。桥壳变形后，会影响主、从动齿轮啮合关系，并伴以异响。检测时可利用目测、敲击、磁力探伤或染色试验检查，必要时进行校正、焊补修复或更换新件。

检查有无变形、裂纹甚至断裂。

半轴套管支承孔的同轴度不大于0.10mm，外轴径的径向跳动不大于0.10mm。

两半轴端头中心位置应对正，中心之差不大于0.75mm。

2．半轴套管的修理

半轴套管端头螺纹损伤不多于2牙。与桥壳的过渡处出现裂纹，应更换半轴套管。与轴承的配合松旷时，应更换半轴套管或轴承。

3．半轴的修理

半轴由于在使用中受到扭矩和冲击力的作用，可能导致弯曲、扭曲断裂或键齿损坏等故障，这类故障将对行车带来极大的危险。所以一旦发现，应及时检修或更换。检修时可利用千分表或目测法进行检测。

花键根部及凸缘的过渡圆角出现裂纹，应更换半轴。花键外圆柱面径向跳动不大于0.25mm，凸缘内侧端面圆跳动度误差不大于0.15mm。

检修调整好的驱动桥，应无变形、裂纹、泄漏、异响、松动、过热等现象。

9.2　相　关　知　识

后轮驱动汽车的后桥是驱动桥，主要包括主减速器、差速器、半轴、驱动桥壳等，如图9.4所示。

驱动桥的常见故障部位主要有：行星齿轮与十字轴、轴承、花键、调整垫片、齿

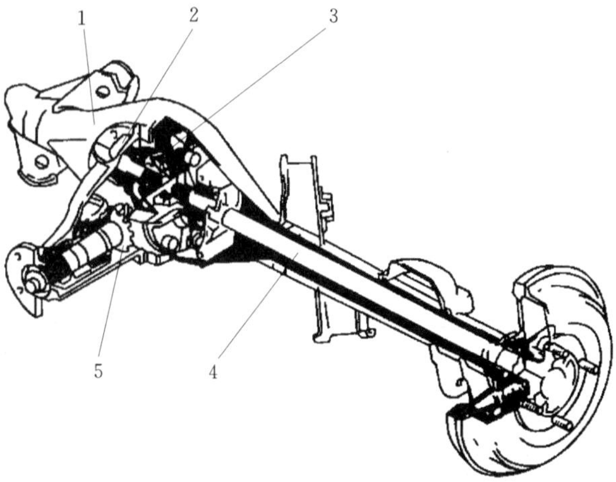

图 9.4 后驱动桥主要构造

1—驱动桥壳；2—差速器壳；3—差速器；4—半轴；5—主减速器

轮等。

驱动桥的常见故障主要包括：驱动桥异响、驱动桥过热和驱动桥漏油。

1. 驱动桥异响

（1）故障现象。驱动桥在汽车不同的行驶工况下发出非正常响声。

（2）故障主要原因及处理方法。造成驱动桥异响的根本原因是驱动桥的传动部件磨损松旷，调整不当或润滑不良，当承受较大的动载荷时，发出不正常的响声。具体主要原因及处理方法如下：

1）主减速器主、从动齿轮，行星齿轮和半轴齿轮等啮合间隙过大或过小，应予调整。

2）半轴齿轮与半轴的花键配合、差速器壳与十字轴配合、行星齿轮孔与十字轴配合松旷，应予调整。

3）主、从动齿轮印痕不符合要求，应予调整。

4）主、从动齿轮，行星齿轮和半轴齿轮的齿面磨损严重，轮齿折断、变形或未成对更换，应予更换。

5）润滑油量不足，牌号不符，变质或有杂物，应更换正确的润滑油，并调整到规定高度。

6）圆锥滚子轴承预紧度调整不当，应予调整。

7）驱动桥壳体、主动齿轮紧固螺母或从动齿轮连接螺钉松动，应予紧固或更换等。

（3）故障诊断方法。随着汽车行驶工况的不同，驱动桥的异响也不同：汽车行驶时驱动桥发出较大响声，而当滑行或低速行驶时响声减弱，甚至消失；汽车行驶、滑行时驱动桥均发出较大的响声；汽车转弯行驶时驱动桥发出较大的声音，而直线行驶时响声明显减弱或消失；汽车起步或突然改变车速时驱动桥发出“铿”的一声。

根据异响的规律，结合如图 9.5 所示的驱动桥异响常见故障原因的诊断流程找出故障。

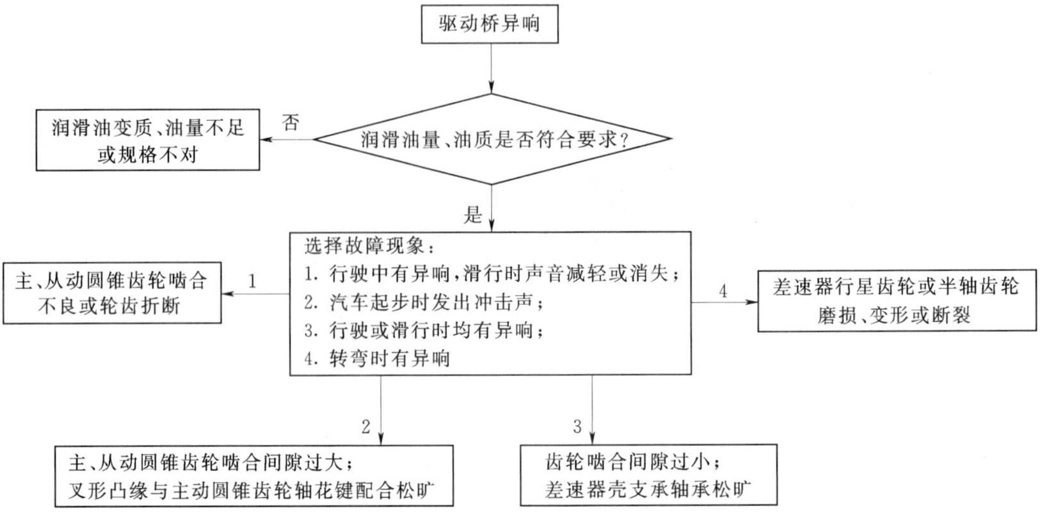

图9.5　驱动桥异响常见故障原因的诊断流程

2. 驱动桥过热

(1) 故障现象。汽车行驶一定里程后，用手触摸驱动桥壳中部，有无法忍受的烫手感觉。

(2) 故障主要原因及处理方法。引起驱动桥过热的根本原因是驱动桥工作时摩擦阻力过大。具体主要原因及处理方法如下：

1) 圆锥滚子轴承预紧度调整过大，应予调整。

2) 润滑油量不足、变质或牌号不符合要求，应更换正确的润滑油，并调整到规定高度。

3) 主减速器、差速器各齿轮的啮合间隙太小，应予调整。

4) 止推垫片与主减速器背面间隙太小，应予调整或更换等。

(3) 故障诊断方法。按照过热部位的不同，结合如图9.6所示的驱动桥过热常见故障原因的诊断流程找出故障。

3. 驱动桥漏油

(1) 故障现象。在驱动桥加油口螺塞、放油口螺塞、油封处或各结合面衬垫处，出现明显的漏油痕迹。

(2) 故障主要原因及处理方法。造成驱动桥漏油的主要原因及处理方法如下：

1) 油封安装位置不正确、装反或油封本身磨损、硬化、破裂，应予调整或更换。

2) 结合面加工粗糙或变形，应予磨平。

3) 结合面密封垫片太薄、硬化或损坏，应予更换。

4) 结合面紧固螺钉松动，应予紧固或更换。

5) 通气孔堵塞或加油口、放油口螺塞松动，应予清洁、紧固或更换。

6) 桥壳有铸造缺陷或裂纹，应予焊补等。

(3) 故障诊断方法。参见变速器漏油故障的诊断方法。

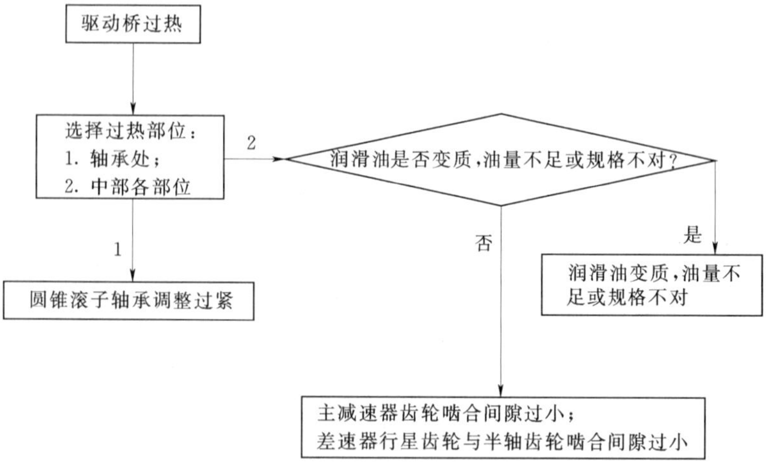

图 9.6 驱动桥过热常见故障原因的诊断流程

9.3 拓 展 知 识

传动系统的常用诊断参数有：游动角度（°）、机械传动效率（%）、功率损失（kW）、振动和异响，其他还包括总成工作温度（℃）、滑行距离（m）和噪声（dB）等。机械传动效率和功率损失可由对驱动车轮输出功率或驱动力的检测，即通常所说的底盘测功得出（轿车的传动效率一般不低于90%～92%）。底盘测功在滚筒式试验台上进行，该试验台通常称为底盘测功试验台或底盘测功机。

传动系统中离合器、万向传动装置、变速器等部件的传动部位存在正常的间隙；将这些间隙累加，以角度表示，即为传动系统游动角度。如果传动部位磨损过大，会产生过大的间隙，结果造成传动系统抖振和异响，使传动系统工作条件恶化，传动效率降低，零件异常磨损。传动系统的游动角度是评价传动系统技术状况的综合性诊断参数。

传动系统的游动角度是否正常可采用用手转动或晃动传动轴的方法凭经验判断，但并不准确，而且很难判断故障的部位。因此，常使用数字式游动角度检测仪或指针式游动角度检测仪来进行检测。

1. 游动角度检测仪

（1）数字式游动角度检测仪。数字式游动角度检测仪使用直流12V电源，检测范围为0°～30°，由倾角传感器和测量仪两部分组成。倾角传感器将外壳随传动轴转动的角度转换为相应频率的电振荡，输入主计数器，处理后的结果送入寄存器，并在数码管上显示出来。

检测时，测出被测部件两个极限位置的倾角读数，两者的差即为该部件的游动角度。

（2）指针式游动角度检测仪。指针式游动角度检测仪由指针、刻度盘和测量扳手组成，如图9.7所示。检测时，将指针固定在传动轴上，与传动轴同步转动。用扳手扳转传动轴（扳手上的刻度显示施加的转矩大小），从一个极限位置转到另一个极限位置，指针在刻度盘上转过一定的角度，该角度即为所测部件的游动角度。

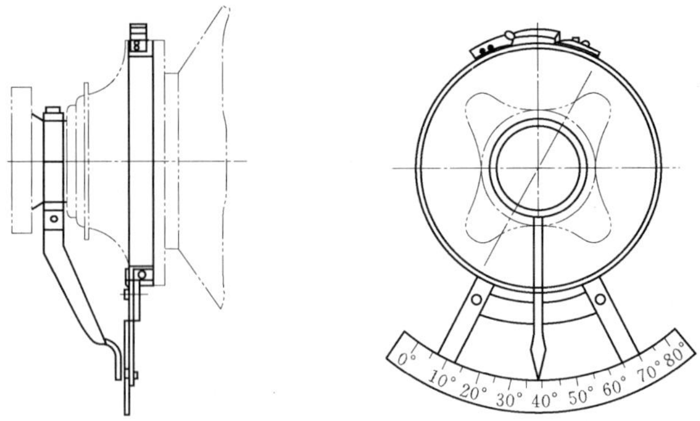

(a)指针与刻度盘的安装

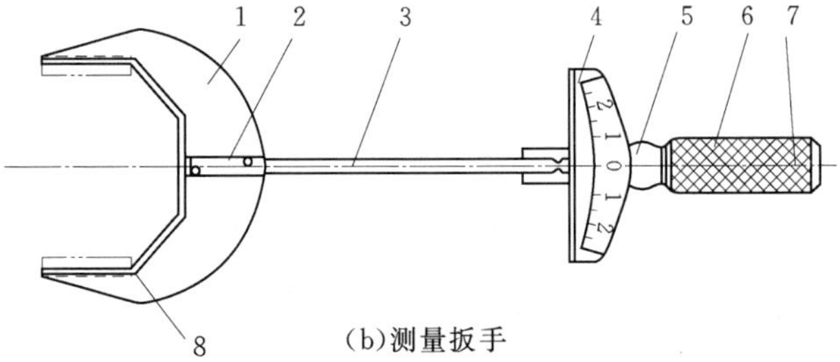

(b)测量扳手

图 9.7　指针式游动角度检测仪

1—卡嘴；2—指针座；3—指针；4—刻度盘；5—手柄；6—手柄套筒；
7—定位销；8—可换钳口

2. *检测方法*

下面以数字式游动角度检测仪为例，介绍它的检测方法（指针式游动角度检测仪的检测方法与之相似）。

首先，将倾角传感器固定在传动轴上，支起驱动桥。

(1) 万向传动装置游动角度的检测。拉紧驻车制动手柄，左、右旋转传动轴至极限位置，测量仪便显示出固定在传动轴上的传感器所对应的两个极限位置的倾斜角度，两角度的差值即为万向传动装置的游动角度。

该角度不包括传动轴与驱动桥之间的万向节的游动角度。

(2) 离合器和变速器各挡位游动角度的检测松开驻车制动，将变速器挂入选定挡位，放松离合器踏板，左、右旋转传动轴至极限位置，测量仪便显示出传感器的倾斜角度；求出两极限位置倾斜角度的差值，便得到该挡位下的游动角度。该游动角度减去已测得的万向传动装置的游动角度，即为离合器与变速器在该挡位下的游动角度之和。

按同样的方法，依次挂入变速器其他挡位，可以测得离合器与变速器在各挡位下的游动角度。

(3) 驱动桥游动角度的检测。将变速器置空挡，踩下制动踏板不让驱动轮旋转，左、右旋转传动轴至极限位置，即可测得驱动桥的游动角度。该角度包括传动轴与驱动桥之间万向节的游动角度。

将上述 3 个游动角度相加，它们的和即为传动系统的游动角度。

3. 诊断方法

各部件的游动角度超过最大值，说明该部件传动配合部分因磨损或装配不当形成了较大的间隙。整个传动系统的游动角度也不能超过最大值，如对于中型货车，一般不超过 65°～86°。

项目 10　行驶系统故障诊断与排除

<table>
<tr><th colspan="4">教　学　准　备</th></tr>
<tr><td>序号</td><td colspan="2">名　　称</td><td>内　　容</td></tr>
<tr><td rowspan="2">1</td><td rowspan="2">学习目标</td><td>知识目标</td><td>掌握行驶系统的常见故障、故障现象、故障成因分析及处理方法，以及维护与修理方法</td></tr>
<tr><td>技能目标</td><td>能够对行驶系统进行故障判定、检测及排除</td></tr>
<tr><td>2</td><td colspan="2">教学设计</td><td>在课堂上讲述行驶系统故障诊断方法及思路，现场演示轮胎拆卸及安装、故障检测、故障排除，再将学生分成若干组进行相应的实训操作</td></tr>
<tr><td>3</td><td colspan="2">教学设备</td><td>1. 车辆、轮胎、拆卸和检测工具数套。
2. 相关的教学教具、录像片和教学挂图</td></tr>
</table>

10.1　行驶系统维修实训指导

实训目的：掌握行驶系统各部件的维护修理，会对各部件进行检测并判定。

实训设备：车架、车桥、轮胎、悬架数套，常用工具、量具数套，四轮定位仪、扒胎机及轮胎动平衡机 1 台。

【案例】 一辆宝来轿车，累计行驶 18 万 km，以 80km/h 时速行驶时出现方向盘抖动现象。

【故障诊断与排除】 左右转动转向盘，自由行程正常；进一步检查转向传动机构，未发现传动间隙过大的现象。据此，基本排除该现象由转向系统故障引起。用千斤顶顶起车身前部，在转向轮离开地面的过程中，车轮底部明显向汽车垂直中心（向内）逐步移动。用手将车轮底部反复向内外扳动，发现前悬架下摆臂与发动机横梁处产生松旷。经查，该处衬套已严重磨损。该车前桥采用麦弗逊式独立悬架，此处磨损后产生过大的间隙，使车轮外倾角发生了变化。更换衬套压故障排除。

10.1.1　车架的维修

1. 车架的常见损坏现象

（1）车架弯曲或扭曲变形、断裂。

（2）铆钉松动或被剪断。

（3）部件脱焊或被撕裂。

（4）表面涂层损坏等。

2. 引起上述现象的主要原因

（1）汽车超载或动载荷过大。

（2）交通事故中造成损坏。

（3）剧烈颠簸等。

3. 车架检修作业的主要内容

（1）表面涂层修复。

（2）尺寸校正。

（3）焊补或更换铆钉等。

车架尺寸的失准，会造成底盘各主要部件的相对位置发生变化，甚至影响到传动效率、非正常磨损乃至汽车寿命和行车安全。因此，上述作业中主要的是车架的校正。

4. 检修完成后的车架应满足的要求

（1）安装在车架上的各零部件不发生运动干涉。

（2）车架具有足够的强度和适当的刚度。

（3）车架质量应尽可能小，不要焊接或铆接过多的钢件。

（4）车架的重心应尽量降低。

（5）涂层完好。

10.1.2 车桥的维修

车桥通过悬架与车架或承载式车身相连，两端安装车轮。按车轮的作用，车桥可分为驱动桥、转向桥、转向驱动桥和支持桥。

检修完成的车桥应满足：无变形、裂纹、泄漏、异响、松动、过热等现象。

前面“传动系统维修”中已介绍过驱动桥的维修，这里不再重述。

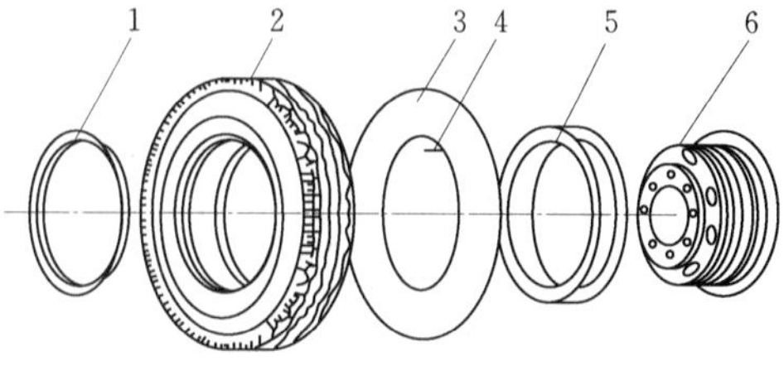

图 10.1 车轮和轮胎

1—挡圈；2—外胎；3—内胎；4—气门嘴；5—垫带；6—轮辋

10.1.3 车轮和轮胎的维修

车轮由轮毂、轮辋和连接两者的轮辐组成，车轮装上轮胎就成为车轮总成，如图 10.1 所示。

车轮和轮胎的种类很多。目前，轿车大都采用铝合金车轮；而低压轮胎由于弹性好、断面宽、与路面接触面大、壁薄而散热良好，也在轿车上得到了广泛的应用。

1. 车轮和轮胎维护作业的主要内容

（1）检查轮辋及压条挡圈应无裂损、变形。

（2）检查车轮螺栓连接是否可靠。

（3）检查气门嘴帽是否齐全。

（4）检查轮毂轴承间隙有无明显松旷。

（5）检查调整轮胎气压等。

2. 车轮和轮胎在使用中应注意的事项

（1）规格不同，甚至规格相同厂牌不同的轮胎不得同轴使用。

（2）选定的轮胎与轮辋应相配。

（3）使用中避免超载、紧急制动，合理分配各车轮的负荷。

（4）定期检查轮胎气压和外胎表面，清除铁钉、石块等异物。

（5）为使轮胎磨损均匀，延长使用寿命，一般每行驶10000km左右应进行一次轮胎换位，轮胎换位的方法如图10.2所示。图10.2（a）和（b）为交叉换位，适用于经常在拱形路面上行驶的汽车；图10.2（c）和（d）为循环换位，适用于经常在平坦路面上行驶的汽车。注意：根据经常行驶的路面情况选择换位方法后，下次仍然要使用该种换位方法；翻新胎、有损伤或磨损严重的轮胎，不得用于转向桥。

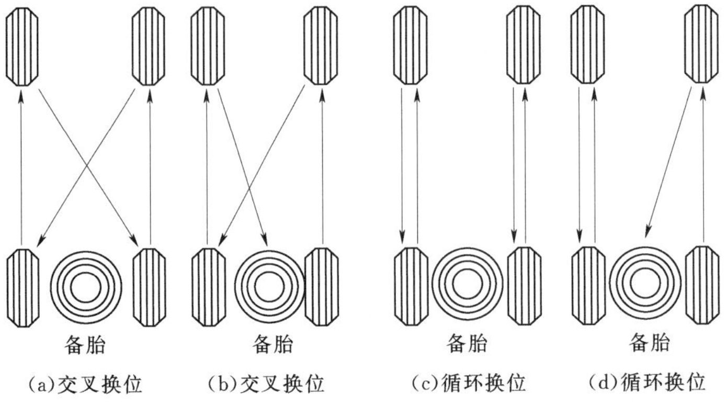

图10.2　轮胎换位方法

3. 轮胎的检修

（1）内胎的检修。内胎使用中常见的损伤形式有：穿孔、破裂，气门嘴损坏、漏气等。这些损伤形式的共同特点都是泄漏。检查和确定损伤部位的方法一般是把具有一定气压的内胎放到水中，观察气泡的出处，确定损伤部位并加以修补。气门嘴如歪斜变形、丝扣损坏、折断等应更换新件。

（2）外胎的检修。

1）外胎内壁应光滑，不得粘有砂土，外胎嵌入石子后应及时清除。如因气压过高等造成损坏或形成破洞，应予修理或更换外胎。

2）轮胎花纹及胎面严重磨损，已暴露出帘布层或胎面，局部损伤超过规定标准，应报废。

3）胎圈钢丝应无松散、折断。若胎圈钢丝露面不超过周长的1/6时，可送厂翻修，否则应更换。

（3）轮胎的装配。

1）将外胎内部和内胎外表面擦净，在其相互接触的表面上薄而均匀地涂上一层细滑石粉。将内胎及衬带装入外胎，并将气门嘴对准气门槽孔，将轮胎装到轮辋上。如有挡圈和锁圈，一并装入。

2）将轮胎按规定气压充足气，检查有无漏气现象。

3）将车轮总成装上车，注意不要遮挡到制动毂检视孔。对称地按规定力矩拧紧车轮螺母。

4）对于后轮双车轮，一定要先拧紧内侧车轮的内螺母，然后安装外侧车轮，且相邻的两轮气门嘴应互相错开180°对称排列。双轮间隙适当，高低搭配合适。一般较低的轮胎装于里侧，较高的轮胎装于外侧。

现代轿车轮胎多采用无内胎结构的真空胎，所以对于内胎也就无需检测。

4. 车轮总成的平衡检查

参见 10.3.1 中“使用离车式动平衡机检测校正车轮动平衡”的相关内容。

5. 前轮定位的调整

以前独立悬架应用最多的双横臂式独立悬架前桥和滑柱连杆式（麦弗逊式）独立悬架前桥为例。

（1）双横臂式独立悬架前桥前轮定位的调整方法。采用这种结构的前桥，其前轮定位参数均可调整。只要改变上横臂与上臂固定轴间的两种调整垫片的数量，就可实现主销内倾角、主销后倾角和车轮外倾角的调整。

调整时，如果两种垫片的数量同时增加，则上横臂连同上球头销同时向内移动，因而减小了车轮外倾角，主销内倾角相应加大；反之，车轮外倾角加大，主销内倾角相应减小。

当增加一种垫片同时减少另一种垫片的时候，球头销将相对横向中心线后移一段距离，因而加大了主销后倾角；反之，则减小主销后倾角。

前束的调整则通过改变横拉杆的长度来实现。

（2）滑柱连杆式（麦弗逊式）独立悬架前桥前轮定位的调整方法。一汽奥迪、上汽桑塔纳等轿车皆采用这种形式。各种车型的具体结构不同，但一般而言，前轮定位的 4 个参数中，并不都能调整。

一汽奥迪 100 轿车车轮外倾角由设计保证，不能调整，而其主销后倾和内倾角可通过弹簧支柱座上的 3 个腰形螺栓孔调整。

桑塔纳乘用车则只能调整车轮外倾角，方法见下：

1）松开下悬臂球形接头的固定螺母，如图 10.3 所示。

2）将外倾调整杆插入图中箭头所示的孔中，横向移动球形接头，直至达到外倾值。一般是右侧从前面插入调整杆，左侧从后面插入调整杆。

调整后，紧固螺母并再次检查外倾值及前束。

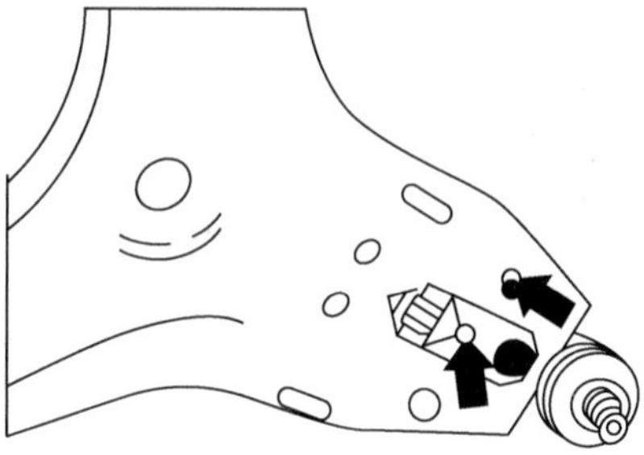

图 10.3 调整车轮外倾角

6. 检修完成的车轮和轮胎应满足的要求

（1）规格选择恰当。

（2）静平衡和动平衡满足要求。

（3）充气压力正确，无泄漏现象。

（4）轮辋无变形，气门嘴帽齐全。

（5）胎面花纹满足要求。

10.1.4 悬架的维修

悬架是车架或承载式车身与车桥或车轮之间的一切传力装置的总称。

悬架分为独立悬架和非独立悬架，其一般组成包括弹性元件、减振器和导向机构，如图 10.4 所示。

悬架的损坏会造成汽车车身倾斜、异响和振动、行驶不稳等故障。造成故障的主要原因是悬架左、右不对称、各传动或连接处因磨损或装配不当形成过大间隙、润滑不良等。

1. 前轮毂的维修

帕萨特轿车采用发动机前置、前轮驱动的布置形式，前桥由两个柱式独立悬架组成，

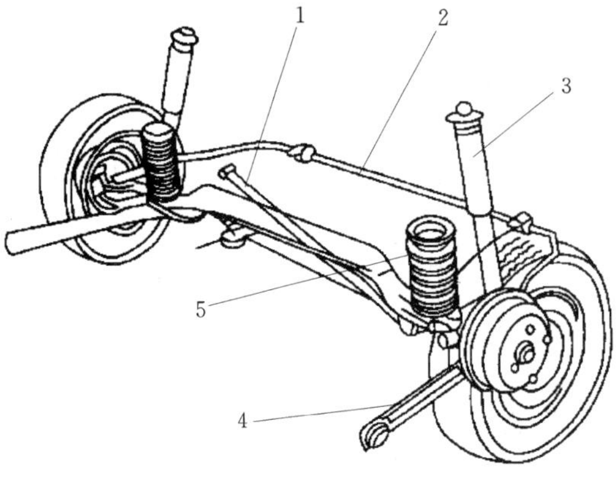

图10.4 悬架的组成
1—横向推力杆；2—横向稳定器；3—减振器；
4—纵向推力杆；5—弹性元件

承担驱动和转向的任务。下面以该车为例，介绍前轮毂的维修作业。

（1）前轮毂的拆卸。

1）拆下轮毂与传动轴紧固螺母，顶起车轮，拆下轮毂螺母，卸下车轮。拆下制动钳紧固螺栓，取下制动钳，拆下制动软管支架并用铁丝把制动钳固定在车身上。

2）拆下悬挂臂上车轮轴承壳的紧固螺栓。使用专用工具压下横拉杆接头，拧下悬挂臂螺杆上的螺母，从车轮轴承壳中压出万向节销。用压力装置压下传动轴。

3）取下前悬挂支撑柱盖，拆下活塞杆的螺母。

4）拆下弹簧护圈、波纹管盖、限位缓冲器、减振器等。

5）取下车轮轴承盖，用专用工具压出轮毂。

6）拆下弹簧挡圈，用压力装置压出车轮轴承。

（2）前轮毂的检修。前轮毂承受静载荷及冲击载荷，车轮轴承和轴承壳及传动轴是容易损伤的部位。检查时，轴承应转动灵活，无卡滞，轴向及径向没有明显的间隙感觉，否则应进行更换。轴承壳应无裂纹，轴承壳变形较小时可以敲击校正，变形较大时应予更换。

（3）前轮毂的装配。

1）安装弹簧挡圈，将轴承涂上润滑脂，将轴承压到位，装上内弹簧挡圈。用专用工具将轮毂压入轮轴。

2）安装减振支柱。装上螺旋弹簧、减振器护套、限位缓冲器。用专用工具压紧弹簧，再拧紧螺母盖。拧紧力矩为597N·m，拧紧时，用内六角扳手阻止活塞杆转动。

3）装上螺母盖。在等速万向节花键上涂上一圈防护剂D6，然后进行传动轴装配。

4）安装完成1h后方可使用汽车。

2. 钢板弹簧的维修

钢板弹簧的维修作业主要包括以下内容：

（1）清除表面积灰、污物和铁锈等。

（2）检查是否有断裂或错位。

（3）检查弹簧夹箍铆钉是否松动，若松动应修复。

（4）检查U形螺栓是否有裂纹、断裂或螺纹损伤。

（5）检查钢板长度和弧高及同轴左、右钢板的弧高差是否满足要求。

（6）检查各连接螺栓、螺母是否紧固可靠。

（7）每隔5000km左右用石墨钙基润滑脂或二硫化钼润滑脂润滑钢板弹簧。

3. 减振器的维修

维修减振器时应注意以下几点：

（1）行驶10km以上的汽车减振器，手摸感觉温度应明显高于气温；手用力下压发动机罩或行李厢盖，车身应出现多于一次的连续上下跳动。否则，说明减振器效能降低或已失效。

（2）如果拆下减振器，用手拉压，拉伸阻力应大于推压阻力。

（3）减振器水平放置24h，应无漏油现象。

（4）减振器活塞与工作缸的配合间隙应不大于0.15mm，活塞杆圆度误差不超过0.10mm，阀片不得缺损或严重变形，否则应更换。

4. 检修完成的悬架应满足的要求

（1）减振器工作正常。

（2）轴承无严重磨损或损坏。

（3）钢板弹簧完好有效。

（4）左右悬架尺寸对称，性能相似。

（5）各连接部位可靠。

10.2 相 关 知 识

行驶系统主要由车架、车桥、车轮（包括轮胎）和悬架组成，如图10.5所示。

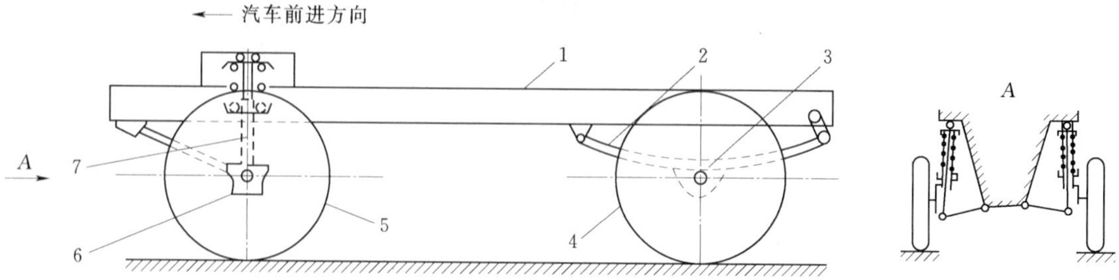

图10.5 行驶系统的一般组成示意图

1—车架；2—后悬架（钢板弹簧非独立悬架）；3—后桥；4—后轮；5—前轮；6—前桥；7—前悬架（麦弗逊式独立悬架）

悬架分为独立悬架和非独立悬架，通常前悬架为独立悬架，后悬架为非独立悬架。常见的独立悬架为麦弗逊式，轿车前悬架普遍采用此结构。麦弗逊式独立悬架的杆件气活动部位很多，球头销等处磨损松旷后会带来车轮定位角的变化。非独立悬架因其结构简单，工作可靠，被广泛应用于货车的前、后悬架。在少数轿车中，非独立悬架仅用作后悬架。货车上非独立悬架普遍采用钢板弹簧式；由于货车行驶路面较差，悬架受到的冲击载荷大，加上超乖情况严重，钢板弹簧很容易永久变形甚至断裂，从而引起车轮定位角的变化。

行驶系统的常见故障部位主要有：减振器、前轮定位、轮胎动平衡、杆系连接处以及驱动桥的齿轮、轴承等。

行驶系统的常见故障主要包括：行驶平顺性不良、车身横向倾斜、轮胎异常磨损、行驶无力和行驶跑偏。

1. 行驶平顺性不良

(1) 故障现象。汽车行驶时出现振动，加速时出现窜动，驾乘人员感觉很不舒服。

(2) 故障主要原因及处理方法。造成行驶平顺性不良的主要原因及处理方法如下：

1) 前稳定杆卡座松旷或橡胶支承损坏，应予更换。

2) 车轮动平衡超标，应予校正。

3) 减振器或缓冲块失效，应予修理或更换。

4) 传动轴动不平衡，应予校正。

5) 钢板弹簧支架衬套磨损松旷，应予更换。

6) 车轮轴承松旷或转向横拉杆球头松旷，应予更换。

7) 钢板弹簧U形螺栓滑牙或松动，应予更换或紧固。

8) 发动机横梁和下摆臂的固定螺栓或衬套松旷，应予修理或更换。

9) 半轴内外万向节磨损松旷，应予更换。

10) 轮胎气压过高，磨损不均，应予调整或更换等。

(3) 故障诊断方法。以桑塔纳轿车为例，针对不同的行驶平顺性特征，对照图10.6所示的行驶平顺性不良常见故障原因的诊断流程，找出故障部位。

2. 车身横向倾斜

(1) 故障现象。汽车车身左高右低或左低右高，出现倾斜。

(2) 故障主要原因及处理方法。造成车身横向倾斜的主要原因及处理方法如下：

1) 左右轮胎气压不一致，应按规定充气。

2) 左右轮胎规格不一致，应予更换。

3) 悬架弹簧自由长度或刚度不一致，应予更换。

4) 下摆臂变形，应予校正或更换。

5) 发动机横梁和下摆臂的固定螺栓或衬套松旷，应予修理或更换。

6) 减振器或缓冲块损坏，应予更换。

7) 发动机横梁变形，应予校正或更换。

8) 车身变形，应予整形修理等。

(3) 故障诊断方法。以桑塔纳轿车为例，先检查左右轮的气压、规格是否一致，再检查悬架、车身等部位，确定故障位置。车身横向倾斜常见故障原因的诊断流程如图10.7所示。

3. 轮胎异常磨损

(1) 故障现象。轮胎磨损速度加快，胎面出现如图10.8所示的不正常磨损形状。

(2) 故障主要原因及处理方法。造成轮胎异常磨损的主要原因及处理方法如下：

1) 轮胎气压不符合要求，轮胎质量不佳或车轮螺栓松动，应按规定充气，更换轮胎或紧固车轮螺栓。

2) 轮胎长期未换位或汽车经常行驶在拱度较大的路面上，应及时进行轮胎换位（一般行驶10000km应换位，并进行动平衡校正）。

3) 前轮定位不正确或前轮旋转质量不平衡，应校正前轮定位和车轮平衡。

4) 纵横拉杆、轮毂轴承松旷或转向节与主销松旷，应予修理或更换。

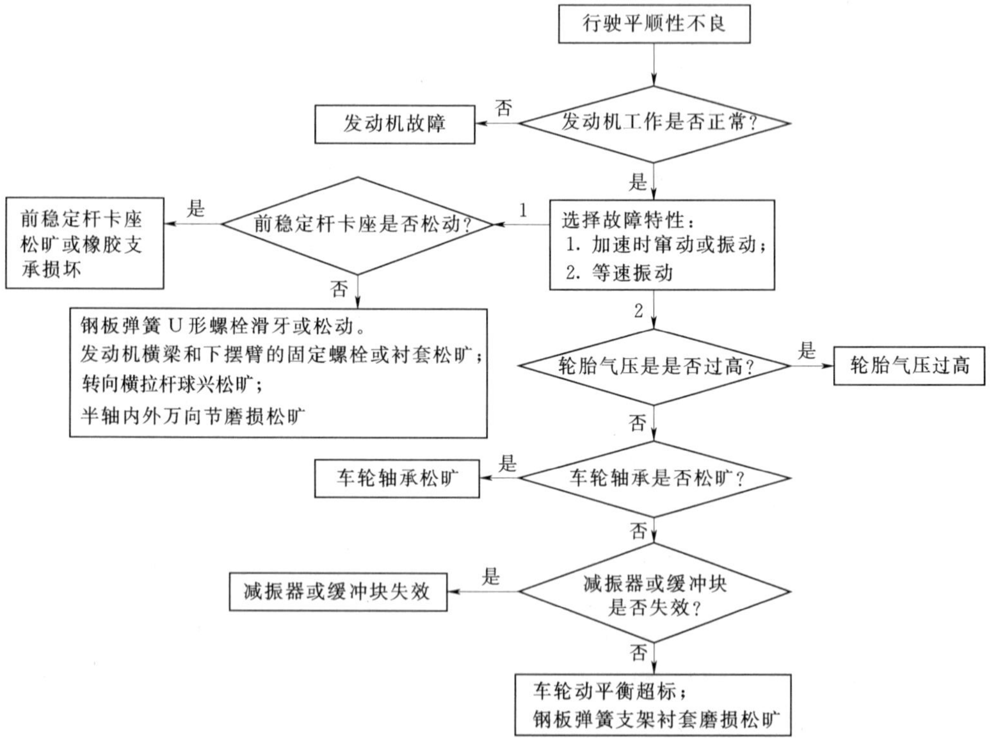

图 10.6 行驶平顺性不良常见故障原因的诊断流程

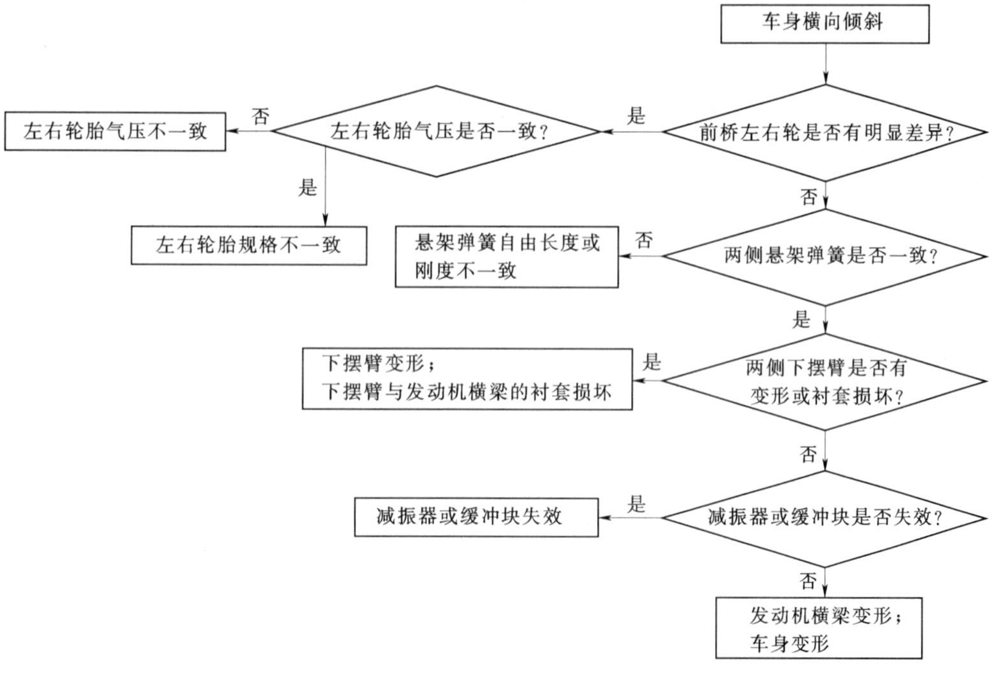

图 10.7 车身横向倾斜常见故障原因的诊断流程

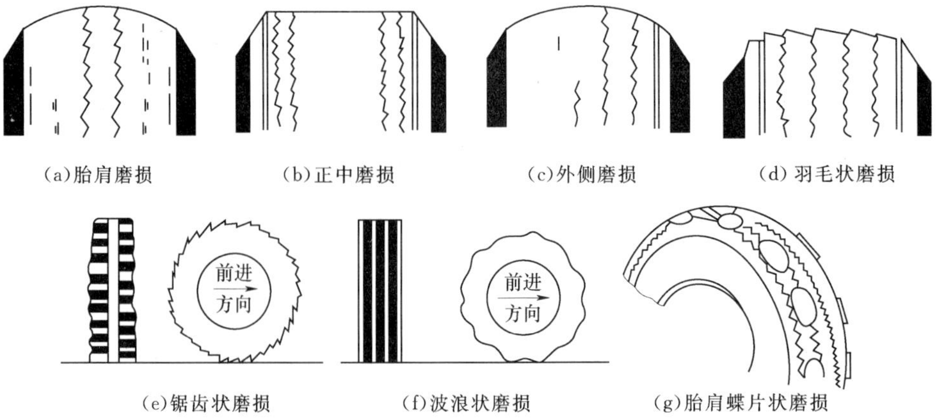

图 10.8 前轮轮胎不正常磨损示意图

5）钢板弹簧U形螺栓松旷或钢板弹簧衬套与销松旷，应予紧固或更换。

6）经常超载、偏载、起步过急、高速转弯或制动过猛，应注意正确的驾驶方法。

7）转向梯形不能保证各车轮纯滚动，出现过度转向，应予调整。

8）前轴与车架纵向中心线不垂直或车架两边的轴距不等，应予调整。

9）前梁或车架变形，应予整形。

10）前轮放松制动回位慢或制动拖滞，应予排除等。

（3）故障诊断方法。以桑塔纳轿车为例，根据轮胎磨损的情况确定故障原因：

1）胎冠两肩磨损与胎壁擦伤，是由于轮胎气压不足或汽车长期超载引起。

2）胎冠中部磨损，是由于轮胎气压过高引起。

3）胎冠内（外）侧偏磨损，是由于车轮外倾角过大（小）引起。

4）胎冠两侧成锯齿状磨损，是由于轮胎换位不及时或汽车经常紧急制动或长期超载引起。

5）胎冠由外（里）侧向里（外）侧呈锯齿状磨损，是由于前束过大（小）引起。

6）胎冠呈波浪状或碟片状磨损，是由于轮毂轴承松旷或车轮动不平衡引起。

4. 行驶无力

（1）故障现象。即使将加速踏板踩到底，汽车驱动力也不足，出现加速不良、爬坡无力等现象。

（2）故障主要原因及处理方法。造成汽车行驶无力的根本原因是发动机无力，传动系统传动效率低，车轮受到的阻力过大。

具体主要原因及处理方法如下：

1）发动机无力，排除方法见5.2.1发动机电控系统故障诊断。

2）离合器打滑，排除方法见1.2.1离合器故障诊断。

3）变速器缺油或润滑油变质，应予添加或更换。

4）变速器齿轮啮合间隙过小，应予重新选配。

5）万向传动装置中间支承轴承缺油、锈蚀甚至失效，应予润滑或更换。

6）主减速器、差速器或半轴的传动齿轮（花键）啮合间隙过小，应予调整。

7）驱动桥缺油或润滑油变质，应予添加或更换。

8）轮胎气压严重不足，应予充气或修补后充气，必要时更换轮胎。

9）车轮制动拖滞，排除方法见 6.2.1 液压制动系统故障诊断。

10）驻车制动拉索回位不畅，造成后轮制动未完全释放，应予润滑或更换。

11）轮毂轴承过紧，应予调整。

12）前轮定位不正确，应予调整或更换部件等。

（3）故障诊断方法。按照故障原因的可能性从大到小，检查的难易性从易到难的顺序，首先应检查轮胎气压是否严重不足。在排除发动机无力的情况下，检查影响传动系统传动效率降低的因素是否存在。最后检查排除车轮受到的阻力过大的因素。

汽车行驶无力常见故障原因的诊断流程如图 10.9 所示。

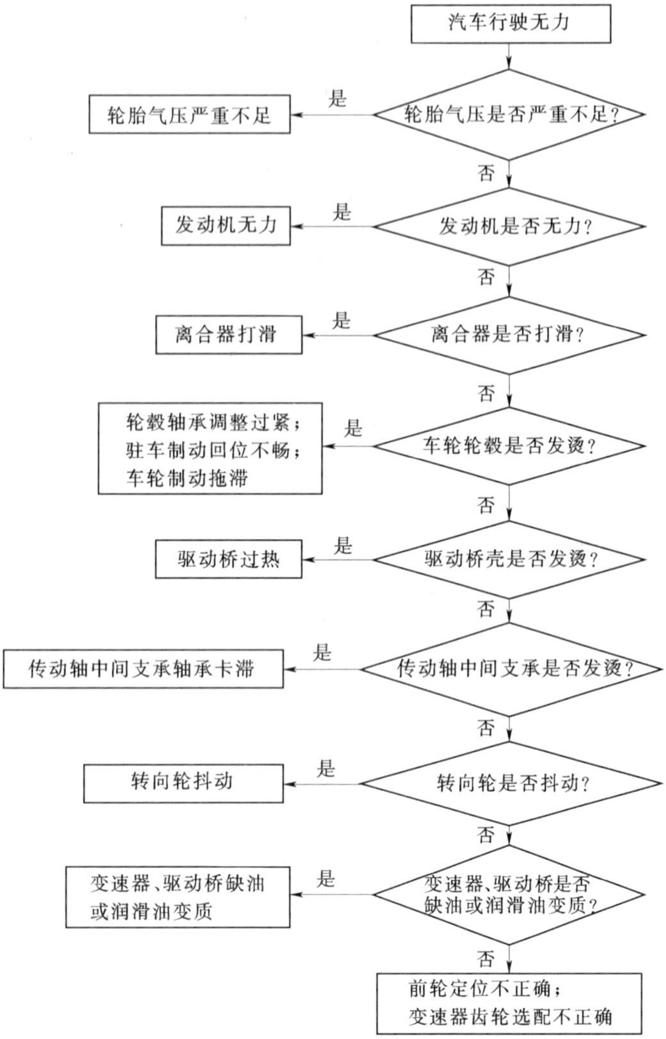

图 10.9 汽车行驶无力常见故障原因的诊断流程

5. 行驶跑偏

(1) 故障现象。汽车正常行驶，不踩制动时，必须紧握转向盘才能保持直线行驶，若稍有放松便自动跑向一边。

(2) 故障主要原因及处理方法。造成汽车行驶跑偏的根本原因是汽车车轮的相对位置不正确，两侧车轮受到的阻力不一致。具体主要原因及处理方法如下：

1) 两前轮轮胎气压不等，直径不一或汽车装载质量左、右分布不均匀，应予调整或更换。

2) 左、右两前钢板弹簧翘度不等，弹力不一或单边松动、断裂，应予更换。

3) 前梁、车架发生水平面内的弯曲，应予校正。

4) 汽车两边的轴距不等，应予调整。

5) 两前轮轮毂轴承的松紧度不一，应予调整。

6) 前轮定位不正确，应予调整或更换部件。

7) 车轮有单边制动或拖滞现象，应予检修。

8) 转向柱、横直拉杆变形，应予校正或更换。

9) 动力转向系统控制阀损坏或密封环弹性减弱，阀芯运动不畅或偏离中间位置，应予调整或更换等。

(3) 故障诊断方法。按如图10.10所示汽车行驶跑偏常见故障原因的诊断流程找出故障。

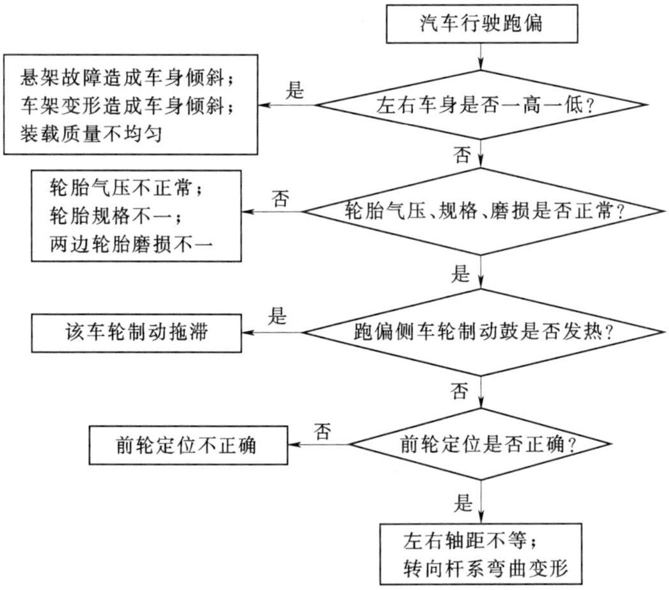

图10.10　汽车行驶跑偏常见故障原因的诊断流程

10.3　拓　展　知　识

行驶系统的常用诊断参数有：车轮静不平衡量（g·cm)、车轮动不平衡量（g·cm)、车轮前束［mm 或（°）］、车轮外倾角（°）、主销后倾角（°）、主销内倾角（°）、车轮侧滑量（m/km）等。

以上参数的数值正确与否，凭人工经验很难判断，必须通过专用仪器进行检测。

10.3.1 车轮平衡的检测

如果车轮的质量分布不均匀，旋转起来是不平衡的；车轮不平衡对转向轮摆振的影响比路面不平的影响要大得多。车轮本身不平衡是汽车产生摆振的一个重要原因。

随着道路质量的提高和高速公路的普及，汽车行驶速度越来越高，因此对汽车车轮平衡度的要求也越来越高。车轮高速旋转时，不平衡质量会引起车轮上下跳动和横向摆振，不仅影响汽车的行驶平顺性、乘坐舒适性和操纵稳定性，而且也会影响行车安全。车轮的上下跳动和横向摆振还会加剧轮胎的磨损，缩短汽车使用寿命，增加汽车运输成本。

车轮不平衡的原因主要是：轮辋、轮胎在生产和修理过程中的精度误差、轮胎材料不均匀；轮胎装配不正确，轮胎螺栓质量不一；平衡块脱落；汽车行驶过程中的偏磨损；使用翻新胎或补胎等。

1. 车轮静平衡的检测

对于非驱动桥上的车轮：支起车轴，调整好轮毂轴承松紧度，用手轻转车轮，使其自然停转。在停转的车轮离地最近处作一标记，然后重复上述步骤。如果每次试验标记都停在离地最近处，则车轮静不平衡；如果多次转动自然停止后的标记位置各不相同，说明车轮静平衡。

驱动桥上的车轮，由于受到差速器等的制约，无法使用该法，只能在装车前检测。

即使静平衡的车轮，在装车使用时也可能动不平衡；因此，还应对车轮动平衡进行检测校正。

2. 使用离车式动平衡机检测校正车轮动平衡

（1）清除车轮上的泥块、石子和旧平衡块。

（2）将轮胎气压充至规定值。

（3）根据轮辋中心孔的大小选择锥体或多孔式连接盘，将车轮装上动平衡机，拧紧固定螺母。

（4）测量轮辋宽度 b、轮辋直径 d 和轮辋边缘至机箱的距离 a，将这 3 个值输入动平衡机。

（5）放下车轮防护罩，打开电源开关，按动启动按钮，车轮开始旋转，动平衡机开始采集数据。

（6）检测结束后，从指示装置读取车轮不平衡量和不平衡位置。

（7）抬起车轮防护罩，用手慢慢转动车轮，当指示装置发出声音或灯光等信号时停止转动。根据显示的平衡块质量，在轮辋内侧或外侧牢固安装平衡块。

（8）重新检测动平衡，直到指示装置显示不平衡质量小于 5g，或显示 00、OK 为止。

（9）关闭电源开关，取下被测车轮。

3. 使用就车式动平衡机检测校正车轮动平衡

车轮动平衡的检测可将车轮安装到离车式车轮动平衡机上检测与校正，但需要把车轮拆下。就车式车轮动平衡机可直接在车上使用，非常方便，而且既可进行动平衡检测，又

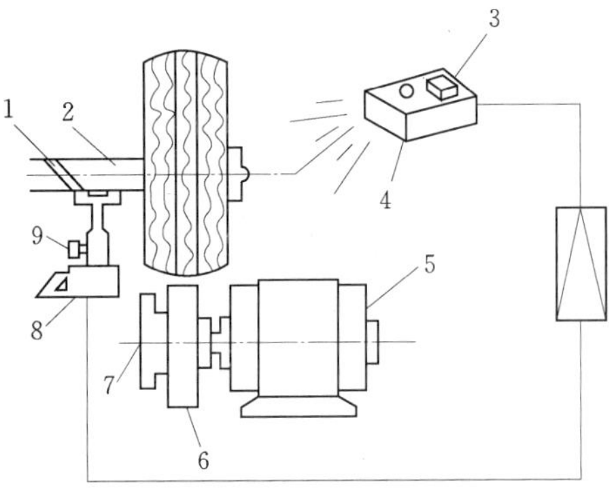

图 10.11　就车式车轮动平衡机示意图
1—传感磁头；2—转向节；3—不平衡度表；
4—频闪灯；5—电动机；6—转轮；
7—制动器；8—底座；9—可调支架

可进行静平衡检测，校正的部件包括车轮、制动鼓（盘）、轮毂轴承等高速旋转体。

（1）检测前的准备工作。如图 10.11 为就车式车轮动平衡机组成及检测示意图。

1）检测前，将汽车前部用千斤顶支起。注意保持前轴水平，使两边车轮离地间隙相等。

2）清除被测车轮上的泥土、石子和旧平衡块等。

3）检查轮胎气压，必要时调整至规定值。

4）用手转动车轮，检查轮毂轴承是否松旷，必要时调整至规定值。

5）在轮胎外侧任意位置上用白粉笔或白胶布做上记号。

（2）车轮静平衡的检测校对。

1）使用三角垫木或其他方法固定另一个前轮和两后轮，将传感磁头吸附到悬架或转向节下，调节可调支杆高度并锁紧。

2）推动车轮动平衡机至车轮侧面或前面（视车轮平衡机形式不同而异），检查频闪灯工作是否正常，检查转轮的旋转方向能否使车轮的转动方向与汽车前进行驶的方向一致。

3）操纵车轮动平衡机转轮与轮胎接触，启动电动机带动车轮旋转至规定转速。

4）观察频闪灯照射下的轮胎标记位置，并从指示装置上读取不平衡量数值（用第一挡显示）。

5）操纵车轮动平衡机上的制动装置，使车轮停止转动。

6）用手转动车轮，使其上的标记仍处在上述观察位置上，此时轮辋的最上部即为加装平衡块的位置。

7）按指示装置显示的静不平衡量选择平衡块，牢固地装卡到轮辋边缘上。

8）重新驱动车轮进行复试，这时指示装置用二挡显示。调整平衡块质量和位置，直至符合平衡要求。

（3）车轮动平衡的检测校对。

1）将传感磁头吸附在经过擦拭的制动底板边缘平整处，使磁头与车轮旋转中心处在同一水平位置。

2）驱动车轮旋转至规定转速，按照上述的检测方法观察轮胎标记位置，读取动不平衡值。

3）停转车轮，按动不平衡值选择平衡块和在车轮上的加装位置，加装平衡块。

4）按照上述的检测方法进行复查，直至符合平衡要求。

10.3.2　四轮定位的检测

现代汽车，尤其是轿车，除转向轮进行定位外，后轮也进行定位。四轮定位是为了适应汽车高速行驶状态下的稳定性和舒适性的要求。

四轮定位的检测可使用微机四轮定位仪来进行。

1. 对被检汽车的要求

(1) 轮胎气压正常。

(2) 前后轮胎磨损情况基本一致。

(3) 悬架完好，无松旷等现象。

(4) 转向系统调整适当。

(5) 汽车前后高度与标准值的差不大于5mm。

(6) 制动系统工作正常。

2. 检测前的准备

(1) 将汽车开上举升平台，托起4个车轮，把汽车举升0.50m。

(2) 托起车身适当部位，把汽车举升至车轮能自由转动。

(3) 按上述"1. 对被检汽车的要求"中的步骤进行检查调整。

3. 检测

(1) 将传感器支架安装到轮毂上，将传感器（定位校正头）安装到支架上，按说明书的规定调整好。

(2) 开机进入测试程序，输入被检汽车的车型和生产年份。

(3) 将转向盘处于直线行驶位置，并使每个车轮旋转一周，即将轮辋变形的误差输入了计算机，完成了轮辋变形的补偿。

(4) 降下汽车，使车轮落到平台上，把汽车前部和后部向下压动4～5次，进行压力弹跳。

(5) 用刹车锁压下制动踏板，使汽车处于制动状态。

(6) 把转向盘左转至计算机发出OK声，输入左转角度；然后把转向盘右转至计算机发出OK声，输入右转角度。

(7) 回正转向盘，计算机屏幕上显示出后轮的前束和外倾角数值。

(8) 将转向盘处于直线行驶位置，用转向盘锁锁住转向盘，使之不能转动。

(9) 把安装在4个车轮上的定位校正头调到水平线上，计算机屏幕上显示出转向轮的主销后倾角、主销内倾角、前轮外倾角和前束。

(10) 如果数值不正确，可按计算机屏幕的显示进行调整，并在调整后按上述方法重新检测。

10.3.3 前轮侧滑量的检测

前轮侧滑量的检测一般在侧滑试验台上进行，其值不得超过5m/km。前轮侧滑量是前轮定位失准的一种表现形式。

(1) 影响侧滑量检测结果的因素。

1) 转向轮外倾与前束匹配不当。

2) 轮毂轴承间隙过大或左右松紧度不一致。

3) 转向节主销和衬套磨损严重。

4) 横、直拉杆球头松旷或左右悬架性能有差异。

5) 前后轴不平行。

6) 左右轮胎气压不等或花纹不一致。

7）轮胎磨损过大或严重偏磨。

8）轮胎表面有水、油或石子等。

9）汽车通过侧滑试验台的速度过快。

10）汽车通过侧滑试验台时转向轮与侧滑板不垂直。

（2）检测前的准备。

1）调整轮胎气压至规定值。

2）清除轮胎表面的水、油或石子等。

3）检查试验台导线连接情况，仪表复零。

4）打开试验台锁止装置，检查侧滑板能否滑动自如和回位（侧滑板回位后，指示装置应指示零点）。

（3）检测。

1）汽车以 3～5km/h 的速度垂直平稳地通过侧滑板。

2）从显示装置上读取侧滑值。

3）锁止侧滑板，切断试验台电源。

（4）注意事项。

1）避免试验台超载。

2）汽车通过试验台时，不允许转向、制动或将汽车停放在试验台上。

3）保持试验台及周围环境的清洁，尤其是侧滑板的清洁。

4）后轮有定位的乘用车，也要检测后轮的侧滑量是否合格。

项目 11　制动系统故障诊断与排除

<table>
<tr><th colspan="4">教　学　准　备</th></tr>
<tr><td>序号</td><td colspan="2">名　　称</td><td>内　　容</td></tr>
<tr><td rowspan="2">1</td><td rowspan="2">学习目标</td><td>知识目标</td><td>掌握制动系统的常见故障、故障现象、故障成因分析及处理方法，以及维护与修理方法</td></tr>
<tr><td>技能目标</td><td>能够对制动系统进行故障判定及诊断、排除</td></tr>
<tr><td>2</td><td colspan="2">教学设计</td><td>在课堂上讲述制动系统故障诊断方法及思路，现场演示制动系统的维护、检测、故障排除，再将学生分成若干组进行相应的实训操作</td></tr>
<tr><td>3</td><td colspan="2">教学设备</td><td>1. 液压制动系统、气压制动系统车辆数台，拆卸和检测工具数套。
2. 相关的教学教具、录像片和教学挂图</td></tr>
</table>

11.1　制动系统维修实训指导

实训目的：掌握液压制动系统的维护及修理；掌握气压制动系统的维护及修理；掌握驻车制动系统的修理。

实训设备：液压制动系统、气压制动系统车辆数台、常用工具、量具数套。

【案例】 一辆东风 EQ1092 汽车在行驶过程中明显感到制动力不足，尤其是连续制动效能差。

【故障诊断与排除】 启动发动机怠速运行，无漏气声；踩下制动踏板，也无漏气现象。初步判断故障在空气压缩机与储气筒之间。关闭发动机，打开发动机盖，检查空气压缩机带松紧度，正常。拆下空气压缩机出气管接头，启动发动机，发现出气口泵气无力，拆下空气滤清器，情况依然，用大拇指能轻松堵住出气口，说明空气压缩机内部出现故障。拆检空气压缩机，发现进、排气阀严重磨损。更换进、排气阀门，故障排除。

11.1.1　液压制动系统的维护

桑塔纳轿车行车制动系统采用双回路液压式前盘后鼓制动形式，制动主缸为双腔式，前轮采用盘式制动器，后轮采用鼓式制动器。下面以该车为例，介绍液压制动系统的维护与修理作业。

液压制动系统的维护作业主要包括以下内容：

（1）检查制动液高度，必要时予以补充。

（2）检查调整制动踏板自由行程（调整时，松开踏板与制动主缸连接的拉杆和制动主缸推杆的固定螺母，扳动推杆，使推杆旋入拉杆一定距离，则踏板自由行程加大；反之减小。调整完成后紧固固定螺母。具体数值见各车型维修手册，轻型车一般为5～20mm）。

（3）检查各管接头，应连接牢靠，无漏油现象。制动软管无破裂、老化现象。

（4）检查调整制动器制动间隙（盘式制动器的制动间隙一般依靠活塞密封圈的变形和位移自动调节。桑塔纳轿车后轮鼓式制动器的制动间隙能利用楔形调节块自动调整；对于不能自动调整的汽车，一般是用厚薄规通过车轮上的检查孔检查；若制动间隙不正确，应调节调整凸轮，改变制动蹄与制动鼓的径向间隙。各种车型的制动间隙由汽车生产厂家规定，一般在0.25～0.50mm）。

（5）制动系统内有空气时应予排气，方法是：

1）将制动主缸储液罐的制动液添加到max位置。

2）启动发动机处于怠速状态。

3）在制动轮缸放气螺钉上套上软管，另一头放入容器内。一人踩住制动踏板，另一人旋松制动轮缸放气螺钉，让带气泡的制动液流入容器内。拧紧放气螺钉，松开制动踏板，再踩下制动踏板，旋松放气螺钉，直到流出的制动液中无气泡。放气顺序是先后轮再前轮，且按对角进行。

4）将制动液添加到max位置。

11.1.2　液压制动系统的修理

1. 制动主缸的修理

桑塔纳轿车的双腔制动主缸按厂家规定一般不能检修，需整体更换（储液罐可单独更换）。

双腔制动主缸的更换步骤如下：

（1）抽出制动主缸储液罐中的制动液，旋松制动轮缸放气螺钉，踩几次制动踏板，排出制动主缸中的制动液（因制动液具有腐蚀性，应避免人体及车身表面漆层与之相接触）。

（2）拆下制动主缸各出油管接头，拆下储液罐。

（3）旋松制动主缸与真空助力器的连接螺栓，取下制动主缸。

（4）按拆卸的相反顺序安装制动主缸，制动主缸与真空助力器的连接螺母拧紧力矩为20N·m。

（5）制动主缸安装完毕以后，应将制动液加至max和min标记之间并排除系统内空气。平时发现制动主缸液面低于min时，应立即检查制动系统是否泄漏，修复后加足制动液。

2. 制动轮缸的修理

（1）前制动轮缸的检修。

1）拆卸。放出制动液；拆下制动钳壳体并吊于车身上；用压缩空气从放气螺钉孔中压出活塞，压出前应在活塞对面垫上木板，以免活塞受损；取下防尘罩，用螺丝刀小心地从缸筒中取出密封圈，也可用厚薄规协助拆卸。

2）检修。缸筒若有较深的条纹磨损或活塞与缸筒的配合间隙大于0.15mm，应更换制动钳总成；活塞密封圈和防尘罩经拆卸应更换新件。

3）安装。将活塞密封圈安装到缸筒内；用螺丝刀将防尘罩的内密封圈唇边压入钳体槽口内；将活塞压入钳体缸筒中；按拆卸的相反顺序将制动钳安装到车上。

（2）后制动轮缸的检修。

1）拆卸。放出制动液，拆下后车轮制动器；取下轮缸两端的防尘罩，取出后制动轮缸活塞、皮碗及弹簧。

2）检修。后制动轮缸的缸筒内径磨损不大于0.08mm，缸筒内表面或活塞外表面无明显划痕，否则应更换轮缸总成；轮缸两端出现漏油痕迹时，应更换皮碗。

3）安装。将皮碗安装到活塞上，皮碗刃口朝向压力方向；在轮缸中装入弹簧及两端的活塞、防尘罩；安装好后车轮制动器。

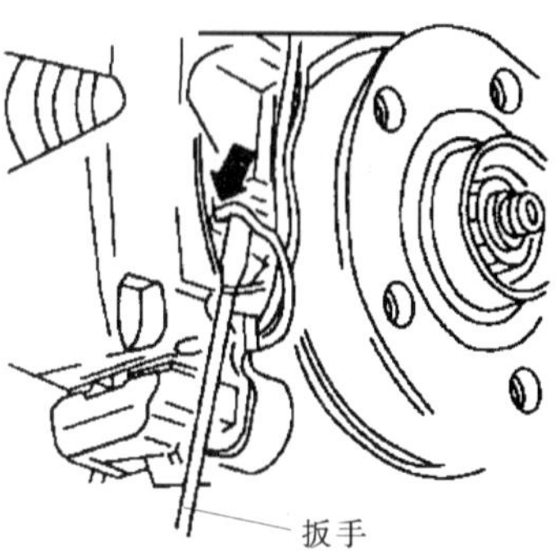

图 11.1　拆下定位弹簧

3. 前轮盘式制动器的修理

以宝来轿车为例。

（1）拆卸。

1）拆下前轮。

2）按如图 11.1 所示的箭头拆下定位弹簧。

3）拆下制动钳导向销，取下制动钳，并用绳子吊于车身上。

4）旋松放气螺钉，并将活塞压回，再旋紧放气螺钉。

5）取下制动器摩擦片，拆下制动盘。

分解后的宝来轿车前轮盘式制动器如图 11.2 所示。

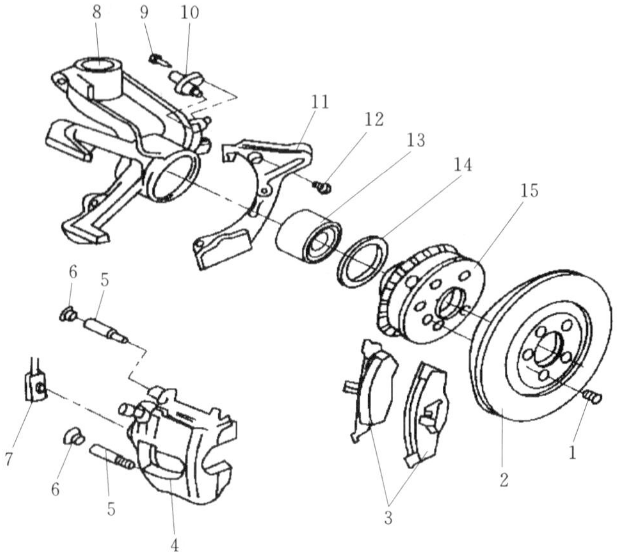

图 11.2　宝来轿车前轮盘式制动器

1—十字头螺栓；2—制动盘；3—制动摩擦片；4—制动钳；5—导向销；6—保护帽；7—带环形连接和中空螺栓的制动管；8—车轮轴承座；9—六角台肩螺栓；10—ABS 转速传感器；11—防溅板；12—六角螺栓；13—车轮轴承；14—卡簧；15—轮毂（带齿圈）

（2）检修。

1）制动盘表面应无台阶形磨损与明显的沟槽，端面摆动量不大于 0.06mm，否则可车削加工，但加工后的制动盘厚度不得小于 19mm（FN2 型制动器为 22mm）。

2）新制动摩擦片厚度为 14mm，磨损极限为 7mm（包括底板），超限应更换。

3）清洁制动接触面，应无油污。

（3）装配与调整。

1）安装制动盘。

2）安装制动钳，以 29N・m 的力矩拧紧导向销；装上前轮。

3）用力踩制动踏板数次，恢复正常制动间隙。

4）调整制动液面高度，同时排除制动管路中的空气。

4．*后轮鼓式制动器的修理*

图 11.3 所示为桑塔纳轿车后轮鼓式制动器的结构。

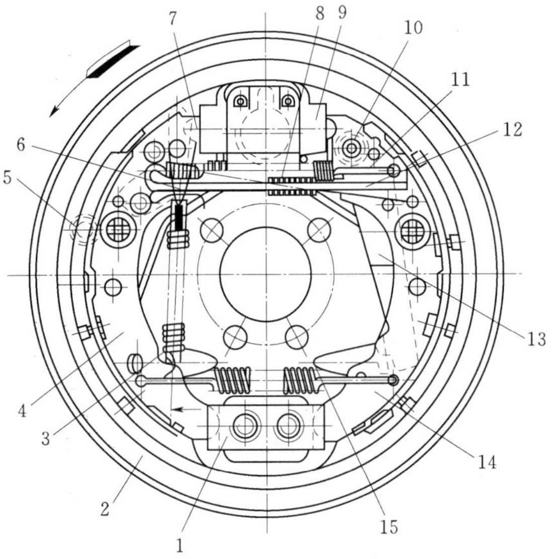

图 11.3　桑塔纳轿车后轮鼓式制动器

1—支承板；2—制动底板；3—制动间隙调节弹簧；4—前制动蹄；5—观察孔；6—楔形调节块；7—带耳槽的支承块；8—驻车制动推杆外弹簧；9—制动轮缸；10—平头销；11—驻车制动推杆内弹簧；12—驻车制动推杆；13—驻车制动杠杆；14—后制动蹄；15—制动蹄回位弹簧

（1）拆卸。

1）拆下轮毂盖和后轮。

2）拆下开口销、锁紧螺母、调整螺母、减磨垫圈，拉出制动鼓及轮毂轴承，必要时用螺丝刀穿过制动鼓上的轮胎螺栓孔向上拨动楔形调节块，使制动蹄复位，增大制动间隙，便于制动鼓的拆下。

3）拆下制动鼓定位销及弹簧。

4）从下端固定板上提起制动蹄，拆下复位弹簧、驻车制动拉索。

5）拆下楔形调节块拉簧及上复位弹簧。

6）将带压力杆的制动蹄夹紧在台钳上，拆下定位弹簧，取下制动蹄。

（2）检修。

1）制动蹄无裂纹及明显变形。制动摩擦片应无破裂，铆接可靠，磨损后的厚度应不小于 2.50mm（标准为 5mm），否则应更换摩擦片或制动蹄摩擦片总成（摩擦片磨损情况在解体前可通过制动底板上的观察孔进行检查）。

2）制动鼓无裂纹、失圆现象，内径磨损不超过 1mm，否则应更换新件。圆度误差可用弓形内径规测量，如图 11.4 所示。

3）各回位弹簧有明显拉长或弹力减弱现象时应更换。

4）清洁制动接触面，应无油污。

5）凸轮轴应转动自如，制动底板无变形。

6）支承销与制动蹄承孔衬套配合间隙应符合要求。

（3）装配与调整。

1）将复位弹簧及压力杆装到制动蹄上，装好楔形调节块。

2）组装制动蹄，挂好上复位弹簧。

3）在驻车制动拉臂上装好拉索，将制动蹄的上端放入制动轮缸活塞的切槽中，下端放入支座中，装好下复位弹簧。

4）安装楔形调节块拉簧，装好制动蹄定位销、弹簧及弹簧座。

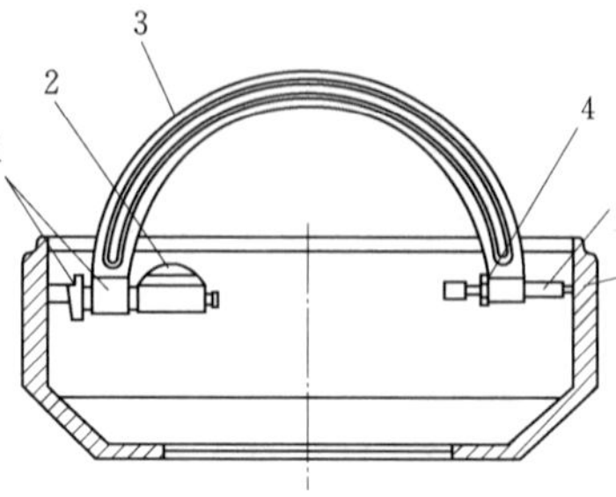

图 11.4　制动鼓失圆的检测

1—锁紧装置；2—百分表；3—弓形架；4—锁紧螺母；5—调节杆；6—制动鼓

5）在内、外轴承中加注润滑脂，依次将内油封、内轴承、轮毂及制动鼓、外轴承、止推垫圈装上。调整轮毂轴承预紧度时，边转动轮毂，边拧紧调整螺母。

6）正确的轴承间隙应该是螺丝刀在手指压力下，刚好能拨动推力垫圈。

7）装好锁紧螺母并锁止。

8）踩制动踏板数次，使车轮制动器恢复正常制动间隙。

真空助力器出现故障时一般不予维修，可更换部分零件或整体更换。

5. 液压制动系统的检测

检修调整好的液压制动系统，应满足：

（1）制动液高度正常。

（2）系统内无空气。

（3）各管接头无泄漏。

（4）踏板自由行程和制动器制动间隙符合规定。

（5）制动性能符合有关规定。

（6）操纵装置和制动器工作正常，灵敏可靠。

（7）无制动不灵、制动失效、制动拖滞和制动跑偏等故障。

11.1.3　气压制动系统的维护

气压制动系统的维护作业主要包括以下内容：

（1）检查气压表数值，过低时应检查排除故障。

（2）检查调整制动踏板自由行程（可通过调整制动踏板与制动控制阀拉臂间的拉杆长度，改变制动控制阀拉臂的初始位置，实现制动踏板自由行程的调整）。

（3）检查各管接头，应连接牢靠，无漏气现象。

（4）检查调整制动器制动间隙（见 11.1.4 的“制动气室的修理”）。

（5）检查调整空气压缩机带松紧度。

11.1.4　气压制动系统的修理

主要以东风 EQ1092 汽车为例。

1. 空气压缩机的修理

空气压缩机的结构如图 11.5 所示。

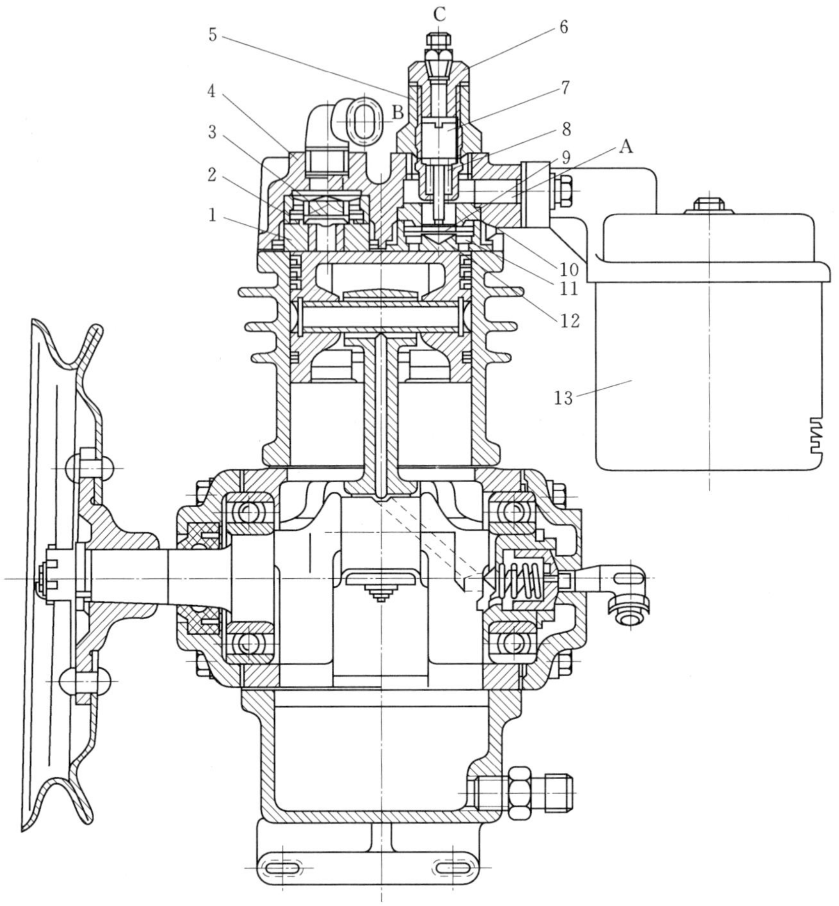

图 11.5　空气压缩机

1—出气阀座；2—出气阀导向座；3—出气阀；4—气缸盖；5—卸荷装置壳体；6 一定位塞；
7—卸荷柱塞；8—柱塞弹簧；9—进气阀；10—进气阀座；11—进气阀弹簧；
12—进气阀导向座；13—进气滤清器
A—进气口；B—排气口；C—调压阀控制压力输入口

（1）拆卸与分解。

1）拆下出气阀接头。

2）拧下带松紧度调整螺栓。

3）拆下空气压缩机固定螺栓，取下传动带，取下空气压缩机。

4）拆下空气滤清器并分解。

5）拆下缸盖螺栓，取下缸盖总成并分解。

6）拆下底盖，取下活塞连杆组。

（2）检修。

1）缸盖与缸体等结合面的平面度误差应不超过 0.05mm。

2）连杆衬套与活塞销配合间隙超过 0.10mm 时，应更换衬套。连杆有弯曲、扭曲变形及裂纹，活塞环磨损严重或折断时，应更换新件。

3）进、排气阀门损坏，复位弹簧弹力减弱或折断，阀板出现磨痕时，应更换新件。

4）各密封垫、油封经拆检后应更换。

5）空气滤清器芯应清洗或更换。

（3）装配。装配前，将各零件清洗干净，各摩擦表面涂抹润滑油。

1）装配缸盖总成。

2）装入活塞连杆组。安装时，注意活塞环开口应错开180°，并以15～20N·m的力矩拧紧缸盖螺栓。

3）组装空气滤清器，并安装到空气压缩机上。

4）安装空气压缩机，装上传动带，调整传动带的松紧度（用大拇指以40N压力垂直下压传动带的中部，传动带应下降10～15mm），锁止调整螺栓。

5）装上出气管接头。

2. 制动控制阀的修理

以CA1091串联双腔活塞式制动阀为例，结构如图11.6所示。

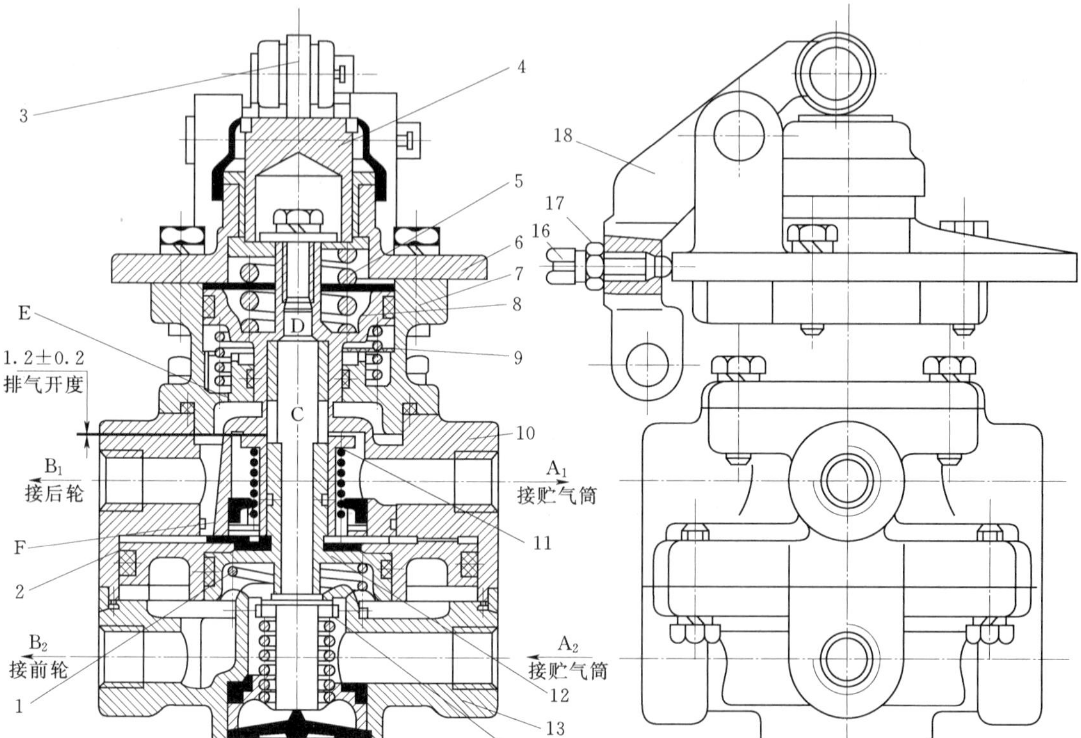

图11.6　串联双腔活塞式制动阀

1—下腔小活塞回位弹簧；2—下腔大活塞；3—滚轮；4—推杆；5—平衡弹簧；6—上盖；7—上阀体；8—上腔活塞；9—上腔活塞回位弹簧；10—中阀体；11—上腔阀；12—下腔小活塞；13—下阀体；14—下腔阀；15—防尘片；16—调整螺钉；17—锁紧螺母；18—操纵摇臂 A_1、A_2—进气口；B_1、B_2—出气口；C—排气口；D—上腔排气孔；E、F—通气孔

（1）主要零件的检修。

1）所有弹簧的技术状况应符合技术标准，否则必须更换。

2）膜片应平整；阀门橡胶若出现裂纹、脱胶或老化等现象，必须更换。

3）各阀座若有刮伤、凹痕或磨损过度，应予研磨或更换。

4）制动信号灯外壳出现裂纹或螺纹损坏，应予更换。

（2）装配注意事项。

1）进气阀装配后，阀座与阀杆头部之间距离应为16～16.40mm。进气管接头从制动臂方向看时，应指向左方。

2）排气阀装配后，检查气门杆头部至气门壳端间的距离，在不装排气门弹簧时应为(4.5±0.5mm)。安装制动阀后，实际工作行程应为1.2～1.7mm。

（3）检验。

1）密封性检查：在上、下进气口与储气筒之间接一个容积为1L的容器和一个阀门，通入784kPa的压缩空气。关闭阀门，检查进气口的密封性，要求在5min内气压降不大于24.5kPa；将操纵摇臂拉到极限位置，检查出气口的密封性，要求1min内气压降不大于49kPa。

2）调节调整螺钉，使操纵摇臂自由行程为1～3mm。同时将最大工作气压调整为490～539kPa。

3. 制动气室的修理

（1）拆卸与解体。拆下进气管接头及连接制动调整臂的连接销，从支架上拆下制动气室并夹在台钳上进行分解。

（2）检修。

1）调整臂应工作正常。

2）壳体与盖产生变形而漏气时，应更换制动气室总成。

3）推杆弯曲应进行校正。

4）橡胶膜片老化、破裂，回位弹簧折断、锈蚀时，均应更换新件。

（3）装配与调整。

1）将推杆、弹簧、连接叉装到制动气室壳体上，放好橡胶膜片，扣上制动气室盖，装好卡箍。

2）在进气管输入784kPa的压缩空气，检查应无漏气现象。

3）将制动气室安装到支架上，连接推杆连接叉与制动调整臂。

4）调整制动器制动间隙。

在图11.7中，蜗杆轴与制动调整臂的相对位置靠锁止套和锁止螺钉固定。调整时，将锁止套按入制动调整臂体的孔中，转动调整蜗杆，带动调整蜗轮转动，使制动凸轮轴旋转一定角度。通过改变制动凸轮轴的初始位置，改变制动蹄与制动鼓的周向间隙，实现制动器制动间隙的调整。具体数值见各车型维修手册。

4. 制动器的修理

参见11.1.2“液压制动系统的修理”的相关内容。

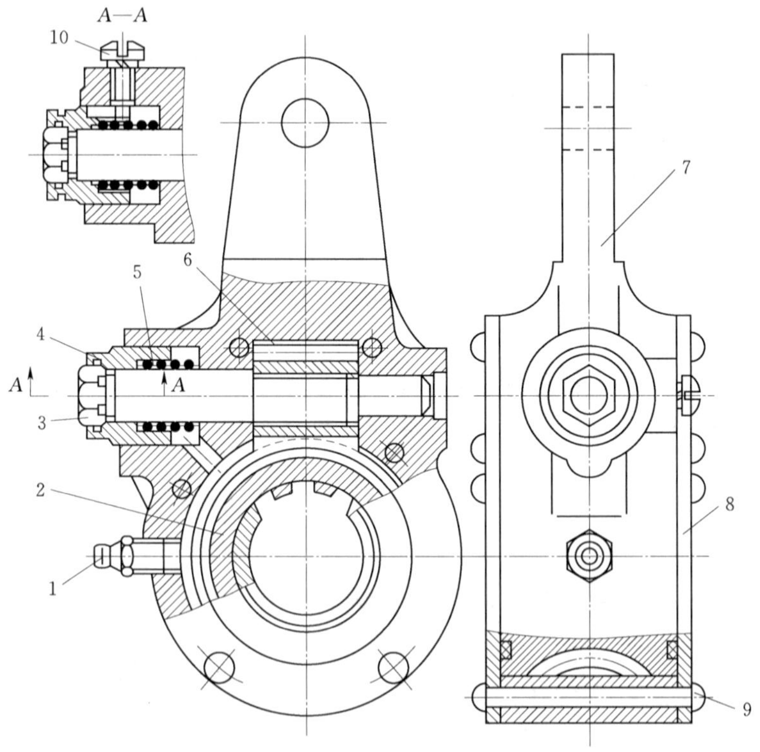

图 11.7 气压制动系统制动器制动间隙的调整

1—油嘴；2—调整蜗轮；3—蜗杆轴；4—锁止套；5—弹簧；6—调整蜗杆；7—制动调整臂体；8—盖；9—铆钉；10—锁止螺钉

5. 气压制动系统的检修

检修调整好后的气压制动系统，应满足：

(1) 气压正常。

(2) 各管接头不漏气。

(3) 储气筒内无积水。

(4) 踏板自由行程和制动器制动间隙符合规定。

(5) 制动性能符合有关规定。

(6) 控制装置和制动器工作正常，灵敏可靠。

(7) 无制动不灵、制动失效、制动拖滞和制动跑偏等故障。

11.1.5 驻车制动系统的维修

以桑塔纳轿车为例。

1. 驻车制动系统的维护

驻车制动系统的维护作业主要包括以下内容：

(1) 润滑棘爪和齿板。

(2) 紧固各固定螺栓（螺母）。

(3) 检查调整驻车制动间隙。

方法是：放松驻车制动拉杆，解除制动；用力踩几次制动踏板，使后轮制动器恢复正常的制动间隙；将驻车制动拉杆拉紧2齿，拧紧拉杆后端的调整螺母，直到用手不能转动两后轮为止，放松拉杆，两后轮应能自由转动。

2. 驻车制动系统的修理

（1）检查拉杆，应能操纵自如，定位准确可靠。出现棘爪弹簧失效或折断、棘爪与齿板轮齿磨损过甚而滑牙、棘爪或拉杆变形卡滞、棘爪或齿板等处铆钉脱落等情况，应予修理或更换新件。

（2）拉索出现发卡、外套损坏、接头损坏等现象，应予润滑或更换；系统中各回位弹簧出现弹力降低或失效，应予更换。

（3）后轮制动器内的连接部位应可靠，工作正常。

检修调整好的驻车制动系统，应操纵自如，制动可靠。

11.2　相　关　知　识

制动系统包括液压系统（图11.8）、气压制动系统（图11.9）及驻车制动系统（图11.10）。

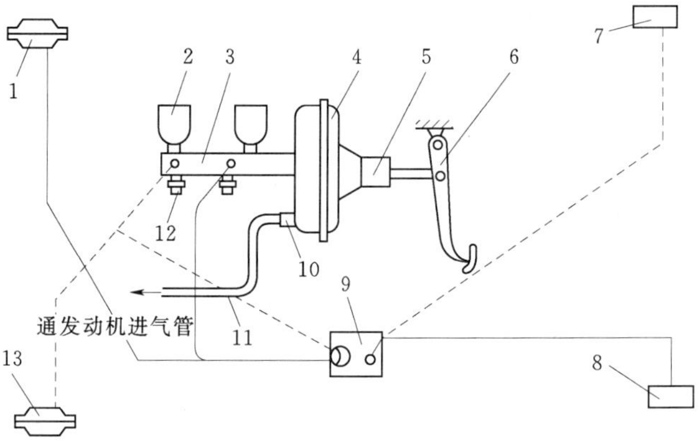

图11.8　液压制动系统的一般组成（红旗CA7220）

1—右前轮缸；2—储液罐；3—制动主缸；4—真空伺服气室；5—控制阀；6—制动踏板机构；7—右后轮缸；8—左后轮缸；9—感载比例阀；10—真空单向阀；11—真空供能管路；12—制动信号灯液压开关；13—左前轮缸

11.2.1　液压制动系统故障诊断

液压制动系统常见故障部位主要有：制动主缸（通气孔、皮碗、回位弹簧）、制动器（制动蹄、制动盘、制动轮缸）和管路等。

液压制动系统常见故障主要包括：制动不灵、制动失效、制动拖滞和制动跑偏。制动跑偏见5.2.1行驶系统故障诊断。

1. 制动不灵

制动不灵又称制动力不足。

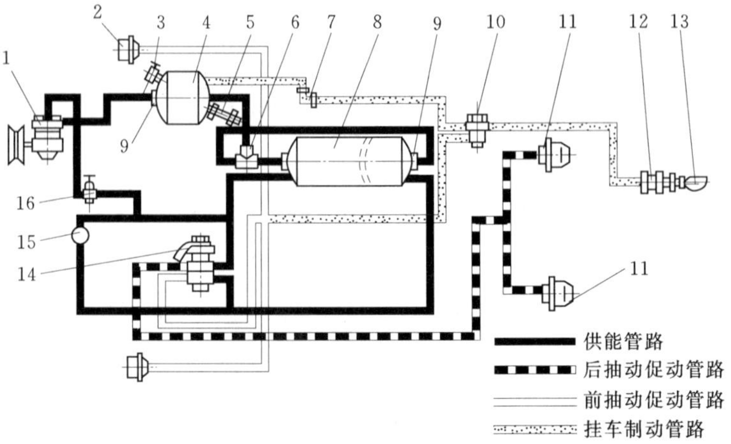

图 11.9 气压制动系统组成（解放 CA1091）

1—空气压缩机；2—前制动气室；3—放气阀；4—湿储气筒；5—安全阀；6—三通管；7—管接头；8—储气筒；9—单向阀；10—挂车制动阀；11—后制动气室；12—分离开关；13—连接头；14—串列双腔式制动阀；15—气压表；16—气压调节器

（1）故障现象。汽车行驶中制动时，驾驶员感到减速度小；汽车紧急制动时，制动距离长。

（2）故障主要原因及处理方法。造成制动不灵的主要原因及处理方法如下：

1）制动管路中有空气，或油管凹瘪，软管老化、发胀，内孔不畅通或管路内壁积垢太厚，应予排气、清洁或更换。

2）储液罐制动液不足或变质，应使用规格正确的制动液并调整到规定高度。

3）制动主缸、制动轮缸的皮碗、活塞、缸壁磨损过甚，应予更换。

4）制动主缸、制动轮缸、管路或管接头漏油，应予检查排除。

5）制动鼓磨损过甚，或制动间隙调整不当，应予更换或调整。

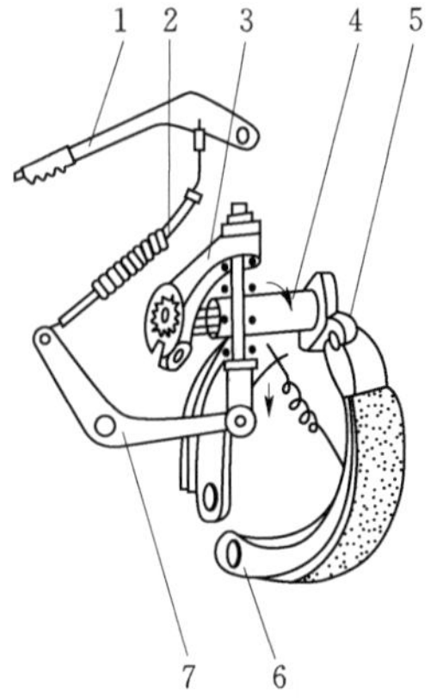

图 11.10 驻车制动系统组成

1—驻车制动手柄；2—驻车制动拉索；3—摆臂；4—凸轮轴；5—滚轮；6—制动蹄；7—摇臂

6）制动主缸出油阀、回油阀不密封或活塞回位弹簧预紧力太小，或进油孔、补偿孔、储液罐通气孔、活塞前贯通小孔堵塞，应予调整、清洁或更换。

7）制动主缸或制动轮缸皮碗老化、发黏、发胀，应予更换。

8）制动器摩擦片（制动盘）与制动鼓（制动钳）的接触面积太小，制动蹄摩擦片质量欠佳或使用中表面硬化、烧焦、油污，铆钉头外露，应予磨削、修理或更换。

9）增压器、助力器效能不佳或失效，应予修理或更换。

10）制动踏板自由行程太大，应予调整等。

（3）故障诊断方法。具体参照如图11.11所示的液压制动系统制动不灵常见故障原因的诊断流程进行诊断。

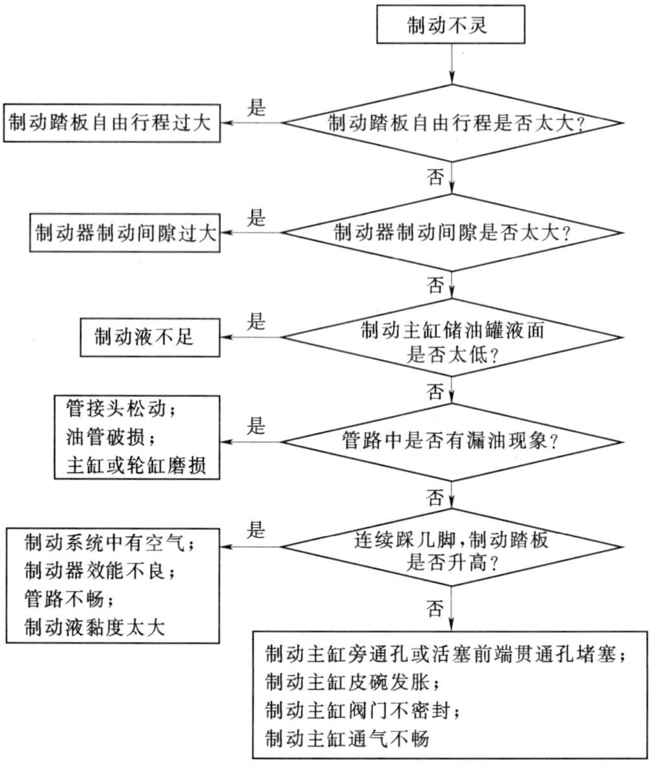

图11.11　液压制动系统制动不灵常见故障原因的诊断流程

2. 制动失效

（1）故障现象。汽车行驶时，踩下制动踏板车辆不减速，即使连续踩几脚制动也无明显作用。

（2）故障主要原因及处理方法。造成制动失效的主要原因及处理方法如下：

1）制动主缸内无制动液，应添加制动液至规定高度。

2）制动主缸、制动轮缸皮碗严重破裂，应予更换。

3）制动软管、金属管断裂或接头处严重泄漏，应予更换。

4）制动踏板至制动主缸的连接脱开，应予修理等。

（3）故障诊断方法。踩下制动踏板，如无连接感，说明是踏板与制动主缸的连接脱开。

检查系统管路有无泄漏或破裂（通常根据油迹）。管路的泄漏或破裂会使回路中形成不了高压，使制动性能失效。

如上述情况正常，则应检查制动主缸和制动轮缸。

液压制动系统制动失效常见故障原因的诊断流程如图11.12所示。

3. 制动拖滞

（1）故障现象。在行车制动中，当抬起制动踏板后，全部或个别车轮的制动作用不能

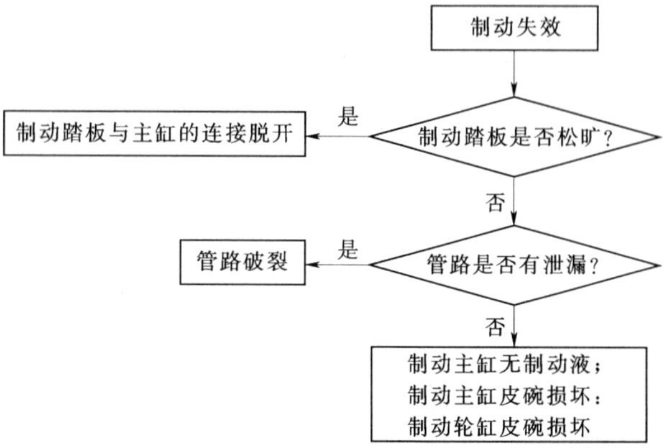

图 11.12 液压制动系统制动失效常见故障原因的诊断流程

完全立即解除，以致影响车辆重新起步、加速行驶或滑行。

(2) 故障主要原因及处理方法。造成制动拖滞的主要原因及处理方法如下：

1) 制动踏板无自由行程，应予调整。

2) 踏板回位弹簧脱落、拉断、拉力不足或踏板轴锈蚀、卡住而回位困难，应予连接或更换。

3) 制动主缸皮碗发胀、发黏或活塞回位弹簧拉断、预紧力太小，造成回位不畅，应予更换。

4) 制动主缸补偿孔被污物堵塞，应予清洁。

5) 制动蹄回位弹簧脱落、拉断、拉力太小而回位不畅，应予连接或更换。

6) 制动器制动间隙太小，应予调整。

7) 制动油管凹瘪、堵塞或制动液太脏、太稠而使回油困难，应予更换等。

(3) 故障诊断方法。若个别车轮发热，应检查该轮制动轮缸是否回位不畅，管路是否不畅，制动器制动间隙是否太小，制动蹄（盘）是否回位不畅。

若全部车轮发热，应检查制动踏板自由行程是否太小，制动器制动间隙是否太小，制动主缸是否回油慢（回油孔不畅，皮碗发胀），真空助力器空气阀是否漏气。

液压制动系统制动拖滞常见故障原因的诊断流程如图 11.13 所示。

4. 液压制动系统的其他故障

(1) 制动踏板发软或有弹性。故障原因主要是：

1) 制动系统管路中有空气，应进行放气操作。

2) 制动主缸、制动轮缸中活塞与缸筒间隙过大，应更换皮碗或总成。

3) 制动液不足，应补充同型号制动液至规定高度等。

(2) 制动踏板发硬。装有真空助力器的车辆，故障原因主要是助力器或软管漏气，可对真空助力器真空度和阀门的密封性进行检查，若良好，再对制动系统其他部位进行检修。

(3) 制动时车身抖动。故障原因主要是：

1) 润滑油或制动液污染了制动摩擦片，造成摩擦片打滑。污染摩擦片的润滑油可能

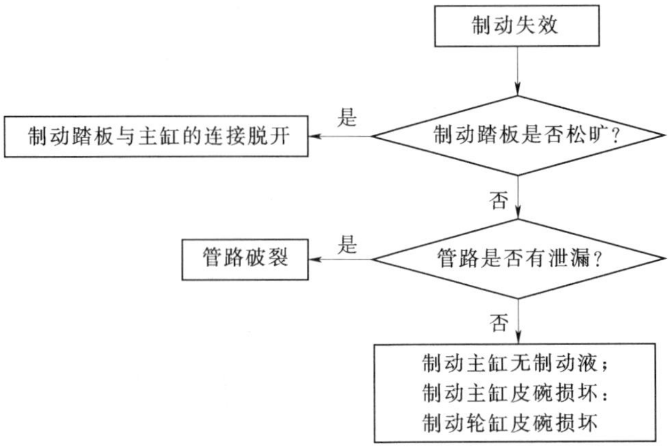

图 11.13　液压制动系制动拖滞常见故障原因的诊断流程

源于后桥油封漏油，润滑脂可能源于车轮轴承密封件泄漏，应在排除故障后更换制动蹄片。

2）制动盘划伤或翘曲，应予更换。更换时，同轴左右两侧的制动盘应同时更换。

3）制动钳松动或卡滞，应予紧固或润滑，必要时更换制动摩擦片。

4）制动轮缸或真空助力器故障，应予检修等。

（4）制动器噪声。盘式制动器制动盘和制动钳之间的震颤噪声或尖叫声、多因旋转元件抛光不良、修削加工粗糙、表面刮擦受损或钳体部位毛刺造成，应给予逐一检修清洁，必要时更换零部件。修复旋转元件可采用不定向涡流式抛光法重新抛光其表面，利用特种型号制动盘或在制动盘背后装上垫块和复合材料也可以消除或降低噪声。制动盘过度磨损会导致金属刮削声。制动盘磨损超过规定限度，应给予更换。

鼓式制动器内摩擦片的过度磨损，制动蹄或鼓调整不当或变形将导致摩擦声或金属刮削声，应给予校正或更换。制动鼓和摩擦片磨损或刮伤，摩擦片油污打滑，回位弹簧轻度失效等可能导致制动器工作时出现尖叫声，应给予检修或更换零部件。此外，制动器元件松动、脱落或装配不良时，还会出现机械撞击声。这时应停车检修，将相应元件装配回位并固定好。

（5）发动机工作时自发制动。故障原因主要是：真空助力器空气阀关闭不严，进入空气。

针对故障原因，找出故障位置后排除。

11.2.2　气压制动系统故障诊断

气压制动系统常见故障部位主要有：空气压缩机、空气压缩机带、制动控制阀、制动气室和各管接头等。

气压制动系统常见故障主要包括：制动不灵、制动失效、制动拖滞和制动跑偏。

1. 制动不灵

（1）故障现象。同液压制动系统。

（2）故障主要原因及处理方法。造成制动不灵的主要原因及处理方法如下：

1）制动踏板自由行程太大，应予调整。

2）制动控制阀或制动气室膜片破裂，应予更换。

3）制动管路凹瘪、内壁积垢严重或软管内孔不畅通，或制动管路漏气，应予清洁或更换。

4）储气筒气压不足或空气压缩机至储气筒管路不畅通，应予检查、清洁或更换。

5）制动控制阀最大气压调整不当或平衡弹簧预紧力过小，应予调整。

6）制动蹄与支承销或制动凸轮轴与其支承套锈蚀或卡滞，应予润滑或更换。

7）制动气室推杆行程太小或太大，应予调整。

8）制动蹄摩擦片与制动鼓接触面积小或制动器制动间隙调整不当，应予磨削或调整。

9）制动蹄摩擦片质量不佳或使用中表面硬化、油污、烧焦或铆钉头外露，应予修理或更换。

10）制动鼓磨损过甚或变形，应予更换等。

（3）故障诊断方法。检查踏板自由行程是否过大，气室推杆动作是否良好，制动器制动间隙是否正常。

启动发动机，气压表的读数应能上升至正常气压。若气压不足，应检查空气压缩机传动带是否松动，至储气筒的管路是否泄漏。

气压正常但发动机熄火后气压下降，检查制动控制阀是否漏气，管路是否漏气。

气压正常，发动机熄火后也正常，但踩下制动踏板后气压不断下降，故障为制动控制阀排气阀关闭不严，管路接头漏气，制动气室膜片破裂。

气压正常，发动机熄火后也正常，但踩下制动踏板后气压下降太小，故障是制动控制阀进气阀打开太小或平衡弹簧预紧力太小。

若故障仍然存在，应分解检查制动器。

气压制动系统制动不灵常见故障原因的诊断流程如图 11.14 所示。

2. 制动失效

（1）故障现象。同液压制动系统。

（2）故障主要原因及处理方法。造成制动失效的主要原因及处理方法如下：

1）制动踏板至制动控制阀的连接脱开，应予重新连接。

2）制动控制阀的进气阀打不开或排气阀严重关闭不严，应予更换。

3）制动控制阀、制动气室膜片严重破裂或制动软管破裂，应予更换。

4）空气压缩机出气管堵塞或制动管路内结冰，应予清洁。

5）制动踏板与制动控制阀的连接脱开，应予重新连接等。

（3）故障诊断方法。检查气压表有无读数，若无，启动发动机运转几分钟，气压表应逐渐有指示；若仍无，拆下空气压缩机出气管，启动发动机。若听到泵气声，说明空气压缩机到储气筒的管路漏气；无泵气声，则为空气压缩机故障。

检查制动踏板与制动控制阀拉臂之间的连接是否脱开。

踩下制动踏板，若有严重的漏气声，说明系统严重漏气。

放松制动踏板，若有排气声，说明制动控制阀到车轮的管路堵塞；若无排气声，说明进气阀打不开或储气筒到进气阀的管路堵塞。

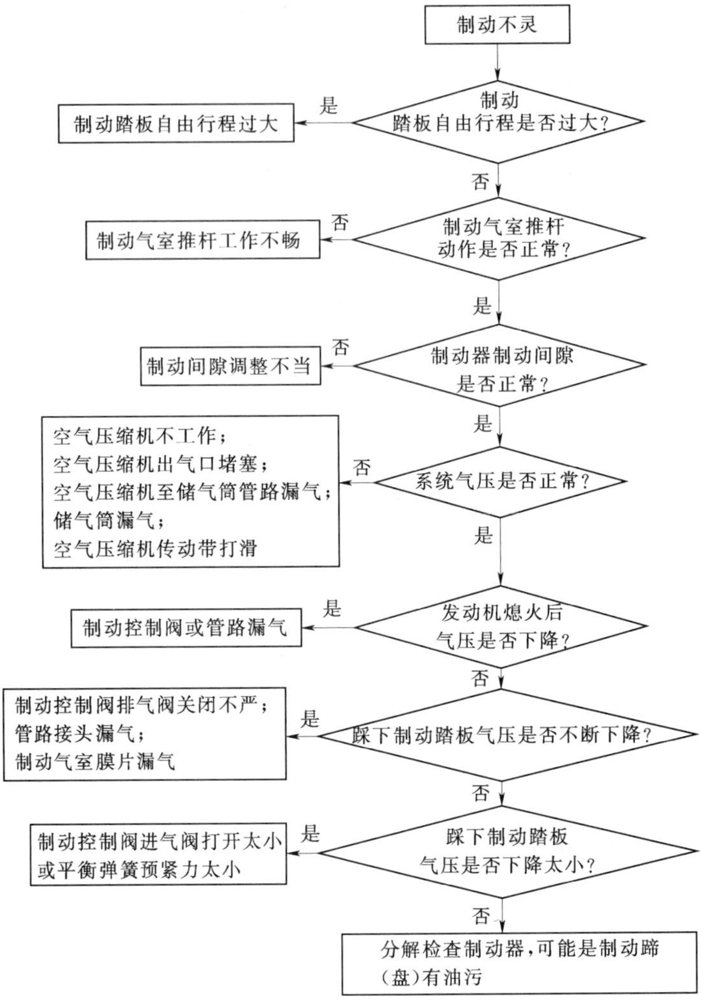

图 11.14　气压制动系统制动不灵常见故障原因的诊断流程

气压制动系统制动失效常见故障原因的诊断流程如图 11.15 所示。

3. 制动拖滞

(1) 故障现象。同液压制动系统。

(2) 故障主要原因及处理方法。造成制动拖滞的主要原因及处理方法如下:

1) 制动踏板自由行程太小,致使制动控制阀的排气阀开启程度太小,应予调整。

2) 制动控制阀膜片回位弹簧或排气阀弹簧疲劳、折断,应予更换。

3) 制动踏板卡滞或踏板回位弹簧疲劳、拉断、脱落,应予润滑或更换。

4) 制动控制阀的排气阀橡胶阀面发胀、发黏、损伤,或阀门口上堆积污垢、胶质太多,应予清洁或更换。

5) 制动气室膜片(活塞)回位弹簧疲劳、折断,应予更换。

6) 制动蹄回位弹簧疲劳、拉断或脱落,应予重新连接或更换。

7) 制动间隙过小或调整不当,应予调整。

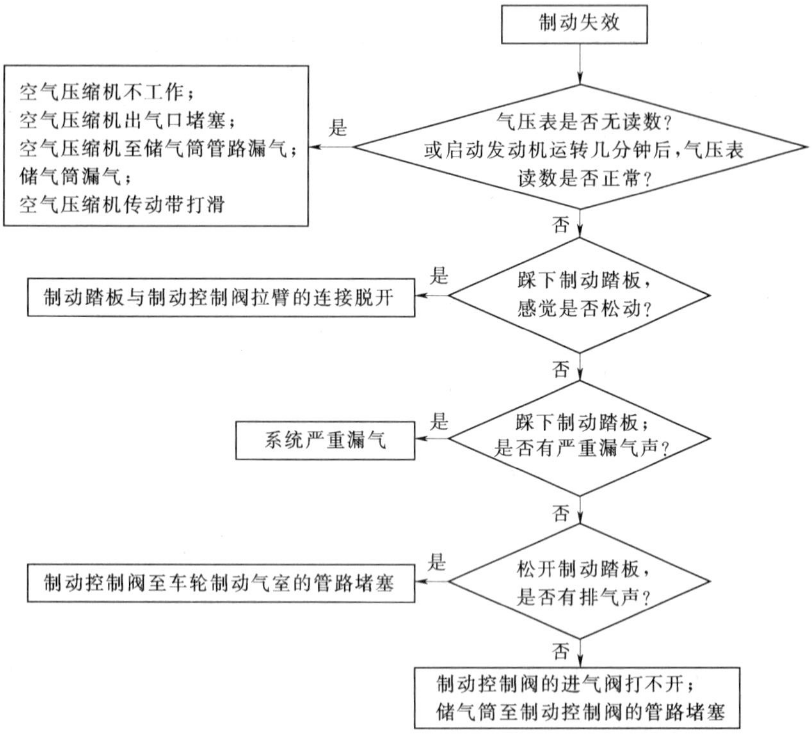

图 11.15　气压制动系统制动失效常见故障原因的诊断流程

8）制动凸轮轴与其支承或制动蹄与其支承锈蚀或卡滞，应予润滑或更换等。

（3）故障诊断方法。按图 11.16 所示气压制动系统制动拖滞常见故障原因的诊断流程找出故障部位。

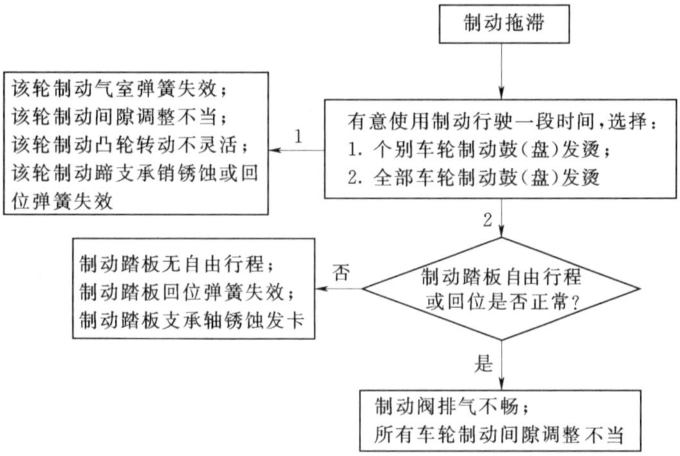

图 11.16　气压制动系统制动拖滞常见故障原因的诊断流程

4. 制动跑偏

（1）故障现象。汽车制动时，车辆行驶方向发生偏斜；紧急制动时甚至出现掉头或甩尾现象。

（2）故障主要原因及处理方法。造成制动跑偏的根本原因是汽车左、右两侧车轮受到的制动力不一致。具体主要原因及处理方法如下：

1）制动压力调节器或比例阀失效，应予更换。

2）前轮定位不正确，应予调整或更换部件。

3）一侧鼓式制动器制动底板松动或盘式制动器制动钳固定支架（板）松动，应予复原紧固。

4）一侧制动摩擦片有油污，应在排除油污原因的前提下予以更换。

5）左、右轮制动蹄（钳）摩擦片材料不一，新旧程度不一或质量不一，应予更换。

6）左、右轮制动蹄（钳）摩擦片与制动鼓（盘）的接触面积不一或制动间隙不一，应予调整。

7）左、右轮制动蹄（钳）回位弹簧拉力不一，应予更换。

8）左、右轮轮胎气压不一，直径不一，花纹不一或花纹深度不一，应按规定充气或更换轮胎。

9）左、右轮制动鼓（盘）的厚度、新旧程度或工作面的表面粗糙度不一，应予修理或更换。

10）一侧车轮制动管凹瘪、阻塞、漏油或制动系统内有空气，应予修理、清洁或排气。

11）一侧车轮制动蹄与支承销配合过紧或锈蚀，应予调整或润滑。

12）一侧车轮制动轮缸活塞与缸壁磨损过甚或皮碗老化、发胀、发粘，应予更换。

13）车架水平面弯曲变形，前轴与车架不垂直，前后轴不平行或两边钢板弹簧刚度不等，应予校正或更换。

14）一侧车轮制动蹄弯曲、变形，应予校正或更换。

15）悬挂装置紧固件松动，应予紧固等。

（3）故障诊断方法。

1）减速制动：汽车向左（右）跑偏，说明右（左）轮制动迟缓或制动力不足。

2）紧急制动：观察车轮在地面上的印迹。若同一轴两边车轮印迹不能同时产生，则其中印迹短的车轮为制动迟缓，印迹轻的为制动力不足。

检查制动迟缓或制动力不足车轮的轮胎气压、轮胎磨损情况及制动管路是否漏油。检查制动系统中有无空气，制动间隙是否正常。故障仍存在时分解检查制动器和制动轮缸。

故障还是存在，应检查车身或悬架、转向系统、行驶系统是否有故障。

汽车制动跑偏常见故障原因的诊断流程如图6.17所示。

5. 气压系统其他故障

（1）制动时车身抖动。故障原因主要是：制动摩擦片打滑，制动鼓划伤或失圆，制动气室故障等。

（2）制动器噪声。故障原因主要是：摩擦片过度磨损，制动蹄或制动鼓调整不当或变形，制动鼓或摩擦片磨损（刮伤、油污、回位弹簧失效），部分部件松动等。

针对故障原因，找出故障位置后排除故障。

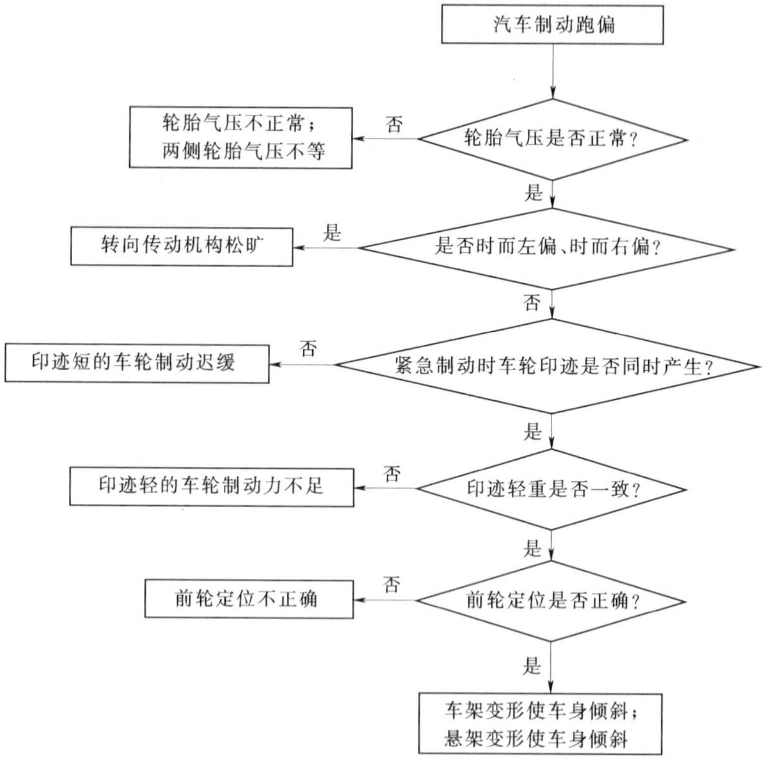

图11.17 汽车制动跑偏常见故障原因的诊断流程

11.2.3 驻车制动系统故障诊断与维修

以作用于后轮的机械拉索式驻车制动系统为例。

驻车制动系统常见故障部位主要有：拉杆的扇形齿板和棘爪、拉索外套等。

驻车制动系统常见故障主要包括驻车制动效能不良和驻车制动拉杆不能定位。

1. 驻车制动效能不良

(1) 故障现象。完全拉起拉杆，汽车仍能溜动。

(2) 故障主要原因及处理方法。造成驻车制动效能不良的原因主要是：

1) 拉杆的工作行程过大，应予调整。

2) 后制动摩擦片或制动鼓有油污，应予清洁。

3) 拉索连接部分松旷或因阻滞而运动不畅，应予调整或清洁等。

(3) 故障诊断方法。检查驻车制动拉杆的工作行程。如果正常，故障一般由后制动摩擦片或制动鼓有油污，后制动摩擦片烧蚀引起；如果不正常，故障一般由驻车制动工作行程调整过大，驻车制动拉索连接部分松旷或因阻滞而运动不畅引起。

2. 驻车制动拉杆不能定位

(1) 故障现象。拉起拉杆至某一位置，放手后拉杆又回到初始位置；或拉杆不能拉起。

(2) 故障主要原因及处理方法。造成驻车制动拉杆不能定位的原因主要是：

1）棘爪弹簧失效或折断，应予更换。

2）棘爪与齿板轮齿磨损过甚而滑牙，应予更换。

3）棘爪或拉杆变形卡滞，应予校正或更换。

4）棘爪或齿板等处铆钉脱落，应予修理等。

（3）故障诊断方法。反复按放驻车制动拉杆，观察拉杆能否复位。如果能，故障一般由棘爪弹簧失效或折断，棘爪与齿板轮齿磨损过甚而滑牙引起；如果不能，故障一般由棘爪或拉杆变形卡滞，棘爪或齿板等处铆钉脱落引起。

项目12 转向系统故障诊断与排除

教学准备			
序号	名称		内容
1	学习目标	知识目标	掌握汽车转向系统的常见故障、故障现象、故障成因分析和故障诊断方法，以及维护与修理方法
		技能目标	能够对手动变速箱转向系统故障进行判定、诊断及排除
2	教学设计		在课堂上讲述转向系统故障诊断方法及思路，现场演示转向系统维护、拆卸及安装、检测、故障排除，再将学生分成若干组进行相应的实训操作
3	教学设备		1. 机械转向系统、动力转向系统车辆数台，拆卸和检测工具数套。 2. 相关的教学教具、录像片和教学挂图

12.1 转向系统维修实训指导

实训目的：掌握机械转向系统的维护及修理；掌握动力转向系统的维护及修理。

实训设备：机械转向系统、动力转向系统数套、常用工具、量具数套。

【案例】 一辆东风EQ1090汽车，两前轮轮胎不正常磨损。

【故障诊断与排除】 检查两前轮轮胎气压，正常。检查轮胎磨损特征，发现胎冠呈锯齿状，初步断定故障由前轮定位引起。测量前束，发现两前轮后端尺寸比前端尺寸小10mm，为负前束，与该车标准值（2～6mm）不符。进一步检查发现横拉杆弯曲变形，估计是汽车与道路上的障碍物碰撞所致。由于横拉杆弯曲变形，引起前轮前束变化，从而造成轮胎不正常磨损。拆下横拉杆，冷压校正后装车，重新调整好前轮前束值。

12.1.1 机械转向系统维修

12.1.1.1 转向操纵机构的维修

转向操纵机构的维护和修理作业主要包括：

（1）清洁部件外部。

（2）检查转向管柱与转向盘、转向器的花键连接是否松动或磨损，视情况予以更换。

（3）检查转向传动轴万向节有无松动、磨损，视情况予以更换。

（4）润滑万向节。

12.1.1.2 转向器的维修

1. 转向器的维护

（1）检查转向器固定是否可靠，有无漏油现象。若有，应将转向器可靠固定，找出漏油原因并加以排除。

（2）检查转向器外壳是否破裂，视情况焊补或更换。

（3）检查调整齿轮、齿条配合间隙。

（4）检查调整转向盘自由行程。以循环球式转向器为例（图12.1），旋松摇臂轴上调整螺栓的锁紧螺母1，拧动调整螺栓2，使自由行程满足±15°，然后将调整螺栓锁止。

（5）紧固。按规定力矩紧固转向器螺钉、转向器与车架的固定螺钉、转向管柱固定螺钉等。

（6）润滑。转向器润滑油一般每隔8000km检查添加，每隔48000km更换；每隔2000km润滑转向传动轴。

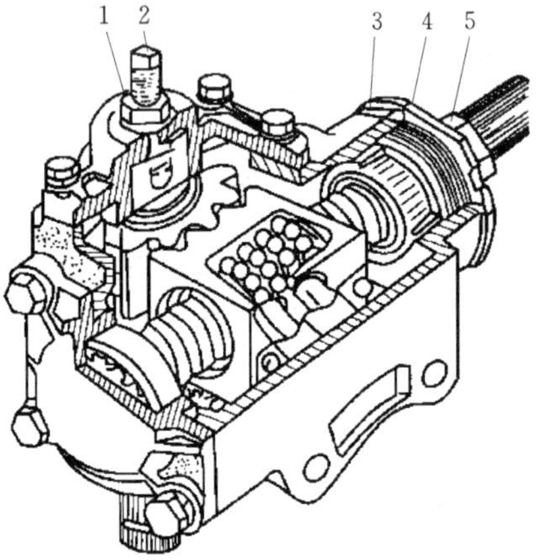

图12.1　转向盘自由行程的调整

1—锁紧螺母；2—调整螺栓；3—锁片；4—锁紧螺母；5—调整螺母

2. 转向器的修理

齿轮齿条式转向器由于结构紧凑，传动机构简单，在轿车上得到广泛使用。如图12.2所示为天津夏利齿轮齿条式转向器的结构图。现以该车为例介绍这类转向器的拆卸、检修与装配。桑塔纳、奥迪等轿车都使用齿轮齿条式转向器，其结构与天津夏利轿车转向器基本相同。

（1）拆卸。

1）用千斤顶顶起汽车的前部，拆卸前轮、转向轴万向节、转向节横拉杆接头，然后用专用工具从转向节臂上拆下转向拉杆接头，拆下齿条壳夹子的4个固定螺栓，取下转向器总成。

2）将转向器总成壳体的安装部位夹持在虎钳上（钳口垫上铜片或铝片），在转向齿条接头总成上作好装配标记，拆下转向横拉杆接头总成。

3）拆卸防尘套锁簧和防尘罩管箍，拆下转向器齿条防尘罩。

4）将转向齿条接头螺母松开，从转向齿条壳体上拆下转向接头螺母，再用专用工具拆卸锁紧螺母。

5）拆卸齿条导向块调整螺塞，从转向齿条壳体上拆下压簧和导向块分总成。

6）拆下转向器齿条。拉出齿条时，应使齿条朝向壳体侧面再拔出，以防划伤衬套；不允许旋转齿条。

7）用螺丝刀拆下油封，注意不要划伤壳体。

8）用专用工具拆下弹性挡圈，从转向齿条壳体中将转向小齿轮和轴承一起拆下。

9）拆卸向心球轴承。用专用工具拆下轴上弹性挡圈，再用专用工具拆卸轴承。

（2）检修。

1）检查齿条的摆差、齿的磨损情况；齿条的最大摆差为0.15mm。检查齿条背面是否磨损或损坏，如有则应更换齿条和衬套。更换时，在新的衬套内侧涂敷二硫化钼锂基润滑脂，将衬套装入转向齿条壳体，并对准内侧的3个孔。

2）检查轴承是否松旷，若磨损严重应更换新轴承。

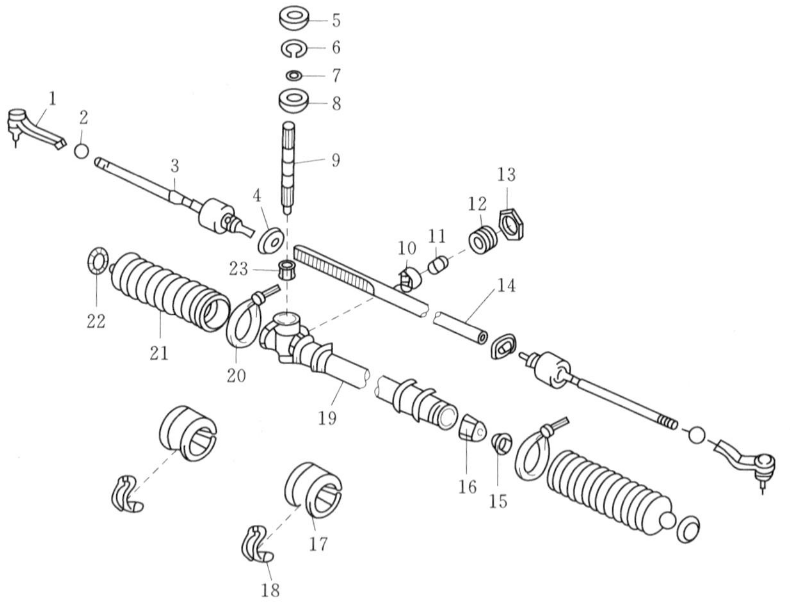

图 12.2 天津夏利齿轮齿条式转向器的结构

1—转向横拉杆接头总成；2—锁紧螺母；3—转向横拉杆及齿条接头；4—转向齿条接头锁紧螺母；5—油封；6—孔用弹性挡圈；7—轴用弹性挡圈；8—向心球轴承；9—轴向齿轮；10—齿条导向块；11—压紧弹簧；12—调整螺塞；13—锁紧螺母；14—转向齿条；15—齿条衬套锁止环；16—转向齿条衬套；17—转向器壳体橡胶垫圈；18—转向器壳体固定夹；19—转向器壳体总成；20—防尘罩箍带；21—转向齿条防尘罩；22—防尘罩锁簧；23—滚针轴承

（3）装配与调整。

1）装配前注意在各密封处、相互运动处加注润滑脂。

2）装配向心球轴承。用专用工具将轴承装到小齿轮上，并装上轴用弹性挡圈。

3）装配转向小齿轮。用专用工具将转向小齿轮装入齿条壳体内，然后装上孔用弹性挡圈，再用专用工具将油封压入齿条壳体内。

4）装配转向齿条。将 2 号二硫化钼锂基润滑脂涂在齿面和整个齿条表面上，再装入转向齿条。注意不要划伤齿条齿套。

5）调整齿条预紧度。用扳手拧紧压簧调整螺塞，紧固力矩为 6.9N·m。前后移动转向齿条约 15 次，使齿条处于稳定状态，然后继续拧紧压簧调整螺塞，拧紧力矩为 12.3N·m。再用扳手将压簧螺塞退回 1/8 圈，接着使用专用工具测量齿条的预紧度是否符合规定值（29.4～58.8N·m）。如果没有达到规定值，则应重复以上操作。

6）装配转向齿条接头总成。将转向齿条接头螺母拧入转向齿条接头；将转向齿条接头总成拧入转向齿条。固定转向齿条，拧紧转向齿条接头螺母，紧固力矩为 49～63.7N·m。装上转向齿条防尘罩，装上防尘罩锁簧和防尘罩箍带。

7）装上转向横拉杆接头总成。将锁紧螺母和横拉杆接头总成拧到齿条接头上，直到标记对准。初步拧紧锁紧螺母，在检查调整好前轮前束后，最后拧紧锁紧螺母。

循环球式转向器正传动效率可达 90%～95%，操纵轻便，使用寿命长，在货车上得到广泛应用。

3. 转向器修理实例

下面以解放CA1092汽车为例，介绍这类转向器的修理作业。

(1) 拆卸。

1) 拆下转向摇臂和万向节叉的锁紧螺母，拆下转向器固定螺母，取下转向器。

2) 卸下通气塞，放掉润滑油。

3) 将转向螺杆拧到底，再回拧3圈半，拆下侧盖和转向摇臂轴。

4) 拆下下盖，取出转向螺杆及转向螺母总成（无特殊情况，尽量不要解体该总成）。

(2) 检修。

1) 检查转向器壳体，应无裂纹等损伤。

2) 对转向螺杆、螺母进行探伤检查，发现裂纹或滚道严重磨损应予更换。

3) 钢球出现表面严重剥落等情况时应成组更换。

4) 齿条、齿扇应无金属剥落和严重损伤，必要时更换。

5) 转向摇臂轴应无裂纹，花键应无扭曲或损坏。

6) 轴承应无严重损伤，必要时更换。

7) 油封应无损坏，否则需更换。

(3) 装配与调整。

按拆卸的相反次序进行，并调整好传动间隙。

12.1.1.3 转向传动机构的维修

1. 转向传动机构的维护

(1) 检查调整转向拉杆球头销的松紧度。

(2) 检查调整最大转向角。

(3) 紧固和润滑。

2. 转向传动机构的修理

以解放CA1092汽车为例。

(1) 拆卸与分解。

1) 分开转向摇臂与直拉杆。

2) 在转向摇臂与摇臂轴之间做好装配记号，拆下转向摇臂。

3) 拆下转向直拉杆总成并分解。

4) 拆下转向横拉杆总成并分解。

(2) 检修。

1) 检查转向摇臂或上端花键有无裂纹或损坏，若有应更换。

2) 检查转向摇臂锁紧螺母有无损伤，若有应更换。

3) 各球头销、销座及球碗应无裂纹，球头销颈部磨损不超过1mm，球面磨损失圆不超过0.50mm，否则应更换。

4) 球头销螺纹应无损伤，否则应更换；球头销弹簧不应有弹力减弱或折断现象，否则应更换。

5) 检查转向节应无裂纹，轴颈与轴承的配合间隙符合要求。

6）防尘装置应齐全、有效。

（3）装配。

1）安装转向直拉杆总成：将弹簧座、弹簧和上球头座依次装入转向直拉杆端头的支承孔。将球头销的球头涂以润滑脂，从转向直拉杆侧面的大孔中装入。放入球头座，拧入螺塞；拧紧时先将螺塞拧到底，再退回1/5～1/2圈，然后用开口销锁住调整螺塞。装上油封和护套。装配转向直拉杆的另一端。将转向直拉杆的两个球头销分别装到转向摇臂和转向节上臂锥孔内，按规定力矩拧紧球头销螺母，装好开口销。

2）安装转向横拉杆总成：将转向横拉杆接头夹在虎钳上，装入上球头座。将球头销涂以润滑脂，使球头销穿过上球头座中心孔后落入球头座，再依次装入球头座、弹簧座和弹簧，拧上螺塞；拧紧时先将螺塞拧到底，再退回1/5～1/2圈，然后用开口销锁住调整螺塞。在球头销端装入油封、密封罩和油封盖，并装配另一端转向横拉杆接头总成。分别将左、右横拉杆接头总成装到横拉杆的两端，并拧紧左右横拉杆接头的4个螺栓。把转向横拉杆总成装到左、右梯形臂的锥孔内，按规定力矩拧紧球头销螺母，装好开口销。

3）将转向摇臂上端套入转向摇臂轴，对正装配记号，将轴端螺母拧紧。

12.1.2　动力转向系统的维修

1. *动力转向系统的维护*

以桑塔纳2000为例：

（1）检查转向油罐油平面和油液质量。

1）热车时让发动机怠速，转动转向盘，使油温达到40～80℃，检查转向油罐液面高度。

2）检查油液是否有起泡或乳化现象。

（2）检查油压。

1）系统压力检查。如图12.3所示，打开压力表阀门，启动发动机并怠速运转，满方向转动转向盘数次，压力表读数应为6.80～8.20MPa。

2）转向泵压力检查。如图12.4所示，启动发动机并怠速运转，满方向转动转向盘数次，将压力表阀门关闭（不超过5s），压力表读数应为6.80～8.20MPa。

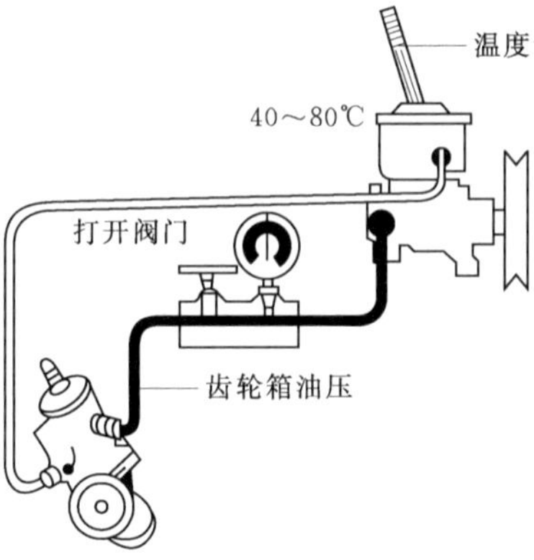

图12.3　系统压力的检查

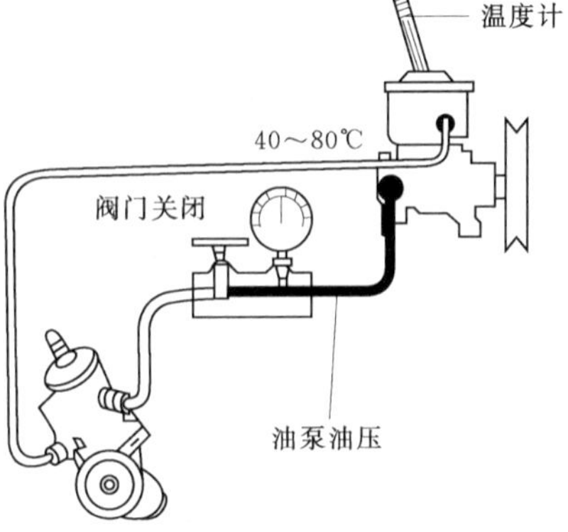

图12.4　转向泵压力的检查

（3）清洁转向器及转向油泵外部。清洁并检查是否有漏油痕迹。

（4）检查各连接油管、接头。检查油管是否漏油，接头连接是否牢固可靠。

（5）检查转向油泵传动带松紧度。如图12.5所示，松开转向油泵装配支架上的2个螺母，转动调整螺栓，当带中部的挠度为9～10mm时，再将2个螺母锁止。

（6）测量转向盘上的转向力。超过40N应予以检查维修，同时，转向盘自由行程应在规定范围内。

（7）转向器齿轮齿条的间隙调整。通过图12.6中所标的调节螺钉进行调整。

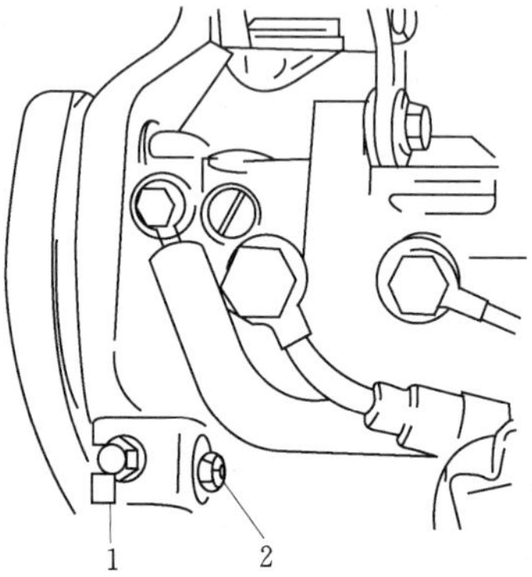

图12.5 转向油泵传动带张力的调整

1—调整螺栓；2—锁紧螺母

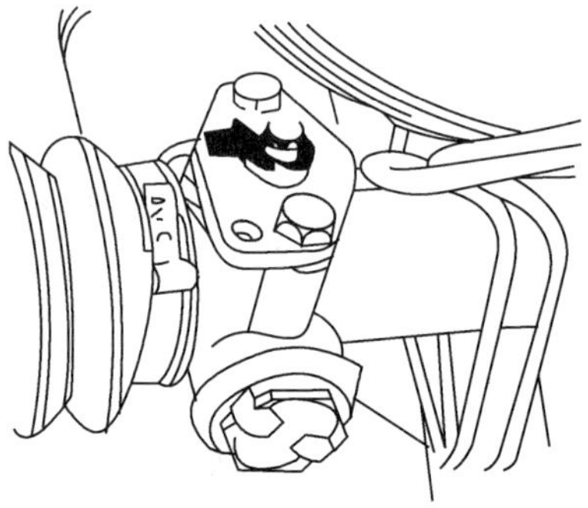

图12.6 齿轮齿条间隙的调整

（8）转向油更换。

1）支起汽车前部，使两前轮离开地面。拧下转向油罐盖，拆下回油管放油。同时启动发动机怠速运转，左右转动转向盘。

2）关闭发动机，在转向油罐中添加转向油至规定高度，满打转向盘2～3次，若液面下降需补充转向油。降下汽车前部，启动发动机怠速运转，满打转向盘2～3次。重复以上操作，直到转向油罐液面无明显下降，转向油罐中转向油无气泡和乳化现象为止。

2. 动力转向系统的修理

以宝来轿车为例。

（1）拆卸。

1）拆下万向节，将万向节从转向器中拉出。

2）分别用软管夹夹住通向储液罐和叶片泵的软管。

3）拆下隔音板，将放液盘置于车下。

4）用拉力器V/176按图12.7的方法将调整杆端头从转向臂上压下。

5）密封好从转向器上取下的软管，并对转向器上露出的螺纹进行保护。

6）拆下转向器固定螺栓，取下动力转向器总成。

（2）检修。注意以下事项：

1）重点检查限压阀、流量限制阀和叶轮的磨损情况。对于严重磨损或损坏的零件，必须更换。

2）密封衬垫等经过拆卸后应更换新件。

3）橡胶防护套应无损坏。

4）供油压力应为8.5～9.5MPa。

(3) 安装调整。按拆卸的相反顺序进行；软管连接处换用新的密封环；管接头螺栓、支架固定螺栓、限压阀螺塞等处的拧紧力矩严格按照制造商的要求；参照 12.1.2 (8) 转向油更换中的方法添加新的转向油。

带动力转向装置的整体式转向器，可靠性较高，一般不需要分解检修；只有确认转向器存在故障需要检修时，才予以分解。

此种转向器的常见损坏是漏油和齿轮齿条间隙过大。漏油一般发生在管接头、密封圈、油封等处；齿轮齿条的间隙可通过调节螺钉予以调整。

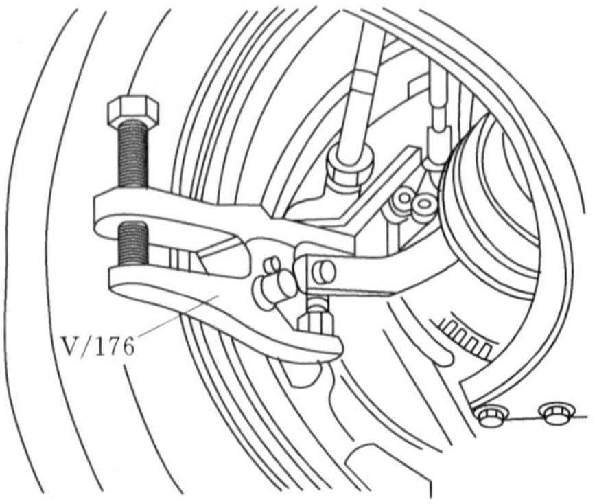

图 12.7 压下调整杆端头

维修完成后的转向系统应满足：

1) 不与其他部件发生干涉。

2) 转向盘转动灵活，操纵轻便，无阻滞、摆振现象。

3) 转向轮具有自动回正能力。

4) 转向盘的转向力和自由行程在规定范围内。

5) 汽车不得有摆振、路感不灵、跑偏或其他异常现象。

6) 转向节及转向臂、转向横 (直) 拉杆及球销应无裂纹和损伤，并且球销不得松旷。

7) 横、直拉杆不得拼焊。

8) 转向轮定位正确。

9) 侧滑符合要求。

12.2 相 关 知 识

转向系统通常由转向操纵机构、转向器和转向传动机构组成，可分为机械转向系统和动力转向系统，它们的一般组成如图 12.8 和图 12.9 所示。机械转向系统的操纵能量由人

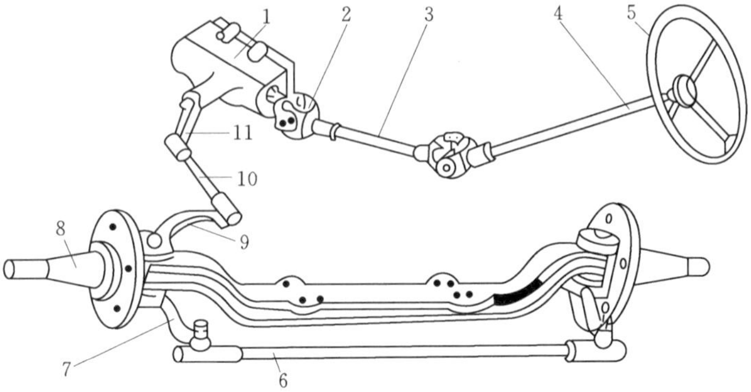

图 12.8 机械转向系统的组成

1—转向器；2—转向万向节；3—转向传动轴；4—转向管柱；5—转向盘；6—转向横拉杆；7—转向纵拉杆；8—转向节；9—转向节臂；10—转向直拉杆；11—转向摇臂

体产生，动力转向系统则兼用人体和发动机动力作为转向能源。

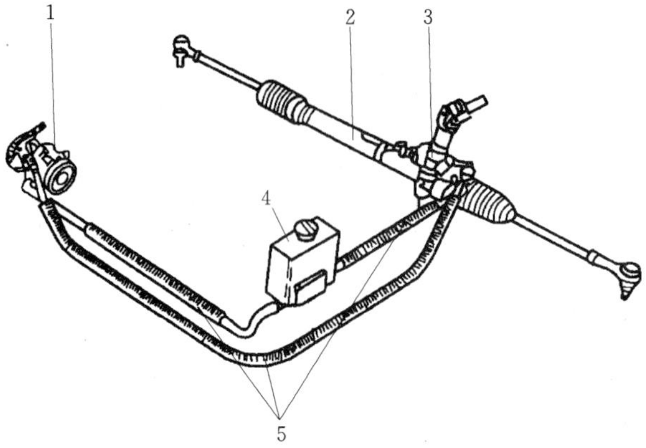

图 12.9　动力转向系统的组成

1—转向助力泵；2—转向器；3—控制阀；4—转向油罐；5—油管

目前常用的转向器有循环球式和齿轮齿条式。循环球式转向器一般用于货车等大型车辆；齿轮齿条式转向器由于结构紧凑，传动机构简单，在轿车上得到广泛使用，有的轿车上还加装了动力转向机构。

12.2.1　机械转向系统故障诊断

机械转向系统的常见故障部位主要有：转向盘自由行程、转向传动机构连接处、转向器等。

机械转向系统的常见故障主要包括：转向沉重、转向盘自由行程过大和转向轮抖动。

1. 转向沉重

（1）故障现象。汽车行驶中，驾驶员向左、右转动转向盘时，感到沉重费力，无回正感；汽车低速转弯行驶和调头时，转动转向盘感到非常沉重，甚至打不动。

（2）故障主要原因及处理方法。转向沉重的根本原因是转向轮气压不足或定位不准，转向系统传动链中出现配合过紧或卡滞而引起摩擦阻力增大。具体主要原因及处理方法如下：

1）转向轮轮胎气压不足，应按规定充气。

2）转向轮本身定位不准或车轴、车架变形造成转向轮定位失准，应校正车轴和车架，并重新调整转向轮定位。

3）转向器主动部分轴承调整过紧或从动部分与衬套配合太紧，应予调整。

4）转向器主、从动部分的啮合间隙调整过小，应予调整。

5）转向器缺油或无油，应按规定添加润滑油。

6）转向器壳体变形，应予校正。

7）转向管柱转向轴弯曲或套管凹瘪造成互相碰擦，应予修理。

8）转向纵、横拉杆球头连接处调整过紧或缺油，应予调整或添加润滑脂。

9）转向节主销与转向节衬套配合过紧或缺油，或转向节止推轴承缺油，应予调整或添加润滑脂等。

(3) 故障诊断方法。以桑塔纳轿车为例，先检查轮胎气压，排除故障由轮胎气压过低引起。接着按图 12.10 所示的机械转向系统转向沉重常见故障原因的诊断流程找出故障位置。

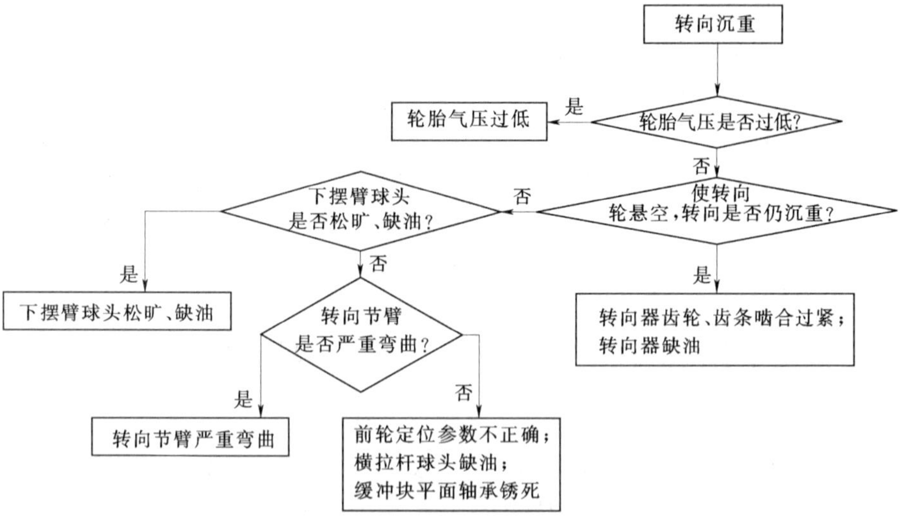

图 12.10 机械转向系统转向沉重常见故障原因的诊断流程

2. 转向盘自由行程过大

转向盘自由行程过大又可称为转向不灵敏。

(1) 故障现象。汽车保持直线行驶位置静止不动时，转向盘左右转动的游动角度太大。具体表现为汽车转向时感觉转向盘松旷量很大，需用较大的幅度转动转向盘，方能控制汽车的行驶方向；而在汽车直线行驶时又感到行驶方向不稳定。

(2) 故障主要原因及处理方法。转向盘自由行程过大的根本原因是转向系统传动链中一处或多处的配合因装配不当、磨损等原因造成松旷。具体主要原因及处理方法如下：

1) 转向器主、从动啮合部位间隙过大或主、从动部位轴承松旷，应予调整或更换。

2) 转向盘与转向轴连接部位松旷，应予调整。

3) 转向垂臂与转向垂臂轴连接松旷，应予调整。

4) 纵、横拉杆球头连接部位松旷，应予调整或更换。

5) 纵、横拉杆臂与转向节连接松旷，应予调整或更换。

6) 转向节主销与衬套磨损后松旷，应予更换。

7) 车轮轮毂轴承间隙过大，应予更换等。

(3) 故障诊断方法。造成转向盘自由行程过大的根本原因是转向系统传动链中一处或多处连接的配合间隙过大，诊断时，可从转向盘开始检查转向系统各部件的连接情况，看是否有磨损、松动、调整不当等情况，找出故障部位。

3. 转向轮抖动

(1) 故障现象。汽车在某低速范围内或某高速范围内行驶时，出现转向轮各自围绕自身主销进行角振动的现象。尤其是高速时，转向轮摆振严重，握转向盘的手有麻木感，甚至在驾驶室可看到汽车车头晃动。

（2）故障主要原因及处理方法。转向轮抖动的根本原因是转向轮定位不准，转向系统连接部件之间出现松旷，旋转部件动不平衡。具体主要原因及处理方法如下：

1）转向轮旋转质量不平衡或转向轮轮毂轴承松旷，应予校正动平衡或更换轴承。

2）转向轮使用翻新轮胎，应予更换。

3）两转向轮的定位不正确，应予调整或更换部件。

4）转向系统与悬挂的运动发生干涉，应予更换部件。

5）转向器主、从动部分啮合间隙或轴承间隙太大，应予调整或更换轴承。

6）转向器垂臂与其轴配合松旷或纵、横拉杆球头连接松旷，应予调整或更换。

7）转向器在车架上的连接松动，应予紧固。

8）转向轮所在车轴的悬挂减振器失效或左右两边减振器效能不一，应予更换。

9）转向轮所在车轴的钢板弹簧 U 形螺栓松动或钢板销与衬套配合松旷，应予紧固或调整。

10）转向轮所在车轴的左右两悬挂的高度或刚度不一，应予更换等。

（3）故障诊断方法。以桑塔纳轿车为例，根据转向轮抖动特征，按照如图 12.11 所示机械转向系统转向轮抖动常见故障原因的诊断流程找出故障部位。

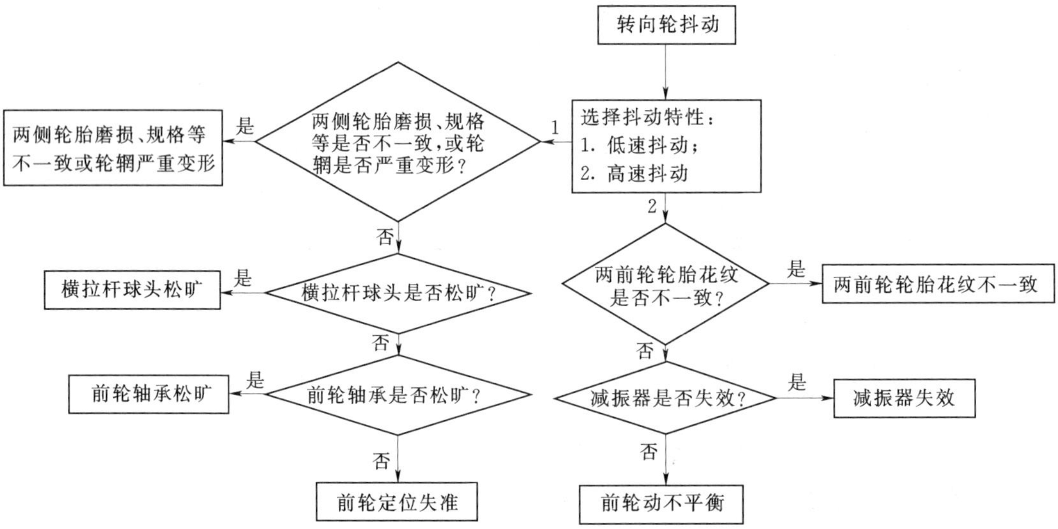

图 12.11　机械转向系统转向轮抖动常见故障原因的诊断流程

12.2.2　动力转向系统故障诊断

为了操纵轻便，转向灵敏和提高行车安全，目前高级轿车、豪华客车和重型货车广泛采用了动力转向系统。动力转向系统一般是在机械转向系统的基础上加装转向助力装置；常用的助力装置是液压式，主要由转向泵、动力油缸、控制阀、转向油罐和油管等组成。

动力转向系统的常见故障部位主要有：转向盘自由行程、转向传动机构连接处、转向器、转向泵、控制阀、油管接头等。

动力转向系统的常见故障主要是转向沉重和转向噪声。

下面以齿轮齿条式液压动力转向系统为例介绍动力转向系统的故障诊断。侧重于液压助力系统，机械部分的故障参见 7.2.1“机械转向系统故障诊断”的内容。

1. 转向沉重

（1）故障现象。同机械转向系统。

（2）故障主要原因及处理方法。转向沉重故障一般由液压转向助力系统失效或助力不足，机械传动机构损坏或调整不当引起。具体主要原因及处理方法如下：

1）转向油罐油液油量不足或规格不对，应使用正确的油液并调整到规定高度。

2）油路堵塞或不畅，应予检修。

3）油路中有泄漏现象，应予检修排除。

4）油路中有空气，应予排气。

5）转向泵传动带损坏或打滑，应予调整或更换。

6）调节阀失效，使输出压力过低，应予更换或调整。

7）转向机构调整不当，应予调整等。

（3）故障诊断方法。检查转向油罐中油液是否不足，规格是否不对和有无气泡，检查管接头有无松动，转向泵传动带张紧力是否正常。

将转向盘向左右极限位置来回转动，如果左右转向都沉重，故障在转向泵、液压缸或转向传动机构；如果左右转向助力不同，故障在控制阀。

动力转向系统转向沉重助力部分常见故障原因的诊断流程如图 12.12 所示。

2. 转向噪声

（1）故障现象。汽车转向时，转向系统出现过大的噪声。

（2）故障主要原因及处理方法。装有动力转向系统的汽车，在发动机启动后，转向助力泵的溢流阀中出现液流噪声是正常的，但噪声过大甚至影响转向性能时，该噪声应视为故障。因助力系统引起转向噪声的主要原因及处理方法如下：

1）转向泵损坏或磨损严重，应予修理或更换。

2）转向泵传动带打滑，应予调整或更换。

3）控制阀性能不良，应予检修。

4）系统中渗入空气，应予排气。

5）管道不畅，应予检修等。

（3）故障诊断方法。

1）转向时发出“咔哒”声，在已排除转向泵叶片噪声的情况下，则由转向泵带轮出现松动引起。

2）转向时发出“嘎嘎”声，由转向泵传动带打滑引起。

3）转向时转向泵发出“咯咯”声，是由于系统中有空气；发出“嘶嘶”声，而且系统无泄漏，转向泵传动带张紧度也合适，则由油路不畅或控制阀性能不良引起。

3. 动力转向系统其他故障

动力转向系统的其他故障还有：

（1）转向助力瞬间消失。故障原因主要是：转向泵传动带打滑，控制阀密封圈泄漏，系统泄漏造成油面过低，发动机怠速过低，系统内有空气等。

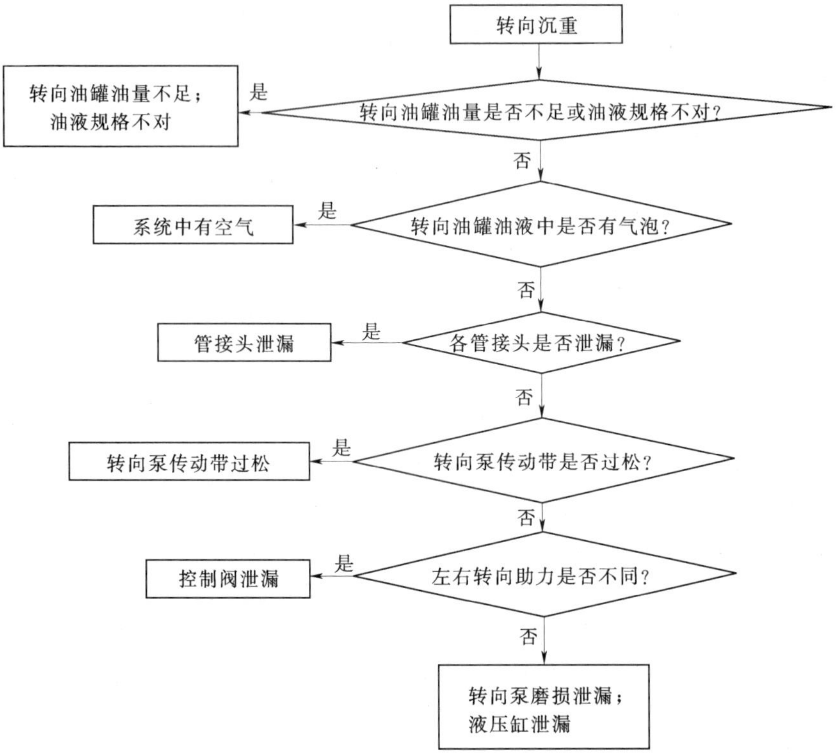

图12.12　动力转系统转向沉重助力部分常见故障原因的诊断流程

(2) 转向盘回位不良。故障原因主要是：系统内有空气、压力限制阀工作不良，控制阀弹簧失效等。

(3) 转向盘自由行程过大。故障原因主要是：系统内有空气或压力限制阀失效。需针对故障原因，找出故障位置。

12.3　拓　展　知　识

转向系统的常用诊断参数有：转向盘最大自由转动量[即转向盘自由行程，(°)]、转向盘外缘最大转向切向力(即转向盘最大转向力，N)、转向轮最大转向角(°)、汽车最小转弯半径(m)、转向轮定位参数等。

对于前轮转向的汽车，转向轮定位参数包括主销后倾角、主销内倾角、前轮外倾角和前轮前束，即常说的前轮定位。转向轮定位的检测在行驶系统中介绍。转向轮定位应该是行驶系统的内容，但由于该参数的改变，既可能造成行驶系统故障(如轮胎异常磨损)，也可能造成转向系统故障(如转向沉重)，因此转向轮定位参数通常也作为转向系统的诊断参数。

依靠人工经验很难判断转向盘的转向力和自由转动量是否正确，可以使用专门的仪器来检测。

12.3.1 转向盘转向力的检测

操纵稳定性良好的汽车，必须有适度的转向轻便性。如果转向沉重，不仅增加驾驶员的劳动强度，而且可能会因不能及时、正确地转向而影响行车安全。如果转向太轻，又可能导致驾驶员路感太弱或汽车“发飘”，同样不利于行车安全。

转向轻便性可用一定行驶条件下作用在转向盘上的转向力（即作用在转向盘外缘的最大切向力）来表示，采用转向参数测量仪可以测得转向盘转向力。下面以国产 ZC－2A 型转向参数测量仪为例，介绍其检测转向盘转向力的方法。

1. 安装

将转向参数测量仪对准被测转向盘中心，调整好 3 只活动卡爪的长度，与转向盘牢固连接。

2. 检测

转动操纵盘，转向力通过底板、力矩传感器、连接叉传递到被测转向盘上，使转向盘转动。此时，力矩传感器将转向力矩变成电信号，而定位杆内端连接的光电装置则将转角的变化转变为电信号。这两种电信号由微机自动完成数据的采集、转角的编码、运算、分析、存储、显示和打印，因而该仪器既可测得转向力，又可测得转向盘转角。

转向力的检测可按转向轻便性实验方法进行，一般有原地转向力实验、低速大转角（“8”字行驶）转向力实验、弯道转向力实验等，可参照有关国家标准的规定进行检测。

3. 结果分析

按 GB/T 18565《营运车辆综合性能要求和检验方法》中 7.2.1 条的规定，路试时检测转向盘最大转向力采用如下方法：汽车空载在平坦、干燥和清洁的硬路面上，以 10km/h 的速度在 5s 之内沿螺旋线从直线行驶过渡到直径为 24m 的圆周行驶，施加于转向盘外缘的最大切向力不得大于 150N。

12.3.2 转向盘自由转动量的检测

转向盘自由转动量又可称为转向盘自由行程，是指汽车保持直线行驶位置不动时，左右晃动转向盘时的自由转动量（游动角度）。GB/T 18565 中 7.1.1 和 7.1.2 条规定：最大设计车速大于或等于 100km/h 的汽车，转向盘自由转动量最大为 20°；最大设计车速小于 100km/h 的汽车，转向盘自由转动量最大为 30°。转向盘自由转动量是一个综合诊断参数，当其超过规定的值时，说明从转向盘至转向轮的传动链中有一处或几处的配合出现松旷。转向盘自由转动量过大时，将造成驾驶员工作紧张，并影响行车安全。

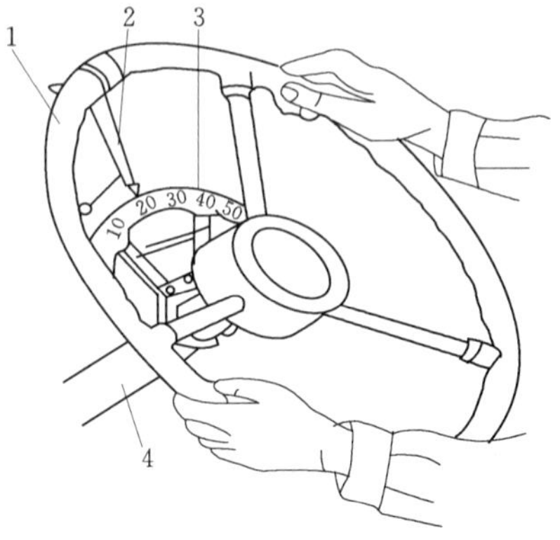

图 12.13　转向盘自由转动量的检测
1—转向盘；2—指针；3—刻度盘；
4—转向管柱

转向盘自由转动量可采用专用检测仪进行（转向参数测量仪也能检测）。简易的转向盘自由转动量检测仪由刻度盘和指针两部分组成，如图 12.13 所示。刻度盘通过磁力座吸附在驾驶室仪表盘或转向管柱上，指针则固定在转向盘的周缘上；也可将指针通过磁力座固定在仪表板或转向管柱上，而刻度盘固定在转向盘周缘上。使用该种检测仪时，应使汽车保持直线行驶位置不动，转动转向盘至一侧极限位置，将刻度盘归零，再轻轻转动转向盘至行程另一侧的极限位置，指针所示刻度即为转向盘自由转动量。

参 考 文 献

［1］ 乔维高．现代汽车电子装置结构原理与维修［M］．北京：高等教育出版社，2005.
［2］ 陈家瑞．汽车构造［M］．北京：人民交通出版社，2005.
［3］ 杨永先．汽车故障诊断与综合检测［M］．北京：人民交通出版社，2006.
［4］ 冯渊．电控发动机维修［M］．北京：机械工业出版社，2002.
［5］ 朱军．电子控制发动机电路波形分析［M］．北京：机械工业出版社，2003.
［6］ 鲁植雄．汽车 ABS. ASR 和 ESP 维修图解［M］．北京：电子工业出版社，2006.
［7］ 闵永军，万茂松，周良．汽车故障诊断与维修技术［M］．北京：高等教育出版社，2004.